焦慮課

每個人都想學的

【全新修訂版】

THE ANXIETY AND WORRY WORKBOOK

用認知行為療法擺脫社交恐懼、黑暗心理、憂慮壓力，學習善待自己

焦慮治療權威教授
David A. Clark
大衛・A・克拉克

&

認知療法之父
Aaron T. Beck
亞倫・T・貝克

陳莉淋———譯

目錄

向亞倫・T・貝克致敬	5
前言	6
1 一個新的開始	9
2 準備開始	29
3 焦慮何時會有幫助	46
4 當焦慮變成一個問題	69
5 與焦慮症狀共存	90
6 轉換你的焦慮心理	114
7 控制焦慮行為	147
8 掌控你的擔憂心理	188
9 擊敗對恐慌的恐懼	240
10 戰勝社交焦慮	273
資源	331
推薦閱讀	335
參考文獻	340

向亞倫・T・貝克致敬

〔1921 － 2021〕

　　在醫學界中，很少有人能稱得上改變了心理健康治療的進程。亞倫・T・貝克正是那少數人的其中一個。他六十年的研究、臨床實踐、教學和訓練造就了心理治療的一門新學派，即認知治療（cognitive therapy）。他的認知理論和心理疾患治療是第一個系統性、可被經驗驗證的心理治療形式之一。因此，貝克的工作成果經由徹底的研究，成為一種既定的實證療法，可以治療焦慮、憂鬱以及各種心理問題。認知治療的成功並不單是因為貝克醫生非凡的才能，還有他對於擴展我們對人類心智理解的熱情和激情。他對於那些受心理健康問題而苦的人們充滿著深深的同情。他希望提高全球心理健康治療的品質和有效性的願景確實鼓舞人心。

　　能夠向當代精神醫學的巨擘之一學習並與其合作，是我巨大的榮幸。2021 年 11 月 1 日，身兼我的導師、朋友和合作者的貝克過世，我的傷痛實在是無法用言語形容。就在他去世的前一週，他正在為這本書第二版的完整草稿提供最新意見。儘管本書沒有包含他的最新見解，但它仍然充滿了可能是現代最具影響力的精神病學家的知識和臨床智慧。我希望每個人都能透過本書的頁面一窺亞倫・T・貝克那獨一無二的智慧。

大衛・A・克拉克

前言

焦慮仍然是世界最大的心理健康問題之一。自十年前撰寫本書的第一版以來，我們已經見證由於COVID-19大流行及其造成的後果而導致的全球劇變所引發的焦慮激增。此疾病本身及各種努力緩解的嘗試直接影響了全世界數十億人的生活。在焦慮浪潮不斷高漲的背景下，我們推出了這本經過修訂和擴充的《每個人都想學的焦慮課》第二版。

正如第一版一樣，它是一本關於把認知行為治療（cognitive behavior therapy，CBT）應用於焦慮及其疾患的練習手冊。它是一本自助手冊，可以指導你如何使用認知行為治療的見解、介入策略和資源，去減輕嚴重和無法控制的焦慮。本書包含了一百份以上的工作單，提供讀者循序漸進的方針，讓讀者們瞭解如何把高度有效的認知行為治療策略應用在廣泛性焦慮（generalized anxiety）、擔憂（worry）、恐慌（panic）和社交焦慮（social anxiety）上面。本書充滿了案例說明與範例，皆來自我們幾十年認知行為治療、研究和教學上的經驗。我的共同作者──亞倫・T・貝克醫生是把認知治療用於焦慮治療上的始祖。整本書充滿了他對於焦慮及治療方法的獨特創新見解。

第二版針對第一版進行了完善的修訂和擴充，其中有幾項值得注意的改變和更新。我們融合了復原取向認知行為治療（recovery-oriented cognitive therapy，CT-R）的概念與介入策略，這是貝克醫生為了治療嚴重精神疾患而修改標準認知療法所發展出來的方法。在第一版出版時，這個觀點尚未

成型。我們採用復原取向認知行為治療的視角來治療棘手的焦慮，就我們所知，這是第一本為普羅大眾撰寫、關於復原取向認知行為治療應用於焦慮方面的書籍。根據復原取向認知行為治療，有一章關於有益焦慮形式的新章節，針對改善更嚴重、棘手的焦慮提供了一個起點。我們重新組織了此練習手冊，所以首先會向讀者們介紹用於困難焦慮問題，如擔憂、恐慌和社交焦慮的基本認知行為治療策略。

我們將介入策略分解成更具體、更實際的步驟，使人們更容易獲得真正能減輕焦慮的必要治療技巧。我們擴增了行為介入那一章的內容，並介紹對於暴露療法（exposure therapy）更近期的革新，像是抑制學習理論（inhibited learning theory）與行為實驗（behavioral experimentation）。另外，我們也增加了焦慮敏感度（anxiety sensitivity）的新章節，這部分對於恐慌症發作的人來說尤其重要。其他諸如心智控制（mental control）、無法容忍不確定性（intolerance of uncertainty）、害怕尷尬（fear of embarrassment）和事件後處理（postevent processing）皆有包括或擴充，為此練習手冊所涵蓋的各種焦慮問題提供更穩健的治療方案。

根據讀者們的回饋，第二版包含了更多個案範例、圖示和工作單樣本──這些全都是基於真實的人物，但經過徹底改寫以保護個案隱私。所有人都可以瞭解我們如何將認知行為治療策略應用於真實世界的焦慮問題。擔憂與社交焦慮的章節則提供了額外的資料，可以增進認知行為治療用於焦慮的有效性。

這次的修訂若沒有一群人的協助和鼓勵是不可能完成的。多年來，我們從患者與我們分享的經驗中瞭解到許多關於焦慮、擔憂及其治療的實際樣態。他們面對焦慮這個令人畏懼的對手時，展現出來的智慧和勇氣確實能鼓舞人心。此外，許多研究人員、臨床醫生和學生替焦慮的認知行為治療做

出了貢獻。其中許多人是我們認識的，我們感謝他們為本書帶來的知識和臨床敏銳度。不過有幾位特別的人在這次的修訂過程中扮演了至關重要的角色。我們尤其感謝克莉絲‧班頓（Chris Benton）的見解、活力、實際和對細節的密切關注提升了我們溝通想法和策略的能力。如同以往，我們感謝我們的編輯奇蒂‧摩爾（Kitty Moore），她提供了支持和鼓勵，使這項計畫可以持續前進。我們的作家經紀人羅伯特‧迪福里奧（Robert Diforio），自從本書的第一版以來，他就是團隊中受歡迎的成員；他對於出版界的深刻理解，搭配對這個計畫的熱情和專心致力一直激勵著我們。出版社（The Guilford Press）的其他人也為本書做出了寶貴的貢獻：藝術總監保羅‧高登（Paul Gordon）、編輯專案經理安娜‧布拉克特（Anna Brackett）和文字編輯黛博拉‧海曼（Deborah Heimann）。最後，我要感謝和我相伴四十五年的配偶南西‧內森–克拉克（Nancy Nason-Clark），在我透過文字書寫來溝通的過程中，她不斷提供堅定的鼓勵、建議和情感支持。

1
一個新的開始

焦慮不是你的敵人！這句話聽起來可能不太像是一本焦慮練習手冊的開頭。毫無疑問地，你會被本書吸引，是因為焦慮和擔憂在你的生活中像是一股無法控制的力量。或許你可以回想一下，以前感覺焦慮與傷心、憤怒或挫折等其他情緒一樣，來得快去得也快。但是現在焦慮在你的生活中扮演的角色遠大於你所願。它現在導致極大的個人痛苦，並且干擾了你的日常生活。它剝奪了生活的樂趣，也粉碎你的自信。你的世界可能縮小許多，因為焦慮，你會避免接觸愈來愈多的地點、人物和經驗。顯而易見地，焦慮和擔憂是一個嚴重的問題，而你正在尋找解答。

無論令你感到焦慮和擔憂的問題是最近才發生，還是已經持續了數年之久，你都可以在本書中找到逐步的指引，帶領你使用認知行為治療的方法減輕你的情緒困擾負擔。認知行為治療是亞倫・T・貝克醫生所開創的一種科學支持的療法，能夠有效減少各種焦慮問題，而《每個人都想學的焦慮課》是根據我們為數百人提供認知行為治療所得到的集體研究和臨床經驗。你將在本書中發現多種練習和工作單，內容是基於認知行為治療的基本原則，提出針對焦慮和憂慮最有效和創新的治療策略。

在本書中，我們介紹的方法與其他認知行為治療資源的差異在於兩個基本層面。第一，我們花費了大量的時間去解釋焦慮心態的運作模式，以及

為了達到持久的改變，你將要做些什麼。我們相信瞭解焦慮心理學很重要，如此你才能從認知行為治療的介入中獲得最大益處。第二，我們介紹了一種新的認知行為治療形式，它被稱作復原取向認知行為治療。這個方法承認焦慮這類的負面情緒有助於實現你所珍愛的目標和抱負，它假設每個人都擁有可以利用的優勢去處理焦慮和擔憂等問題。本書中的幾個練習，重點在幫助你感覺焦慮時，發現自己的優勢和能力。

你可能曾經透過閱讀自助書籍與心靈雞湯、參加勵志研討會、嘗試藥物和其他方法，致力於消除你的焦慮和擔憂，但是你試得愈努力，你就愈感到焦慮和擔憂。你曾思考過自己是否在錯誤的方向上努力嗎？真相是焦慮或擔憂無法只靠努力去消除。如果我們能夠消除一切煩惱，時時刻刻都保持平靜和自信，那不是很好嗎？然而，這是不可能的，因為負面和正面情緒是我們心理組成的一部分。事實上，焦慮等負面情緒對於我們的生存來說是必要的。當它們維持在可以忍受的強度時，它們會激勵我們去處理生活中的問題並替未來做好準備。但是焦慮和擔憂也可能會讓人難以忍受，它們可以變得讓人非常不舒服、破壞我們生活中的重要面向。本書的目的是幫助你減少問題性焦慮（problematic anxiety），這樣你就可以活得開心且富有生產力。

我們會有很多不同的焦慮經驗。焦慮的程度有所不同，可以從輕微的、幾乎無法察覺的緊張感到強烈激增的憂慮。恐慌發作（panic attacks）和強度加劇的廣泛性焦慮，都是嚴重焦慮經驗的例子。根據當下的情況，我們焦慮情緒的強度可以快速轉變或維持在高強度的狀態下好幾個小時。一點點焦慮是健康的，但是當焦慮變得太嚴重、持久，以及與實際情況不成比例時，它就變得不健康了。正是這類型的焦慮促使我們尋求擺脫它帶來的

痛苦和破壞。焦慮可以由一種情緒測量儀器（如圖 1.1）去進行評估。

我們可以使用 0 到 100 之間的數字去代表各種程度的焦慮。當焦慮處在輕微到中等強度時（0～50），我們會感覺身體興奮、緊張、警覺、專注和不安。這是健康程度的焦慮，有助於我們面對生活中的挑戰。當焦慮變得更強烈（50～100），我們會感到焦躁、緊張、害怕、興奮和失控。焦慮現在變嚴重了，這是一種高度惱人的狀態，會干擾我們的運作能力。這範圍的焦慮令人難以忍受，因此我們會尋求立即的緩解。本書將向你介紹可以增加焦慮耐受力的介入策略，從而降低焦慮的強度。但是在深入探討嚴重焦慮之前，讓我們花些時間來思考你的輕度焦慮經驗。

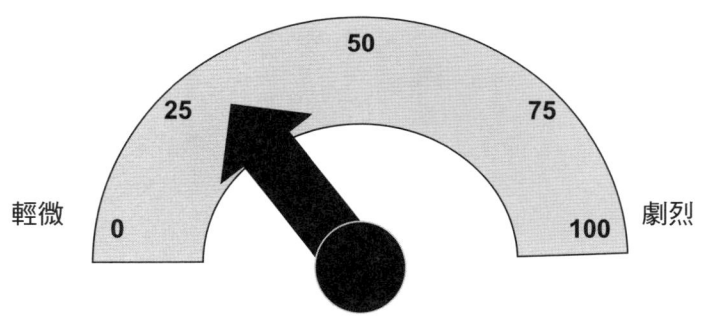

圖 1.1　焦慮測量儀

輕度焦慮

當你在嚴重焦慮和擔憂中苦苦掙扎時，你可能忘記了許多時候你的焦慮經驗是短暫的、輕微的，甚至對特定的情況有幫助。輕度焦慮包括：

- 明顯的憂慮和心神不安。
- 身體警醒和緊張感增加。
- 出現你或你所愛的人可能會發生負面結果的想法。

輕度焦慮通常是由於預期中的特定情況而引發,像是參加重要的考試、參加有陌生人參與的社交活動、在會議中報告、在他人面前表演、參加工作面試、與你的伴侶之間出現了重大問題,或是獨自到陌生的地點旅行。我們每個人幾乎每天都會經歷一些輕度的焦慮或憂慮,通常短暫且處在合理可忍受或管理的範圍內。即使你曾經歷過多次嚴重焦慮,也可能像其他人一樣能輕易處理這些小事件。事實上,你可能會利用輕度焦慮,讓自己脫離過於放鬆和自信的狀態,更好地應對實際情況。你是否還記得自己曾經忍受過輕度焦慮,並利用它來發揮你的優勢呢?在本書中,我們將向你展示如何將輕度焦慮的情況應用到更嚴重的焦慮情況中。在開始前,我們鼓勵你花幾分鐘完成以下練習。

評估練習:記住輕度焦慮

　　這是一個機會,讓你仔細檢視自身處理輕度到中度焦慮的優勢和能力。你甚至可能會發現自己能夠忍受的焦慮程度比你想像的還要大。在工作單 1.1 裡面,只要求你回想導致輕度焦慮的情況。想想看你面對這些情況所做出的反應,為什麼可以把焦慮維持在低強度。

　　如果你很難回想起過去輕度焦慮的經驗,可以詢問你的伴侶或家人。此外,你也可以使用上面的工作單去寫下你接下來兩週的輕度焦慮經驗。

你有沒有驚訝地發現自己可以利用輕度焦慮去解決問題呢？回顧你的記錄，你在這些情況下所做出的反應是否可以應用於嚴重焦慮的時候呢？把這張工作單保存好，因為第三章我們會再次討論它。現在，讓我們來想想你的嚴重焦慮經驗。

嚴重焦慮

嚴重焦慮的經驗感覺起來跟較輕微的焦慮形式差異很大。當焦慮值上升到 80 到 100 的範圍時，焦慮會變得難以控制。嚴重焦慮有幾種特性，使它特別讓人難以忍受。

- 我們會經歷到更多強度更強和持續更久的症狀。
- 我們的感覺與觸發它們的日常情況不成比例（過度）。
- 因為專注於可能的最壞結果（大災難），所以我們的想法變得更極端。
- 我們更狹隘地關注危險和威脅，以及個人的無助感。
- 我們抱持著焦慮感是無法忍受且必須消除的強烈信念。
- 逃避（escape）和避免（avoidance）變成我們的一貫手法。

第四章將會解釋這些特性是如何相互影響，因而使嚴重焦慮成為一個會干擾日常生活的問題。現在，請思考以下三個人經歷過各種問題性焦慮形式的例子。

蕾貝卡的故事：受「萬一」所困

蕾貝卡無法睡覺。自從五年前她晉升為店經理後，這位三十八歲擁有兩個學齡女兒的母親，就對她的工作、孩子的安全、年老父母的健康、個人財務，以及丈夫的工作有不安全感，充滿著擔憂、緊張與憂慮。她的心裡似乎產生了一張無止盡的可能災難清單：她將無法做一個有效率的店經理；她將無法完成每個月的業績；她的小女兒在學校會受傷；她的大女兒會被朋友嘲笑；她的父母會因為他們沒有回去而失望；繳完帳單後，她將沒有足夠的錢可以存入他們的退休計畫帳戶中；她的丈夫可能某天會失業……而這份清單還未結束。蕾貝卡一直以來都是個杞人憂天者，但是過去幾年幾乎變得令人無法忍受。除了夜晚失眠外，蕾貝卡發現自己經常激動、顫抖、慌亂、無法放鬆且煩躁不安，伴隨著偶爾的暴怒。她會沒有任何原因就淚流滿面。她的憂慮是不間斷的，而且無法控制。儘管她做了最大的努力讓自己分心，同時一再向自己保證什麼事情都不會發生，但是她心裡還是有股不舒服的感覺，總認為「麻煩就在眼前」。

托德的故事：渾身充滿恐懼

托德正失去控制——至少對他而言是如此。身為一個最近的大學畢業生，開始從事銷售方面的新工作，托德才剛搬到一個新城市，並且首次自己住。他交到新朋友；有一個穩定交往的女友，而且在他的工作上取得很大的進展。他最初的工作表現評估是非常優秀。生活很美好；但是對托德而言，在涼爽十一月的某天，當他開車回家時，所有一切突然變了調。他的工作一直以來都有些壓力，托德必須加班才能準時完成一個大型客戶的專案。他有去健身房進行有氧運動的習慣，藉此紓發一整天的壓力。在回家

的路上，一股陌生且非預期的感覺朝托德襲來。突然間，他感覺胸悶、心臟開始快速跳動。他感覺頭昏眼花，幾乎是暈眩，好像自己快要昏倒一樣。他把車停在路邊、熄火，然後抓緊方向盤。現在，他感覺緊張，開始顫抖。他感到非常燥熱並且開始喘氣，他認為自己快要窒息。托德立刻懷疑自己是否心臟病發作，如同他叔叔三年前那樣。他等了幾分鐘，直到症狀平息，然後開車前往急診室。完整的檢查和醫學測試後，顯示他沒有生理上的問題。主治醫生說他是恐慌發作，給了托德藥物，並告訴他去看家庭醫師。

第一次恐慌發作是九個月之前，從那時起，托德的生活有了巨大的改變。現在，他經常會恐慌發作，而且幾乎不斷擔憂自己的健康。任何意料以外的身體感覺都可以引發嚴重焦慮的循環。所以他減少社交活動，也發現自己因為害怕恐慌發作而害怕出門。他把自己的活動範圍侷限在工作場所、女友的公寓和自己的住所，害怕到新的或不熟悉的地方。托德的世界縮小了，受控於恐懼和迴避。

伊莎貝拉的故事：困窘而死

伊莎貝拉是一個四十多歲的害羞單身女性。自童年開始，只要在他人身旁，她總是感到焦慮，因此她盡可能避免社交互動。似乎任何涉及到其他人的事都會令她焦慮——與人對話、講電話、在會議中發言、請求店員協助，甚至是在餐廳用餐或走進電影院。所有這些情況都會使她感覺緊張、焦慮和侷促不安，因為她擔心自己會臉紅和面對尷尬的情境。她認為別人總是在注意她，同時一邊納悶她到底怎麼了。她有多次恐慌發作的經驗，並且因為她在社交場合的行為而感到非常困窘。因此，伊莎貝拉盡可能地避免社交和公共場所。她只有一位親密友人，大部分週末都陪伴在年邁的雙親身邊。雖然她的祕書工作做得非常好，但是由於在他人周圍的不自在，

所以升遷時她總是被忽略。伊莎貝拉受困在自己的小小世界中，感覺憂鬱、孤單和不被喜愛，她被社交的恐懼和焦慮所困住。

因為嚴重且持續的焦慮，蕾貝卡、托德和伊莎貝拉都承受著相當大的個人痛苦和日常生活的限制。有哪個故事聽起來很熟悉嗎？你是否正在嚴重的焦慮中掙扎，就像蕾貝卡的擔憂、托德的恐慌發作或伊莎貝拉在他人身邊的侷促不安一樣呢？下一個練習會提供你一個機會，寫下關於你自己的嚴重焦慮的經驗。

評估練習：記住重度焦慮

你或許可以記得多個嚴重焦慮或擔憂的經驗。回顧過去的經驗很重要，因為它們可能對你目前對焦慮情緒的容忍度產生了很大的影響。工作單 1.2 將成為你學習本書其餘部分的重要資源。

回憶嚴重焦慮的經驗有沒有比回憶輕度焦慮的經驗容易呢？比較你工作單 1.1 和 1.2 的記錄。你有注意到自己的輕度和嚴重焦慮之間存在著任何相似性嗎？嚴重焦慮是否出現特別的症狀，使它令你難以忍受呢？你在輕度焦慮時所使用的調適（coping）策略是否可以減少嚴重焦慮的有害影響呢？我們相信你可以從自己如何處理輕度焦慮上面學到很多東西。我們將在本書中一次又一次地回到這個主題，向你展示如何從可忍受的焦慮經驗中學習。但是現在，請把你的焦慮經驗放到一旁，並容我們向你介紹我們應對焦慮的方法。

> ### 你並不孤單
>
> 當你努力對抗嚴重焦慮時，你並不孤單。放眼全球，任一年內，每九個人中就有一位正在經歷焦慮疾患[1]，而將近 6500 萬的美國成人會在生命中的某個時刻經歷到臨床上顯著的焦慮症狀，使它成為最常見的心理健康問題[2]。你可以這樣想，你的朋友、同事和鄰居中將有超過四分之一的人會經歷嚴重焦慮，即使大多數人都不會尋求專業協助。一些知名且成功的人士也受焦慮所苦，包括席琳娜・戈梅茲（Selena Gomez）、女神卡卡（Lady Gaga）、尼可拉斯・凱吉（Nicolas Cage）、金・卡戴珊（kim kardashian）和馬克斯・莫里斯（Marcus Morris）[3]，以及溫斯頓・邱吉爾（Winston Churchill）和亞伯拉罕・林肯（Abraham Lincoln）等歷史人物。因此，你沒有理由感到羞愧或責怪自己的恐懼與焦慮。許多人儘管經歷過嚴重焦慮，他們仍然過著非常成功的生活。好消息是你不必獨自奮鬥，過去數十年的研究已經教會我們許多關於焦慮的知識和治療焦慮最有效的方法。

這本書有什麼不一樣？

數百本自助書籍以及眾多網路專家、生活教練、勵志演講者和心理健康專家提供了見解和方法，他們聲稱那些方式在應對焦慮上可以有所突破。對許多人來說，本書可能不是你們的第一本自助書籍。你的治療師可能推薦了其他資源，但是那些資源卻沒有兌現它們宣示的承諾。因此，你為什麼應該投資更多時間和努力在這本書上呢？我們的方法與其他人的有什麼差異呢？

《每個人都想學的焦慮課》深入探討認知行為治療應用於焦慮的方法。它沒有參雜其他較少被證實有效性的介入方式；它教導讀者有關認知行為治療對焦慮的認識，並且告訴我們必須改變本身哪些想法和行為以減少焦慮。前面七章教導基本的認知行為治療技巧，之後的章節則針對基本技巧進行客製化和改善，以處理特定的焦慮問題，如擔憂、恐慌發作和社交焦慮。這也是第一本包含復原取向認知行為治療元素的焦慮治療書籍。綜觀本書，你將看到案例解說、圖示、練習和增進本書實用性的工作單。為了讓你更明白可以期待些什麼，我們先從認知行為治療和復原取向認知行為治療的簡短概述開始吧！

認知行為治療

　　認知行為治療主張，我們的思考方式和行為模式對我們的感受有重大的影響。如果我們認為即將發生的事件可能會導致負面結果，我們就會認為它是個威脅。預期威脅通常會導致迴避和逃避的舉動，因為我們喜歡尋求安全與舒適。威脅的想法和迴避行為會造成意想不到的結果，反而提高了焦慮感的強度。在認知行為治療中，改變我們對於威脅和危險的思考方式，被認為是減少焦慮很關鍵的一步。它是一種有組織的、系統性的心理治療，可以教導人們如何藉由改變想法、信念和行為去減少自身焦慮。圖 1.2 說明了基本的認知行為治療模型。

　　在 1960 年代末和 1970 年代，我們之中的其中一人（亞倫・T・貝克）開創了認知行為治療，並將其用於治療憂鬱和焦慮。2010 年，我們共同出版了更新的綜合認知行為焦慮治療手冊，書名為《*Cognitive Therapy of Anxiety Disorders: Science and Practice*》[4]。《每個人都想學的焦慮課》第一版是根據那本手冊所寫的實用指南；在 2010 年的臨床手冊中，讀者可以找到有關認知

行為治療看待焦慮的觀點、研究支持和治療策略等更詳細的解釋。

今天，認知行為治療被世界各地的心理健康從業人員所實踐。數百篇研究證實了認知行為治療用於焦慮治療的有效性[5,6]。60～80% 有焦慮問題的人在完成一期認知行為治療的療程（10～20 次）後，他們會感覺焦慮顯著減輕，但只有少數人（25～40%）的焦慮症狀會完全消失[7,8]。認知治療的效果與單獨使用藥物相比，效果相當或是更好。一些研究顯示，認知行為治療相較於單獨藥物治療能產生更持久的改善[9]，至少在治療焦慮方面，認知行為治療比起什麼都不做或只進行基本的支持諮商來得更有效。目前，它已成為全球許多精神病學和心理健康機構建議的治療焦慮症首選[10,11]。

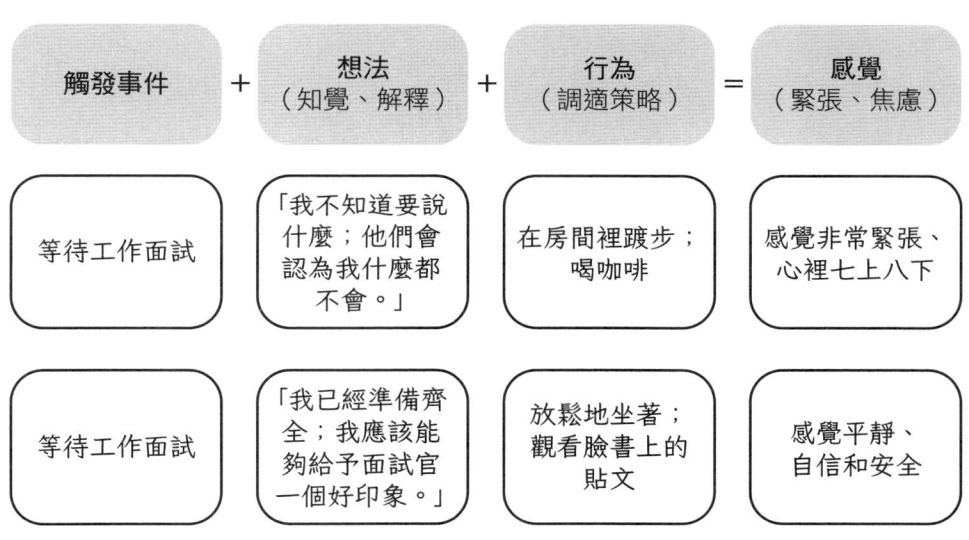

圖 1.2　焦慮的基本認知行無模型

復原取向認知行為治療

　　復原取向認知行為治療是認知行為治療的一種新觀點，它是從復原的角度來看待人類的變化，而不僅僅是減輕個人的痛苦。復原取向關注的策略在於幫助人們利用本身的興趣、能力、志向、解決問題的能力、有效溝通和抗壓性[12]。復原取向認知行為治療承認我們都擁有「最好的」時刻，那時我們的想法、情感和行動會共同合作去追求珍惜的目標、價值和抱負。貝克與同事們稱此為適應性模式（adaptive mode）。模式是一種傾向或行為方式，涉及信念、態度、感受、動機和行為[13]。在復原取向認知行為治療中，任何反應只要能幫助你達成重要的個人目標和價值，我們都會認為是適應性反應。當我們做出適應性反應時，我們通常會經歷正向的感受。當你能夠控制焦慮，而且偶爾將其轉變為成就感時，你就在運作適應性模式了。

　　在復原取向認知行為治療中，我們不僅處理導致痛苦的負面想法和信念，也幫助個人發現更正面的思考方式，以促進更有意義的生活[14]。因此，復原取向認知行為治療的治療師和客戶將一同探討可能會妨礙患者實現目標的思考方式。舉例來說，請想像一下，你因為焦慮和壓力而請了病假，現在你的病假即將結束，而你對於人資部門所安排的回歸工作計畫感到非常焦慮和擔憂。你堅信自己會失敗，而且焦慮將捲土重來。傳統認知行為治療的治療師會聚焦在你的焦慮想法和如何減輕你的工作焦慮上面。復原取向認知行為治療的治療師也會以減少焦慮為目標，但是除此之外，治療焦點還會包括如何在工作中獲得更大的成就感和目標實現。如果你在工作中發揮了自己最大的能力、朝著珍惜的目標前進，並且發展出更強大的壓力適應力，你的工作焦慮將變得更能夠忍受，甚至是更具適應性，而不是變得嚴重和令你衰弱。在整本書中，我們會不斷強調你可以從自身的輕度焦慮與擔憂的

經驗中學習到什麼，以用來幫助你獲得更高的生活滿意度。

可以期待什麼

《每個人都想學的焦慮課》的前七章深入研究導致焦慮成為問題的核心心理過程。在這些章節中，我們解決焦慮心理的具體問題，諸如偏誤的威脅解釋、關於焦慮的基本信念、焦慮敏感（anxiety sensitivity）增高、避免和尋求安全感的行為，以及無法容忍不確定性。心理學家通常稱這些過程為跨診斷（transdiagnostic），因為它們會在不同種類的焦慮問題中被發現。你將學習如何使用改變這些焦慮心理核心特徵的具體治療策略。

剩下的三個章節關注三種焦慮問題：擔憂、恐慌發作和社交焦慮。你將發現針對每種焦慮問題的獨特特性所量身定制的認知行為治療方案。即使你的焦慮與這些問題之一密切相關，我們還是建議你先讀完前七章，然後再專注於後面的特定章節。前面章節提供了從後面章節中獲得最大利益所需的基礎技巧。表格 1.1 概述了你將在每一章節中學到的技巧。

我們在撰寫本書時就考量了你的需求。它的組織、風格和內容是為了像你這樣的人而設計的：你們渴望更好的生活；渴望擁有一種焦慮是可以忍受的生活；而這種生活是豐富的，不會威脅到你的快樂、平靜和舒適。拿起自助書籍的人並不是在尋找最容易的辦法。你知道需要承諾、時間和努力來克服你應對焦慮的常用方式。我們希望與你合作，提供一種新的方式去瞭解你的焦慮和更有效的策略，如此一來，你就能夠更好地忍受和調適一系列的焦慮經驗。

表格 1.1 你從本書中會學到什麼

章節	你將學到	重點練習
2 準備開始	• 練習是有效治療的關鍵。 • 哪些信念會削弱動機,以及如何矯正它們。 • 如何從本書中獲得最大利益。	• 完成關於練習作業的信念工作單(工作單 2.1)。 • 評估自己是否從練習經驗中獲得最大益處。
3 焦慮何時會有幫助	• 焦慮可以有什麼幫助? • 如何識別出焦慮怎麼幫助你適應。 • 你的焦慮韌性(anxiety resilience)程度。	• 追蹤輕微、有助益的焦慮。 • 發現自己的適應焦慮檔案(工作單 3.5)。
4 焦慮何時會變成一個問題	• 如何識別出問題性焦慮。 • 什麼是焦慮的心態? • 如何針對你的焦慮問題發展出個人化的治療。	• 抓住焦慮想法。 • 記錄焦慮日誌。 • 製作一份焦慮症狀概況(工作單 4.6)。
5 與焦慮症狀共同生活	• 焦慮敏感(AS)是否驅動你的問題性焦慮。 • 你對於特定焦慮症狀的忍受度。 • 使用認知行為治療介入如何能增加你的焦慮容忍度並降低焦慮敏感。	• 評估你的症狀敏感度。 • 完成焦慮敏感度信念(工作單 5.6)。 • 透過工作單 5.3 及 5.6 練習超然觀察和其他認知行為治療的介入策略
6 轉換你的焦慮心態	• 錯誤的威脅預測如何引發焦慮? • 如何創作一份你獨特的焦慮心態地圖。 • 如何利用證據蒐集和其他認知行為治療的介入去減輕焦慮。 • 如何進行心理審查以發現較不焦慮的思考方式。	• 發現自己的威脅預測。 • 創作自己的焦慮心態地圖。 • 利用證據蒐集和練習認知行為治療技巧的成本／效益表。 • 利用替代觀點表(工作單 6.1)去形成較健康的思考方式。

章節	你將學到	重點練習
7 抑制焦慮行為	• 如何重新找回戰勝焦慮的勇氣。 • 如何認識自我保護模式（self-protective mode）對焦慮的影響。 • 哪些焦慮信念導致其持續存在。 • 尋求安全為什麼可能會適得其反。 • 如何使用系統性暴露（systematic exposure）去克服焦慮。	• 完成自我保護反應（工作單 7.2）。 • 填寫關於焦慮的信念量表（工作單 7.3）。 • 使用安全尋求反應表（工作單 7.4）去發現有問題的安全尋求反應。 • 使用以復原為導向的暴露計畫（工作單 7.10）去增進治療有效性。
8 控制你的擔憂心態	• 如何區辨有害和有幫助的擔憂。 • 驅動擔憂心態的心理過程。 • 如何確定你的擔憂檔案。 • 如何使用問題解決、去災難化、擔憂暴露和其他介入方法去克服有害的擔憂。 • 如何透過提高對不確定性的容忍度來建立擔憂韌性。	• 辨識會產生有害擔憂的無助思考方式。 • 完成擔憂信念檢核表（工作單 8.5）。 • 利用擔憂日誌（工作單 8.9）去追蹤你的擔憂。 • 建構個人的擔憂檔案（工作單 8.10）。 • 使用控制圓餅圖（工作單 8.12）來評估控制和責任。 • 使用擔憂暴露表（工作單 8.22）、日常不確定性紀錄（工作單 8.23）和忍受度適應表（工作單 8.24）來記錄你的介入。

章節	你將學到	重點練習
9 擊退對恐慌的恐懼	• 如何知道是什麼導致恐慌及其恐懼成為問題。 • 如何識別對生理症狀的過度敏感和災難性誤解。 • 驚慌失措的心智會如何運作。 • 如何評估你的恐慌發作。 • 如何使用認知行為技巧的策略,如恐慌再評估(panic reappraisal)、恐慌重寫(panic rescripting)、症狀歸納和移除尋求安全的行為以應對恐慌發作。	• 製作你獨特的恐慌檔案(工作單 9.9)。 • 使用抗恐慌症狀解釋記錄(工作單 9.10)來應對災難性的誤解。
10 克服社交焦慮	• 如何辨識社交焦慮的三大支柱。 • 如何將你的焦慮分為社交焦慮的三個階段。 • 認知行為治療評估和概念化你的社交焦慮的方式。 • 如何使用認知行為治療介入去減少令人衰弱的預期性焦慮。 • 促進更好的焦慮管理和改善社交技巧的策略。 • 如何停止對最近社交互動的焦慮反芻和事件後處理。	• 完成社交焦慮檢核表(工作單 10.11)。 • 確認你的社交改變目標(工作單 10.13)。 • 維持記錄社交焦慮日誌(工作單 10.14)。 • 製作你的社交焦慮檔案(工作單 10.19)。 • 建構社交暴露計畫(工作單 10.23)。 • 透過利社會認知技巧表(工作單 10.24)和行為再訓練方針(工作單 10.25)來加強社交技巧。 • 使用尷尬代價表(工作單 10.28)來應對面臨尷尬情境時的恐懼。 • 完成過去社交經驗的現實再評估(工作單 10.29)來減少焦慮反芻。

如何使用本書

你的焦慮可能有其獨特的面向，但是如果你可以從蕾貝卡、托德和伊莎貝拉的案例中看見自己焦慮的元素，那麼這本書就是為你所寫的。它原本就是以作為獨立的自助資源而編寫。這也代表無論你經歷的焦慮程度或類型如何，都可以自己使用它。

其他人可能發現使用本書作為治療的輔佐會更有助益，由治療師來指定閱讀特定章節、特別段落或進行某些練習。如果你的焦慮很嚴重，你正在避免重要的日常生活活動，因為它們會讓你感到焦慮，或者你很難辨識自己的焦慮思維，那麼就適合在搭配治療師的情況下使用本書。治療師還可以建議你應強調哪種認知行為治療技巧，以及可以如何調整這些技能來解決你特有的焦慮，並且可以更有策略的搭配本書的練習。人們經常發現自己需要結構化治療的介入才能堅持想要改變時所許下的承諾。如果你過去曾與認知行為治療師合作，並且發現治療是有幫助的，那麼你將能夠使用本書去增進你的認知行為治療技巧。

放下舊有的習慣，學習新的策略，對恐懼、焦慮和不確定性實行更大的容忍需要勇氣和決心。即使你的焦慮程度是在中等範圍，自己一人使用本書可能還是有一些難度。

如果你正在接受專業治療，那麼你可能會取得更好的進展，因為真正的改變取決於知道該做什麼，然後將這些知識應用到你日常的焦慮經驗中。無論是單獨使用本書還是與治療師一起使用，你從本書中得到的收穫會與你投入的一樣多。我們建議你每天安排二十分鐘閱讀《每個人都想學的焦慮課》，並規劃接下來要完成哪些練習和工作單。

當你閱讀本書時，請不斷問自己「這要如何應用在我的焦慮上呢？」慢慢來並盡可能地多練習。不要太執著於試圖完美地完成所有練習和工作單。你會發現有一些工作單對你來說，比起其他工作單更有幫助，因此你需要花更多時間在有用的工作單上。記住，本書的目的是作為一本實用指南，而非教科書。你將對自己的焦慮有新的認識，但更重要的是，我們希望你能學到可以應用於日常焦慮體驗的新技能。在我們開始之前，請用一些時間思考你花時間閱讀《每個人都想學的焦慮課》希望實現的目標。

我的焦慮減輕目標

你希望從本書中得到什麼呢？當涉及處理焦慮時，你的目標是什麼呢？下一個練習讓你有機會去更深入地思考你的焦慮，以及更好的應對技巧會如何有助於過更充實的生活。

評估練習：開始你的焦慮減輕目標

和多數人一樣，你可能已經嘗試對生活中的一些面向進行改善，像是身體運動、飲食、時間管理、睡眠等等。你知道擁有一個目標對於維持你的動機和承諾至關重要。在讀這本書時也是如此，你需要具體的目標來激勵自己應用知識去進行本書的練習。工作單 1.3 提供一個過程，你可以使用它來發現，如果你的焦慮不那麼強烈並且更能夠忍受的話，你的生活將會得到改善的具體方法。這張工作單要求你提出具體的目標，幫助你找到當焦慮更容易控制時，生活會變得更好的實際方法。

> **💡 TIPS｜其他建立焦慮減輕目標的方式**
>
> 　　認知行為治療中，治療師與患者們緊密合作，幫助他們產生合理且有效的治療目標。大多數人需要一些協助來完成這項任務。如果你是單獨執行這些練習，設定改變的目標可能尤其困難。我們列出了一些你在制定焦慮減輕目標時可以遵循的其他策略。
>
> - ✓ 想想如果你很少焦慮或沒有焦慮，你在生活的每個領域表現上將得到改善的一些具體方法。
> - ✓ 想一想在焦慮成為問題之前，你在每個領域上的表現如何。你的目標可能是回復到相同的功能表現。
> - ✓ 你身邊有沒有哪一位朋友或家庭成員，讓你認為他是很棒的父母、擁有一份好工作、把身體健康維持得很好，或是在其他方面似乎很成功嗎？焦慮不會干擾他們的生活。你欣賞他們哪些方面？這種特徵或特質可以成為你減少焦慮的目標嗎？
> - ✓ 確保你的目標與特定的思維或應對方式有關。它應該是一種與你的個性和技能一致的思考或應對方式。舉例來說，如果你天生個性就比較內向，那麼像是「成為派對的焦點」這個目標就不適合。

　　你是否能夠列出在較少焦慮的情況下你會採取哪些具體方式去行動、思考或讓自己感覺更好呢？如果你能更好地管理焦慮，你可以將這些視為希望如何運作的目標或願望。這些可能是從前當焦慮較不強烈時，你習慣使用的方法，而現在你想回到以前的生活方式。如果你可以看見輕度焦慮會使你的生活變得更好，就能激勵你完成以下章節會介紹的練習。

　　當你閱讀各個章節時，你可能需要返回工作單 1.3 並修改你的目標。此

外，你可以使用你的目標去評估認知行為治療用於焦慮上對你的生活品質造成什麼改善。我們所有人都需要鼓勵才能持續前進，如果你可以經由達成的目標看見自己的進步，你將獲得動力繼續努力克服你的焦慮。

下一章節

整個章節重點是確定本書是否適合你。如果你完成了工作單1.1和1.2，你可能已經確定本書是否與你的痛苦相關，且至少你產生想要繼續讀下去的好奇心。你可能會好奇在焦慮治療方面，復原取向認知行為治療可以為標準的認知行為治療增添哪些面向和幫助。下一章會告訴你如何開始使用本書。你將學到練習在認知行為治療中的重要性，以及如何提高你對本書的參與度。

2
準備開始

當你想到關於健身和維持健康時,毫無疑問地,腦中會浮現飲食和運動。你盡最大的努力好好吃飯和規律運動,因為你明白它們對生活滿意度和福祉的重要,但要「堅持到底」很難。我們忙碌的日程表和日常生活的迫切需求很容易讓我們放棄健康的生活習慣。當這種情況發生時,重要的是要進行盤點並重申我們對健康生活的承諾。

心理健康很像生理健康。事實上,「心理健康(mental fitness)」一詞已被用來代表健康的心智。心理學家將心理健康定義為透過使用我們的技能和資源,靈活地適應我們遇到的挑戰和優勢,而且會在一生中茁壯成長[15]。過度焦慮和擔憂會破壞心理健康。它們會干擾我們處理挑戰和發揮潛能的能力。如果問題性焦慮和擔憂正在阻礙你的心理健康與幸福之路,那麼我們將告訴你如何利用認知行為治療清除路障的方法。

眾所周知,身體健康只能透過規律的運動計畫,使我們的身體強壯、敏捷和有彈性來達成。心理健康也是同樣的道理。我們可以透過每天的認知(思考)和行為練習,使我們的心理和情感變得更強壯。這些練習被設計用來減少焦慮對我們生活造成的破壞性影響,如同身體運動可以抵消現代久坐的生活方式一樣。但是所有運動的益處,無論生理或心理,都仰賴規律實踐,而這對我們大多數人來說都是難題!

維持規律運動和均衡飲食很具挑戰性。最初，你可能胸有成竹，但很快地，你的熱情消退、日程崩潰、決心瓦解，每種藉口都開始聽起來愈來愈合理。即使是最頑固的健身愛好者也會發現規律運動很困難。幸運的是，那些努力堅持下去的人會發現運動帶來的好處變得如此重要，以至於當他們不再堅持運動時，反而會懷念運動的日子。我們相信，當你投入心力從事本書中的練習後，你也會擁有相同的體悟。這就是這個章節重要的原因：持續努力、利用減少焦慮所需的心理工具武裝自己，將使你有機會讓認知行為治療策略發揮作用。

不同的起始點

我們每個人通往心理健康和完整的起點都不一樣。因為先前的生活逆境、兒童時期遇到的困難、家族史、生物學上的傾向和其他因素，有些人在心理健康上比起其他人需要付出更多的努力。但是每個人都可以增進自己的心理健康。事實上，正在閱讀本書的你已經踏出改善心理健康的第一步。最初的第一步是改變的關鍵，所以我們建議你和我們一起開始這段旅程。我們設計的練習可以幫助你做出長期改變，就像認知行為治療已被證明對於緩解焦慮有長期作用一樣。你準備好透過實踐本書中解釋的認知行為治療技巧來進行下一步了嗎？

在你開始前，請參考以下建議，可以使閱讀本書成為更正向、更令人滿意的體驗。

- **保持實際的期待**：關於焦慮和擔憂，我們所有人的起始點都不同，而那影響了可實現的焦慮減輕程度。舉例來說，在第五章中，你將學到

每個人對焦慮症狀的敏感度是不一樣的。如果你對焦慮感反應強烈，你可能無法將焦慮降低到跟對焦慮不太敏感的人相同的程度。

- **騰出時間給自己**：如果你開始懷疑自己是否有時間從事認知行為治療，請停下來想想你現在因為焦慮而浪費了多少時間。你曾經坐下來，並釐清自己每天花了多少時間擔憂、因為失眠和壓力大而感覺疲累，或是因為逃避而效率低落嗎？把這些與你閱讀本書的所需時間進比較一下。現在將精力投資在減少焦慮上面，會導致未來幾個月內時間和生產力的淨損失還是增加呢？

- **從低標準開始，然後逐漸增加難度**：你一定聽過「羅馬不是一天造成的」這句諺語。這當然也適用於改善焦慮的認知行為治療。如果你對焦慮症狀非常敏感（請看第五章），那重點是不要嘗試做太多事情來讓自己不知所措。從一些只會造成輕度或中度焦慮的事情開始更好，然後再逐漸進入到更嚴重的焦慮情況。

- **調整自己的節奏**：如果你曾經參加過路跑，你就會知道維持良好的穩定節奏是完成競賽的關鍵。你的認知行為治療計畫也是一樣。每天做一點，好過週末一次做好幾個鐘頭，接著好幾天都不再練習。每天讀一點，確保你有花時間持續練習。

- **捕捉想法**：進行認知行為治療的練習時，把你的注意力集中在你如何思考上面。如果你正感到焦慮，寫下誇大的威脅和危險想法（災難性思考）。你的想法存在任何錯誤或扭曲嗎？你是否堅信自己是無助的或是無法忍受焦慮的？你正考慮逃避或依賴虛假的安全感嗎？更能覺察到自己的焦慮思維並學習控制它（請看第六章）是減少焦慮的一個重要策略。

- **有耐心、不逃跑**：當焦慮正在堆積且焦慮心態掌控一切時，我們的本

能反應就是逃跑！儘管這絕對可以理解，但重要的是堅持完成練習。不要想著逃離當前情境或放棄。將時間分割成小單元，專注於實現下一個目標（我會停留十分鐘，一旦達到目標，我會再停留十分鐘，依此類推）。這是跑者們感到疲倦、疼痛，想要放棄但仍能堅持完賽的方法。

- **慶祝成功和解決障礙**：許多人開始從事認知行為治療計畫時會馬上看見焦慮的改善。認可你的成就並慶祝你在克服焦慮方面的進展非常重要，畢竟，你是做出改變的人，所以你需要鼓勵自己。同時，你要做好面對挫折和失望的準備。與其放棄，不如仔細檢視為什麼某項練習無法順利完成。採取以問題為導向的方法，看看你可以做出哪些改變來突破失敗的嘗試。

- **不要對抗焦慮；讓它流動**：焦慮就像是被一面網子纏住一樣；你愈反抗，纏繞得愈嚴重。當你正在進行練習時，是否嘗試控制你的焦慮？將過程記錄下來。爭奪控制權會讓你的焦慮更嚴重。相反地，專注於接受自己的焦慮狀態並允許焦慮自然消退。

- **善待自己**：改變我們的思考方式和對焦慮等強烈情緒做出反應是困難的。如果你運用自我同情而不是自我批判，你將會從本書中取得更大的進步。

我們的辦法如何幫助你？

本書包含三種類型的練習及相關的工作單。將近一半的練習是評估性質的；它們的目的是提供你對於自己的焦慮和擔憂有新的認識。它們提供評估資訊，向你展示如何應用介入策略去減輕你的焦慮。其餘大部分的練

習皆為認知行為治療的介入策略，這些治療活動的目的是減少你的焦慮和擔憂。它們將幫助你朝著第一章中列出的焦慮減輕目標邁進。完成這兩類的練習非常重要，因為它們是相輔相成的。偶爾你需要進行小測驗，這種練習可以幫助你確定自己是否瞭解認知行為治療用於焦慮的核心原則。

無論練習的類型是什麼，你將發現如果你遵循以下提示，那麼工作單對於減少焦慮會更有幫助。

- 務必自己填寫工作單，如此一來，你可以捕捉當下自己對於焦慮和擔憂的觀點。
- 遵循引導你如何完成工作單的活動說明。
- 不要花大量時間在擔心你所寫的工作單內容是否非常詳細且完整，隨著時間，你會越來越擅長從事這類練習。
- 避免做個完美主義者。你的工作單不必完美，而是始終將其視為一項「正在進行的工作」——一個學習的機會。
- 完成工作單的時間愈接近一次的焦慮經驗愈好。如果你等了幾小時或幾天後才進行，你將忘記大量關於你的經驗的寶貴資訊。
- 忍住回頭更改已完成的工作單的衝動。你填寫在工作單上最初且最即時的反應或許才是最好的。
- 請確保將工作單練習本保留在你身邊；當你閱讀本書時，你需要參考其中的許多內容。

關於認知行為治療，你曾聽過什麼？

如果你對認知行為治療用於焦慮上有嚴重的懷疑，那麼你可能不會看

到這裡。但是如果你曾聽聞過以下關於認知治療的誤解，它們可能會削弱你對於認知行為治療的信心，並暗中破壞你從事練習的動機。讓我們一次徹底釐清這些迷思：

迷思：認知行為治療過於理智，不會涉及情感。
事實：的確認知行為治療專注在許多我們如何思考和表現的方面。但是認知行為治療中重要的想法和信念是情緒化的，它們與我們的情緒有關，而非我們的理智。認知行為治療其實就是關於改變情感，且在本書中，我們持續要求讀者觀察、記錄和瞭解「自己感覺如何」。

迷思：只有高教育程度或高智商的人能夠從認知行為治療中受益。
事實：就成功的認知行為治療來說，觀察自己的想法、評估它並考慮替代思考方式的能力比起唸什麼學校和智商更為重要。

迷思：因為它非常死板，認知行為治療無法考慮到個人獨特的需要和情境。
事實：認知行為治療永遠適用於一個人焦慮經驗的獨特特性。

迷思：認知行為治療非常表面，只能處理症狀，無法治療造成焦慮的根源。
事實：認知行為治療牽涉到自動想法和信念等關於焦慮的威脅與無助的基本要素。透過處理這些認知的「根本原因」，認知行為治療通常相較藥物在減少焦慮上顯現出更持久的益處。

迷思：如果你正服用焦慮的藥物，你就無法從認知行為治療獲益。
事實：研究和我們的臨床經驗顯示服用焦慮藥物的人可以從認知行為治療中

獲得顯著的益處。

迷思：你必須擁有良好的組織能力和紀律才能自認知行為治療中獲益。
事實：沒有研究證據顯示組織能力良好和有紀律的人格類型相較於其他人可以從認知行為治療中得到更多益處。

迷思：認知行為治療完全忽略一個人過去的影響。
事實：認知行為治療著重於現在，但是過去的困難經驗和童年逆境如果對一個人目前的焦慮和擔憂存在重大影響，那麼也會被考慮。

迷思：認知行為治療只對輕度或中度焦慮有效。
事實：正式評估認知行為治療的研究顯示患有嚴重焦慮症狀的人可以獲得顯著的症狀改善。

迷思：認知行為治療只是「講話治療（talk therapy）」，人們「不斷說服自己不要焦慮」。
事實：行為改變是認知行為治療非常重要的一部分。儘管改變一個人對於焦慮的想法非常重要，但是改變行為去應對自身的焦慮問題也同樣重要。

迷思：認知行為治療強調「正向思考的力量」以哄騙人們減少焦慮。
事實：認知行為治療強調的是「實際思考」而非「正向思考」。你將學會對日常生活中的威脅採取更準確、實際的評估去取代不切實際、誇大的想法。這將是你會反覆練習以減少焦慮強度的核心技能。

迷思：針對焦慮的認知行為治療是緩慢的，在真正益處顯現前可以花上數週。

事實：許多認知行為治療的顯著影響在前幾次療程中就會被看到。你可以預期在接受認知行為治療的最初四到六週就看到一些改善。

迷思：在認知行為治療中很少會看到焦慮突然地減少。

事實：接受正式認知行為治療的人們可能會經歷焦慮從這週到下週間的突然減少。但是尚未清楚獨自使用認知行為治療練習書籍的人是否能發生這些突然地變化。

> **💡 TIPS｜維持改變的動機**
>
> 　　如果你在閱讀本書中遇到停滯或缺乏動機的情況，請回到這裡，看看你是否仍然認同這些迷思。若是如此，請考慮暫緩對認知行為治療的評斷，直到你嘗試過。你可以選擇自身焦慮經驗的某些方面，並在兩到三週的時間內進行第六章或第七章中的一兩個練習，觀察它們對你的焦慮產生了怎樣的影響。問問自己，這些方法值得繼續練習嗎？維持動機的最佳方式就是在減輕你的焦慮或擔憂方面有所進展。如果你正與一名認知行為治療師合作，請與他／她討論你對於治療進展緩慢的擔心。

熟能生巧

「熟能生巧」這句話可能不太適用於減少焦慮，但它的基本概念是相通的。你愈練習認知行為治療的技巧，你就能愈好地將它們應用在你的焦慮和擔憂問題上。你可能永遠無法達到完美，但是你愈常使用本書中的練習和工作單，它們的焦慮減輕效果就愈好。研究顯示，相較於沒有進行練習的人，有進行的人在兩次治療時段的期間可以感受到焦慮和憂鬱出現更大的改善[16,17]。

認知行為治療中，練習是根據自身焦慮經驗的獨特性客製化而成的，以下是一些例子。達雷爾會避免前往公共場所，因為他相信身處其中會導致自己恐慌發作。他的練習重點是向自己證明，引發他焦慮的不是那些場所，而是他傾向於把心跳加速誤解為可能是心臟病發作的徵兆。阿麗雅經常擔心她生活中的各個面向：女兒們的健康、婚姻能否持續、年邁母親的未來等等。她的練習著重於檢驗自己總是為最糟的情況做準備的信念。菲比對所有社交場合都感到極度焦慮，因為她深信自己是唯一感到這麼焦慮的人，而且讓自己難堪是不可避免的。她的練習重點就會是向自己展示，不僅有許多人和她一樣會感到一定程度的社交焦慮，而且他們即使焦慮還是能夠表現正常。

練習被定義為，在任何人的家中、工作或社區內，實行的具體、清楚定義的結構性活動，用來觀察、評估或調整表徵焦慮的錯誤認知以及適應不良的行為。

你對於進行認知行為治療練習有任何疑慮嗎?

你可能正想著它聽起來很棒,但是說比做容易多了。對於這本書(或治療),你可能先入為主地帶著很多關於練習有效性和一般認知行為治療策略的觀念。透過從事這些練習,你會發現認知行為治療的工具和技術是經過精心設計的,可以預判路上會出現的絆腳石,並幫助你消除生活中焦慮帶來的負面影響。但是如果你仍抱持著妨礙你投入的懷疑態度,現在就來清除所有會阻礙你的觀念吧。

我們發現當人們難以完成練習,無論是自助練習還是有治療師的引導情況下,通常是因為內心對於這項任務有著成見。你或許很渴望解決自己的焦慮,並相信自己是以開放的心態接受這個治療計畫,但人們的腦海中常常潛藏著一些疑慮和問題,會在最意想不到的時候突然出現並破壞他們的努力。誠實揭露這些心魔並解決它們,將可以幫助你從本書或治療中獲得最大利益。請記得:如果你對於從事練習和填寫工作單抱持開放的態度,你將從本書中得到更多收穫。

評估練習:練習中錯誤的信念

你是否完全意識到自己對於認知行為治療練習所抱持的信念呢?花幾分鐘填寫工作單 2.1,替自己的信念陳述評分。

結果如何呢?我們沒有可信的數據可以告訴你幾分代表你已準備好接受認知行為治療,但是你可以透過查看勾選「同意」或「強烈同意」的信念陳述來更瞭解自己對於認知行為治療的想法。所有陳述反映出的觀念都可能影響你實行此計畫的能力。

介入練習：挑戰無用的練習信念

你不必一直被困在反對練習認知行為策略的負面信念和偏見之中。你可以使用認知行為治療的方法，去評估自己對於練習任務的信念，並且採取一種更正面的觀點來增進你對本書的參與度。回顧你填寫於工作單 2.1 的答案，並在一張紙上寫下你勾選「同意」或「強烈同意」的陳述。對於你列出的每句陳述，透過進行以下操作來評估該信念陳述的準確性：

- **質疑**這些信念的正確性。這個信念是否適用於你透過身體或心理活動來改善自己的所有經驗呢？你有過任何經驗是與該信念相牴觸的嗎？你抱持這些信念的後果是什麼？

- 使用身體健康或不健康來**取代**信念陳述中的「焦慮」一詞（如：我可以不做任何事情就克服自己身體的不健康）。如果這句陳述是針對身體健康，那你會相信嗎？如果對於身體健康來說是不正確的，對於心理健康為什麼會是正確的呢？你可以和朋友們討論他們如何克服對於健身鍛鍊的相同負面信念。

- **行動**，藉由實行某些可以檢驗或矯正這些信念的小事，像是如果你相信自己缺乏紀律，不能從事自助練習（工作單 2.1 的項目 17），你可以由每天從事一個簡短、有限且只需要花幾分鐘的自助練習開始。

> **TIPS | 仍然對練習抱持懷疑**
>
> 　　如果你仍然對於自己是否準備好進行本書中的練習有所懷疑，而你正在接受治療，那麼你應該與你的治療師討論這些疑問，因為這也可能是你治療進展的路障。如果你正自己閱讀本書，與其他經由治療而克服焦慮的人們談談，練習在他們的復原中扮演怎樣的角色？
>
> 　　此外，我們不是要求你時時刻刻都要進行全部的練習。相反地，**大多數的日子裡，我們會請你每天安排二十到三十分鐘，然後在這段時間裡一次專注於一個練習**。你記得中國的一句古老諺語說：「千里之行始於足下」嗎？那就是我們對認知治療的觀點。你已經透過本書邁出了第一步。你準備好繼續通往復原的旅途了嗎？

使你的成功最大化

　　當人們實際練習焦慮減輕策略，而非只是讀懂它們時，對於認知行為治療是最有效的。你已經知道了一些可能會阻礙你使用本書的障礙，同樣重要的是要記住，我們的練習是通用的，所以它們可以應用在廣泛的焦慮經歷上。即使有說明指示和建議，如何將練習和認知行為治療策略應用於焦慮經歷仍取決於你自己。因此，你也可能會以無效的方式去使用這些練習，請參考以下範例。

　　多年來，四十四歲的賽巴斯汀不斷擔心所愛之人受傷，這種令人心煩和侵入性的想法令他飽受強烈焦慮的折磨。例如：他曾經想像過一位朋友遭遇車禍，然後開始焦慮這件意外可能真的會發生；或者他會想到一位家庭

成員罹患嚴重的疾病，然後開始擔心那個人可能真的會罹患重病。賽巴斯汀一天當中會經歷這些恐怖的想法多次，並且試圖讓自己分心或再三向自己保證任何事都不會發生。

　　為了克服這些擔憂想法所導致的焦慮，對賽巴斯汀來說，進行使他暴露於引發擔憂情況的練習、練習矯正自己對於危險的自動想法（如果我擔心某人會受傷，這件事可能就會成真），還有阻止自己努力去控制擔憂是很重要的。然而，賽巴斯汀不熱衷於從事這些回家作業。他相當喜歡接受治療和談論他的焦慮，但是在找時間應用治療策略上遇到極大的困難。賽巴斯汀試圖做一些他的認知行為治療師推薦的事情，但在他身上沒有發生作用。他害怕這些練習會讓他感覺更焦慮。他對治療的步調缺乏耐心，並且感覺這些練習既瑣碎又不重要。他拒絕記錄練習的結果，每週只從事一、兩次的練習，而且每次都只做幾分鐘。他說自己太忙，沒有足夠的時間。當他從事一個練習時，只要感到一點焦慮，就會立刻停止。整個過程對賽巴斯汀來說顯得既挫折又無效。儘管他都有按時前往接受治療，但仍舊無法克服他的焦慮和擔憂的想法。

　　哪裡出錯了呢？賽巴斯汀不清楚治療師指定的練習可以帶來什麼益處；他沒有堅持從事任務和逐步前進；他拒絕記錄自己的練習經驗；他沒有規律練習；還有他從未嘗試判斷哪裡出錯和可能改正問題的辦法。賽巴斯汀執行練習的方法存在許多問題。為了扭轉他的治療並使其有效，他必須真正相信練習可以帶來益處。他需要更系統化地進行練習，記錄自己練習時的經驗，並且反覆練習多天。

　　三十二歲的貝琳達想要處理強烈的社交焦慮，她從認知行為治療中取得最大的收穫。貝琳達感覺自己引人注目，而且相信人們可以看出她的焦

慮，從而斷定她一定有情緒問題。她的練習讓她逐漸暴露在更強烈引發焦慮的社交情境中。她每天都做這些練習，並且使用結構化日記和評分表來記錄自己的進展。

如果她在一個特定的練習上遇到困難，她會寫在評估單上然後解決此問題。她也利用練習作為一個機會去矯正自己誇大的恐懼和危險想法，並且改進自己對焦慮的調適反應。經過幾週每天的結構化練習，貝琳達發現自己在各種常見的社交場合中不再那麼焦慮，而且對自己的社交技巧感覺自信許多。

本章開頭提到的達雷爾、阿麗雅和菲比，也都使用練習來幫助自己。

達雷爾的練習包含早上進入只有幾個人在購物的超市中。他從靠近超市的前門、接近出口開始，然後監控自己的焦慮程度，注意出現的任何生理症狀，並且辨識所有焦慮的想法或對症狀的解釋。然後他對自己的生理症狀產生另一種較不駭人的替代性解釋。當達雷爾進入商店，他會待到他的焦慮程度降低為最高程度的一半才離開。此外，達雷爾每天都練習前往商店，直到他在此情境下擁有健康的心理為止，也就是他可以進入商店卻不會感到問題性焦慮。一旦克服了此情境，他繼續練習一種新的焦慮情況，像是待在商店中進行長時間採買。

在療程中，阿麗雅學會有用和無用擔憂之間的不同（你會在第八章學到更多關於兩者間的差異）。她被給予一張列著兩類擔憂特徵的單子。一個星期後，阿麗雅的治療師要求她記錄每天發生的擔憂情節，並且指出這種擔憂符合有用還是無用擔憂的標準。她驚訝地發現自己的擔憂中有三分之二是屬於無用擔憂，並且與她未來面對負面事件的準備毫無關係。她的治療師接著使用這則資訊去評估她對於擔憂的一些錯誤信念，然後建構各種她可

以用來應對無用擔憂的策略。對阿麗雅而言，心理健康涉及主動監控自己的擔憂，並且學習從新的觀點去看待它。

　　如同先前提過的，菲比的核心信念之一是她是唯一會感到焦慮的人，而焦慮總是會導致出糗。為了檢驗這個信念，菲比的治療師要求她在下次部門會議時觀察並為他人的焦慮程度評分。菲比寫下任何她從他人身上觀察到的外顯焦慮跡象，並且以 0 到 100 去為他們可能的焦慮程度評分。她也被要求記錄，儘管他人感到焦慮，他們在會議上的表現是否受到影響。這項練習作業幫助菲比學到焦慮是一種常見的現象，而且不會總是導致悲慘的結果；一個人即使處在焦慮狀態，也可以表現得相當良好。透過改變一些關於焦慮的舊有態度，雖然菲比還是會感覺非常焦慮，但是她獲得了嘗試表達自己意見的力量。

　　這三個人皆經由練習獲得了改善，透過一次解決一個焦慮、逐步處理每個焦慮，以及即使最初當他們暴露於恐懼中焦慮上升時，仍堅持從事這些練習。正就如同身體健康一般：你先設定一個基線期，當作自己的起點；你逐漸鍛鍊力量，然後如果你真的希望變得更強壯，你必會贊同「不勞則無獲」的原則。

評估練習：你的練習有效嗎？

　　下一張工作單列出使練習有效的七種必要特性。如果你曾擔心自己可能沒有正確進行練習，你可以使用工作單 2.2 來確定你的練習經驗是否包含成功的關鍵要素。現在，花點時間讓自己熟悉這張清單。

> **💡 TIPS｜調整你的練習**
>
> 　　如果你認為自己沒有從練習中獲得最大效益，可以透過多種方法來增進你使用本書中練習的方式。
>
> - ✓ 如果一項練習太困難，將其分解為更小的步驟，讓你能夠完成整個練習。
> - ✓ 當開始一項新的練習任務，你的焦慮就無法忍受時，考慮尋求親密友人或知己的支持。然而，這種協助必須盡快退除，如此你才不會發展出對另一個人的依賴性。
> - ✓ 向具認知行為治療專業知識的人尋求建議，學習如何調整練習作業，使其與你的焦慮經驗最相關。
> - ✓ 在各種產生焦慮的情況下從事練習，以增進其效果和類化。避免練習中包含不需要的多餘物。
> - ✓ 練習過程應該會引發一些焦慮。當一項練習不再引發焦慮時，請停止進行。

下一章節

　　現在你已經讀完前兩章的介紹性章節，相信你已經準備好著手建立自己處理焦慮和擔憂的認知行為治療技巧。在這個章節中，我們一直強調從事認知行為治療工作的重要性，也就是練習本書中所解釋的焦慮減輕策略。在接下來的章節中，你將學到很多關於你的焦慮心理和認知行為治療方法。然而，為了達到真正的焦慮和擔憂減輕，你需要實踐這些技巧。如果沒有與焦慮實戰的經驗，認知行為治療只不過是一種理解焦慮的有趣方式。所

以讓我們開始實行你的認知行為治療焦慮減輕計畫吧！在下一章中，我們會從一個最不尋常的地方出發。根據復原取向認知行為治療的觀點，我們將從你的優勢以及你如何利用焦慮來應對生活中的困難情況開始。

3
焦慮何時會有幫助

　　焦慮很神祕，會以令人難以理解的方式攻擊我們。也許你還記得曾經有一段時間，焦慮和擔憂對你來說並不是個大問題。有時你會感到焦慮，或擔心即將發生的事情，但這沒什麼大不了的。你理解自己為什麼會感到緊張，而你就像處理其他起起伏伏的負面情緒一樣解決它。報告前、與一位重要人士的首次會面前或是等待一項醫學檢驗的結果前，我們都會感到焦慮——在這些情境下，我們也預期會感覺焦慮。事實上，我們在這些情境下感受到的焦慮有助於使我們專注於重要的事情上。但是你的焦慮經驗發生了改變，它現在主宰了你的生活。你對過去從未困擾你的事情感到焦慮和擔憂，這些事情可能是購物、預約看診、你伴侶的忠誠度、去餐廳用餐或是想到自己的未來。你注意到自己的情緒發生了變化，而且沒有好轉的跡象。你變得焦慮和擔憂，但你不知道為什麼會這樣。

　　也許你知道自己為什麼會如此焦慮和擔憂，但是讓你感到嚴重焦慮的事情並不總是有道理。你有注意到自己對於每個人都會面對的日常活動感到焦慮，卻對具有嚴重影響的重大問題表現得異常冷靜嗎？焦慮通常不是由對我們人身安全或福祉的最大威脅所引發。在交通擁擠時開車，你可能會感到壓力和挫折，但不會感覺焦慮。然而，當要拒絕不合理的請求，即使是一名完全陌生的人所提出的要求，你也會感到緊張和猶豫，儘管擁擠的交通

明顯比對陌生人展現堅定與自信的態度更能威脅生命。曾有一名患者講述自己在吞嚥固體食物時感到高度焦慮，但是表演單口喜劇卻完全沒有問題。大多數人都會同意，後者搞砸的可能性很高，應該比較令人害怕。一名飛行員以乘客身分搭機旅行時感到嚴重焦慮，但自己駕駛小型單引擎飛機卻沒有困難。一個經濟上有保障的人擔心金錢，但不太擔心自己的健康，儘管最近才心臟病發作。使我們最焦慮的事物可能是個謎；它通常是生活中的例行公事、平凡的生活面向，而不是最重大的個人威脅。

當焦慮威脅我們的情緒健康時，我們自然會關注嚴重且似乎失去控制的情況，而容易忽略自己過去成功處理焦慮、不讓它們干擾日常生活的其他經驗。當焦慮症狀嚴重時，它們將會是一種難以忘記的經驗，不但會抓住我們的注意力，還會使我們的不安全感和無助感升高。我們忘記了自己可以忍受焦慮感且把它們視為正常情緒的經驗。你對焦慮有偏見嗎？你是否確信自己無法應付焦慮，因為你只記得焦慮嚴重發作的情境？我們治療過的大多數人都對焦慮問題存有這樣的偏見，他們對自己處理焦慮和擔憂的能力喪失信心。有沒有可能你比自己所想的更擅長管理焦慮呢？

艾莉莎：一名焦慮的母親

四十四歲的艾莉莎，聰明、足智多謀、紀律嚴明，並且總是努力讓生活過得更有意義和更精彩。一切都很好，直到她和丹尼爾決定共組家庭。經過數年生殖內分泌學家的諮詢和不孕診所的療程後，她總算生下了布麗安娜。她把布麗安娜視為她的「奇蹟寶寶」，但出乎這對夫妻的意料，三年後，艾莉莎再次懷孕並生下了一名叫做蓋洛伯的男孩。艾莉莎感受到真實的幸福，並開始建造一個她小時候從未有過的安全、充滿愛的家庭。

生活就是她所夢想的一切，除了一個意想不到的發展。孩子們的出生

帶來了對艾莉莎來說完全陌生的恐懼、焦慮和憂慮。起初，她認為這些會影響孩子們的傷害、受傷和疾病的焦慮，是初為人母的大齡媽媽的典型特徵。但是這種焦慮和擔憂隨著時間而增長。艾莉莎擔心孩子們可能會在學校被綁架，在遊樂場上或運動時受傷，罹患嚴重的疾病，或者孩子朋友的父母在帶孩子去郊遊時會沒看顧好孩子。此外，艾莉莎還擔心課後照顧者不夠注意布麗安娜和蓋洛伯的安全。無論她是司機還是乘客，一家人開車都是一場惡夢，因為艾莉莎擔心他們會發生事故。當布麗安娜八歲、蓋洛伯五歲時，艾莉莎已經變成一位過度焦慮、控制和保護的母親。她意識到這對孩子們不健康，而且也對她的婚姻帶來壓力，但她似乎無法阻止自己。

艾莉莎無法理解自己的焦慮。在某種程度上，她把焦慮歸咎於懷孕的困難和孩子出生後周圍的環境，但在另一方面，這種焦慮是沒有道理的。她在孩子出生前，完全沒有焦慮的問題，而且她能很好地處理工作、個人健康，以及家庭關係的威脅與挑戰，只有些許擔憂和緊張。她明白數百萬婦女的孩子也面對相同程度的威脅和危險，但是她們的焦慮和擔憂卻比自己少上許多。此外，焦慮並沒有真正進入她的家，她正在為孩子們創造一個比她小時候安全得多的環境。對於自己為什麼能在工作中控制焦慮，但當涉及到孩子時，卻成了失控的焦慮心理受害者，這點一直是個謎。

你跟艾莉莎一樣，對自己的焦慮感到訝異嗎？它是被特定的擔心所引發，如養育孩子、健康、工作表現、旅行或人際關係，但同時在其他生活領域，你還是能夠不帶焦慮的正常運作嗎？為了瞭解你為什麼變得焦慮，要從透過思考輕度焦慮的經驗開始。對艾莉莎來說，這意味著她需要檢視自己如何正常化在工作中經歷到的焦慮和擔憂。

恐懼和焦慮：差異在哪裡？

　　恐懼是一種根植於我們大腦中的基本情緒，對生存至關重要。它是我們作為一個物種在發展過程中最早出現的情緒之一，並且廣泛存在於整個動物王國中。要是缺乏恐懼，我們很快就會因為在世界上遭遇到的各種危險而滅亡。我們會稱某位尋求刺激和承擔不必要風險的人「無畏」，但即使是這種人也知道感到恐懼是什麼感覺。如果你缺乏恐懼，你將會粗心和冷漠，這可能會危及你和你周圍的人。

　　我們不必提醒自己要害怕。恐懼會毫無預警地突然出現，它是我們認為（感知）對我們個人福祉構成迫切危險的任何物體、情況或環境的自動情緒反應[4]。它是對危險的知覺。舉例而言，患有蜘蛛恐懼症（arachnophobia）的人知道自己害怕蜘蛛，但這種恐懼只有在他們認為蜘蛛可能會存在的情況下才會引發，像是當他們看見一個蜘蛛網、進入一間較古老的房子，或是走在森林中，即使是看見一張蜘蛛的圖片也可能引起恐懼。只要在戶外，此人可能無時無刻都在想「不知道我會不會遇到一隻蜘蛛」、「蜘蛛很危險，因為牠們可以爬進你的嘴巴或耳朵並且產卵」或是「如果我看見一隻蜘蛛，我會發瘋」。當患有蜘蛛恐懼症的人看見任何讓他們想到蜘蛛的東西時，身體就會進入高度警覺的狀態。他們可能會感到緊張不安、反胃、胸悶或心跳加快。恐懼可能會導致行為改變，例如：避免所有可能會遇到蜘蛛的場所。

　　認知行為治療中，你會透過以改變思考和行動的方式去努力減少恐懼。你會被教導不是將恐懼對象（如蜘蛛）視為逼近的威脅或危險，而是重新評估該恐懼對象，把它視為對你來說較小的威脅。你不是被教導要避免或逃離恐懼，而是被鼓勵去面對恐懼。

恐懼和焦慮會相互連結。當我們預期未來的情況、事件或環境可能會因為對我們的切身利益造成不確定性和不可控的威脅而帶來重大痛苦時，我們會感到焦慮[4]。你可以把焦慮看作一種早期警告系統，它警示你的生活在未來會面臨一些威脅的可能性，例如：我們談過「恐懼死亡」，但對大多數尚未面對即將死亡的人來說，稱呼它為「對死亡感到焦慮」可能會更正確。以蜘蛛恐懼症為例，我們可能會因為要去拜訪朋友而感到焦慮，因為他們住在一間可能會有蜘蛛的老舊房子裡；或是對於去觀看一部可能包含蜘蛛場景的電影感到焦慮。基本的恐懼是遇到蜘蛛，但是你處在一種可能會接觸到蜘蛛的持續焦慮狀態中。

感到焦慮時，我們會有一種憂慮和生理激動的感覺，我們相信自己無法預測、更不用說控制潛在令人厭惡的未來事件。我們會感覺緊張、心神不安和激動；我們也會認為某件壞事即將發生；我們不會對過去感到焦慮或擔憂。焦慮總是與為未來事件有關，也就是一種我們想像「可能會發生」的壞結果或災難。焦慮的人被「如果」想法所掌控。實際上，我們在生活中遇到的任何事情都會引發焦慮。即使是焦慮本身也可以使我們感覺更焦慮（「如果焦慮永遠不會消失怎麼辦？」或「如果焦慮變得更糟，而我失去控制怎麼辦？」等想法）。其他想像災難的例子包括：

- 如果我在考試時腦袋一片空白怎麼辦？
- 如果我無法完成全部的工作會怎樣？
- 如果我在超市恐慌發作怎麼辦？
- 如果我因為與他人接觸而得到重病怎麼辦？
- 如果我遇到的人讓我想起攻擊我的襲擊者怎麼辦？
- 如果我失去工作會怎麼樣？

什麼會導致輕度焦慮？

我們的感覺很少是無緣無故出現的。通常會有個觸發因素改變了我們感受的方式，焦慮也是如此。我們大部分人感覺焦慮通常是因為某件事引發出一種威脅感。該觸發因素可能是一種情況或環境、一種侵入性的想法、影像或回憶、一種非預期的生理感受或是他人的某些評論或行為。能夠辨識輕度焦慮的最常見觸發因素是學習你在某些情況下如何處理焦慮，但在其他情況下則不然的重要部分。

> **評估練習：發現你輕度焦慮的觸發因素**
>
> 這項活動將幫助你發現每天生活中可能引發焦慮感的情況、想法、生理感受和行為。工作單 3.1 是一份選擇性列表，按生活的主要方面進行分類：工作、財務、社會關係、健康和家庭／親密關係。

有多少情況會導致你至少有些焦慮呢（即你勾選只會造成些許焦慮的那些原因）？這些觸發因素是否大部分都與一兩個類別相關呢，像是工作或親密關係？引發大量焦慮的情況是下個章節的主題。現在，我們希望聚焦在引起輕度焦慮的情況，如此你可以發現自己為什麼在這些情況下能夠忍受焦慮，但在其他情況下則無法。之後，我們將把你如何應對導致嚴重焦慮的情況和導致輕度焦慮的情況做比較。同時，把工作單 3.1 放在手邊，如此一來，你在閱讀本章時可以隨時參考它。

焦慮可以是正常感覺

你或許沒有注意到一天當中，自己是如何在平靜放鬆與壓力焦慮的狀態之間做轉換。你忍受輕度的憂慮和緊張，所以它們不會干擾你的日常生活。我們大多數人在一大群人面前演講或表演、初次與重要人士會面、等待醫學檢驗的結果之前，以及聽見我們的伴侶對這段關係有疑問等等都會感到焦慮。正常、輕度焦慮與更嚴重的焦慮之間的差異在於我們能夠忍受它並快速恢復。

當感覺焦慮時，是否有些生理、認知、行為和主觀特徵比其他特徵更突出呢？無論你輕度焦慮的經驗為何，很明顯地，你都能夠忍受這些症狀，這就是讓焦慮感短暫且輕微的原因。顯然，當焦慮與你在此工作單上勾選的症狀有關時，你就能夠有效地處理它。將這張工作單放在身邊，這樣你可以拿它與你的問題性焦慮經驗（下一章的主題）作比較。

如果艾莉莎完成工作單 3.2，她的輕度焦慮經驗可能是必須向高階管理階層說明新的線上廣告策略還有參加親師座談會，在兩種情況下，她的焦慮都是輕微且可管理的。但是艾莉莎可能會注意到某些生理症狀，如胃部不適或肌肉緊繃；認知方面，她可能會害怕負面評價和注意力不集中；行為上，她可能會展現出一些不安和說話困難的跡象。艾莉莎可能也會感到有些急躁和緊張。然而，這些症狀都不會難以應付，所以她在這些強況下仍能表現得非常好。

你的輕度焦慮經驗和艾莉莎的相似嗎，還是你勾選了不同的症狀呢？我們經歷焦慮的方式並不都一樣。某些症狀就是有可能比其他症狀更容易忍受，這可能是你在這些情況下焦慮程度較低的原因之一。之後我們將比較你在低焦慮程度所經歷到的特徵，和嚴重焦慮時發現的症狀。

> **評估練習：重新發現輕度焦慮**
>
> 　　你可能已經忘記了正常的焦慮是什麼感覺，因為你一直專注於自己的焦慮問題。工作單 3.2 將幫助你重新與輕度焦慮的經驗連結。你可以使用工作單 3.1 上標記為引發些許焦慮的經歷作為輕度焦慮的典型觸發因素。

💡 TIPS｜捕捉輕度焦慮的時刻

　　當你正與焦慮問題奮鬥時，可能很難把焦慮視為一種正常，甚至是有幫助的情緒。如果在工作單 3.2 中，你無法回想起任何輕度焦慮的經驗，那你可以把這張工作單做為自我監控的表單。接下來的一、兩週，寫下自己面對困難、壓力或挑戰的經驗。利用步驟二的檢核表去指出你在面對問題時的生理感受、它如何影響你的思考、如何影響你的行為，以及你的主觀感受。趁你還記憶猶新時儘快完成這張檢核表。輕度焦慮的症狀很難被記住，因為該經驗會快速消失。如果自我監控策略沒有幫助，請嘗試在你和你的伴侶或家人遇到相同問題時完成工作單 3.2。你可以使用工作單 3.2 作為指引來討論你們各自遇到該問題時的經驗。

輕度焦慮的形成

　　我們某些思考、感覺和行為的方式可以控制我們的焦慮感受。下面的圖 3.1 描繪了使你的焦慮情緒維持在正常範圍的三種裝備。

認知裝備

我們透過評估實際的威脅或危險來控制我們的焦慮感，避免去思考最糟糕的結果或把情況災難化。對威脅的實際思考（realistic thinking）包括：

- 降低引發焦慮情況的個人意義和強度。
- 假設最有可能出現輕度至中度的負面結果。
- 認為嚴重的壞結果不會立即發生，可能是發生在遙遠的未來。

艾莉莎必須向她的部門進行一次重要的報告，但是她只感到輕度焦慮。她藉由告訴自己「這次報告沒有什麼特別，即使她沒有拿出最佳表現也不會發生什麼事」來使她的焦慮感維持在可以控制的範圍內。她相信自己不太可能會表現差到足以破壞她在工作上的名聲。艾莉莎認為足以威脅到她工作的糟糕績效評估並不會立刻發生，儘管她確實瞭解自己並非擁有絕對的工作保障。

我們也會藉由相信自己能夠應付眼前的嚴峻形勢，從而使焦慮降到最低。當我們相信自己太軟弱、無助或脆弱，無法處理一個可預期的負面結果時，焦慮感就會上升。因此，我們可以透過以下方式來控制我們的焦慮感：

- 相信我們能夠應對引起焦慮的情況。
- 專注於我們解決問題的技能。
- 容忍不舒服的感覺。

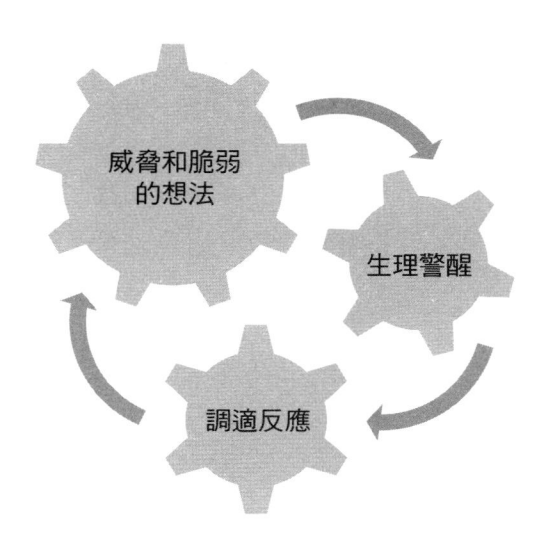

圖 3.1　焦慮的基本認知行為模式

　　當與工作表現有關時，艾莉莎相信自己。她從過去經驗中得知自己相當擅長做報告，所以她把目前的任務當作一個問題去解決。她從個人經驗瞭解到，即使在有點焦慮的情況下，她還是可以表現得很好。事實上，她相信些微焦慮可以讓她保持敏銳和警覺。因此，艾莉莎透過相信沒有太大的威脅、自己已準備好的調適技巧和能夠處理任何眼前的挑戰，來使她的工作焦慮保持在最低點。

　　復原取向認知行為治療的重點是追求有價值的目標和對未來的渴望。把焦慮維持在低點的一個好方法，就是專注於你生活中的重要目標。這不僅僅是用「忙碌的工作」來分散自己的注意力，它涉及對你認為是最重要的、建立在你的優勢和才能上的事物的熱情投入。它不必與一個重大任務有關，相反地，它可以是與更大的人生目標相關的特別活動。

　　對艾莉莎而言，具生產力和成功是有價值的目標。她知道做出一次優秀的報告是在工作上成功的重要部分。當她開始因為報告而感到緊張時，

她能夠把注意力從自己的感受轉移到改進報告上面。對你來說什麼是重要的呢？你曾注意過當自己從事一個重要且有興趣的任務時會比較不焦慮嗎？在引發輕度焦慮的情況下，你會想更多的可能是關於自己必須做什麼，而不是自己的感受如何，我們將這種作法稱為目標導向活動（goal-directed activity）。

生理警醒裝備

　　即使我們的焦慮是輕微的，我們仍然可以感覺它存在我們的體內。請回頭檢視工作單 3.2，你勾選了哪些生理感覺呢？為什麼你認為這些症狀相對輕微，且最終會消失呢？當你感受到肌肉緊繃、頭暈、胃部不適或其他症狀時，你很可能會做兩件事情。

1. **產生一個良性解釋**：你不會認為這種生理感覺是嚴重的；你相信它是由於壓力、感覺疲憊或過勞，而它最終會不見蹤影。
2. **分心**：你不是專注於此生理症狀和擔心它，反而是把注意力放在其他事情上面，像是一項重要任務或與朋友對話。

　　當艾莉莎在工作上感到壓力和焦慮時，她注意到自己會心跳加快，然後她會覺得燥熱，有時則是頭暈。她最近進行了一次完整的健康檢查，有鑑於她的年齡和低風險因子，她知道這些症狀是因為壓力，而不是心血管問題。因此，她不是害怕這些症狀，而是將它們看作冷靜下來和深呼吸的信號；她不是試圖控制這些症狀，而是等待它們自行過去，然後她就能重新投入工作。

　　認知取向認知行為治療強調什麼「對你最好」。在認知取向認知行為

治療中，治療師引導個人發現關於自己、他人和他們未來的正面信念[12]。焦慮時，關於生理警醒的一些正向信念可能是什麼呢？當焦慮輕微，甚至是有助益時，你很可能把生理警醒看作是一種資產，而不是一種障礙。舉例來說：你可能會把緊張、心跳加快或刺痛感解釋為你正集中注意力、「為自己打氣」或準備採取行動的跡象。這是你在體育競賽、音樂演奏會或執行危險軍事任務前會對這些症狀進行的解釋。你可能會稱它為「腎上腺素激增」，但重要的是相信它們為正面的信號。當焦慮有助益時，我們往往認為生理警醒是有幫助，甚至是力量的徵兆。當焦慮感加劇時，我們更有可能認為生理警醒是一個問題，我們需要冷靜下來。

調適反應裝備

當我們的焦慮輕微時，我們對自身感覺的反應會與焦慮嚴重時不一樣。你意識到焦慮，但是你持續專注於自己正在進行的事情。你堅持眼前的目標。當一個困難出現時，你會進行問題解決並將此情況視為一種挑戰。你可能會把這種焦慮感解釋為一種有用的情緒，使你保持敏銳與專注。避免、延遲或逃避讓你感到焦慮的事情是你當下根本不可能出現的想法。

這就是艾莉莎在工作中對自己的報告感到焦慮時所採取的方法。根據復原取向認知行為治療的觀點，你可以說艾莉莎心中最重要的是對自己的正面信念和期望，而且她在面對報告時充分利用了自己的優勢和才能。她把自己的輕度焦慮看作是有幫助的，因為它激勵她在準備報告上面保持專注。當她想到工作表現不佳時，她會回頭檢視報告中自己感到不太確定的部分，然後花額外時間去蒐集資訊以支持自己的論點。因為報告是在週五，所以她可以安排時間來完成這個目標。她把準備報告排在優先事項中，拒絕讓其他工作壓縮到她計畫好的準備時間。艾莉莎運用這種方式與焦慮共處，

讓自己在經歷焦慮的同時仍能在工作上保持專注。

評估練習：追蹤輕度焦慮

這項練習活動提供你一個機會，讓你能更好地理解認知、生理和調適裝備是如何運作而不使你的焦慮逼近。所有焦慮，無論輕微或嚴重，都可以被分解為觸發因素、想法、生理感覺和調適反應。當你完成工作單 3.3 後，你會發現之前做過的練習很有幫助。第 59 頁的例子說明了艾莉莎完成此工作單的可能方式。

你對自己把焦慮感維持在低強度範圍內的次數感到驚訝嗎？是否有某些特定的思考方式或應對方法可以把焦慮降至最低呢？你可能想強調這些關鍵認知和調適反應，因為它們可能特別有效。

如果你仔細思考艾莉莎的範例，你將發現兩種認知能力對於維持她的焦慮在可忍受的程度尤其有幫助。第一是提醒她自己，無論準備時間多麼少，她總是能為過去的演講做足準備；第二，她可以把報告轉變成與同事的腦力激盪會議。在行為方面，艾莉莎在處理觀眾問題時展現出來的自信，以及如果她被報告的某些細節卡住時，知道該怎麼解決才是最有幫助的部分。你是否像艾莉莎一樣，發現了在輕度焦慮時的思考和行為方式可能有助於你解決問題性焦慮嗎？

艾莉莎的輕度焦慮日誌（參照工作單 3.3）

日期和時間	情況／觸發因素	生理感覺	認知（當你有點焦慮時，你在想什麼？）	調適（你如何應對你的輕度焦慮？）
1. 星期二 2022/3/28 下午 2:30	坐在我的桌前，努力準備週五的報告，但是我不斷受到干擾。	我感到緊張，而且雖然辦公室似乎變熱許多；我感覺胸悶、口乾；當我站起來時，我感覺有點不穩和頭暈。	1. 伴隨所有干擾，我永遠不可能準備好。為什麼人們不讓我獨處呢？ 2. 我將必須在家準備這份報告，但是對一個有家庭要顧的人來說是太困難了。 3. 我總是能把工作做成，我甚至會在緊要關頭做出一些最好的成果。 4. 這不是一個重要的報告；大家都明白我最近有很多工作任務。 5. 如果我沒有完全準備好，我可以投入更多時間進行討論，並將其轉變成一個腦力激盪會議。	1. 我在辦公室門上貼了一個牌子，上面寫著「下午 3:00 到 4:00 間請勿打擾。」 2. 我整個小時都不查看簡訊或電子郵件。 3. 我閱讀幾份關鍵文件，然後列出我希望在報告中讓人理解的重點。 4. 我意識到自己感到焦慮，所以我休息五分鐘調整呼吸和聆聽幾首放鬆音樂。 5. 如果準備報告時遇到瓶頸，我會跳過，先準備另一個部分，如此我才能維持一整個小時的工作動能。
2.				

讓焦慮變得有用

在本章開頭，我們討論過恐懼和焦慮對物種生存的價值。接下來，我們想探討的是焦慮是否會為日常生活帶來一些個人好處。我們今日面對的許多威脅在本質上更多是心理的，甚至與存在有關，那麼焦慮在這些情況下是否有幫助呢？有沒有一種焦慮是你適應模式的一部分，使你在針對重要問題做出決定或採取行動時能夠做出最佳表現呢？讓我們來思考幾個例子。

你曾擔心過自己對朋友或家人說過的某些事嗎？也許你倉促地發表了評論，現在，當你反思自己說過的話時，你想知道他們是否會錯意了。你的擔憂（輕度焦慮）持續，最後你和你的朋友談開了；你發現你的朋友對你的評論感到冒犯，而現在你有機會改正情況。在這種情況下，你的焦慮是具適應性的；它讓你意識到友誼可能破裂，因此你採取了改正行動。這個行動包含了你的一個核心價值，也就是與他人和諧相處。然而，有些人會過度擔憂自己冒犯他人。在這種情況下，焦慮就不再具有適應性價值；反之，它就像一個有缺陷的防盜警報器，根本毫無用處，因為大多數時候它會在沒有搶劫發生時響起。

我們都可以回想起很多次自己對工作表現感到焦慮的時候。害怕失敗、擔心讓自己丟臉，或因為達不到自己的標準而導致一些焦慮，這些激勵你更努力工作和表現得更好。再次重申，輕微的表現焦慮是適當的，但是如果焦慮太過強烈，它就會破壞你工作的自信與能力。在其他時候，社交情況的輕度焦慮可以提高你對社交線索的注意，以便你採取適當行動；但是當社交焦慮變得太嚴重，我們在他人身邊會顯得笨拙和扭捏。

> ### 評估練習：陷入焦慮和擔憂
>
> 　　這項練習將幫助你思考在七個主要生活領域中，輕度焦慮會帶來的可能優點。工作單 3.4 列出的所有生活面向其重要性不一定對等，所以請挑選三或四個對你而言最重要的領域。想想你在各個領域中面對的問題或挑戰，以及一些焦慮如何幫助你解決困難的經驗。重要的是，你能夠回想起生活中輕度焦慮或擔憂有幫助的具體例子。這將會使有益焦慮的概念對你產生意義。

> ### 💡 TIPS｜捕捉輕度焦慮的時刻
>
> 如果你很難想出有幫助的焦慮或擔憂，請確保：
> - ✓ 你選擇的生活領域與你記得經歷過的幾個重大挑戰或問題有關。大多數人可以回想起在工作、學校、家庭或親密關係上的困難情況，但是對於社區、公民權、靈性、宗教信仰等領域則有較大的困難。你也可以回顧自己工作單 3.1 和 3.3 的答案，幫助你回憶起一些相關經驗。
> - ✓ 你沒有誤解或忽略輕度焦慮的經驗。有些人不認為緊張、緊繃或心裡七上八下是焦慮的反應。但這些正是輕度焦慮的症狀，因此，你可能有這些症狀，但不會將其稱為焦慮。
> - ✓ 你想到的有益焦慮會提高你的動機、讓你更有創造力或鼓勵你主動應對這種情況。這些都是輕度焦慮或擔憂幫助我們處理日常生活問題的方式。

在許多其他情況下，一些焦慮和擔憂可以激勵我們處理現實生活中的問題。一些關於財務的擔憂可以讓我們對自己的金錢更有責任感；擔心我們的孩子會受傷可以幫助我們採取適當的預防措施；而一些關於未來的擔憂可以激勵我們制定合理的應急計畫。當然，無論哪種情況下的焦慮，當它變得誇大且與當下情況不相稱時，就不再具有適應性。

你是否驚訝地發現焦慮對你有利的具體例子？一些焦慮和擔憂可以使我們在工作上表現得更好；使我們對人際關係更敏感和理解；使我們更有意識地過健康的生活，更致力於在每週的日程中營造放鬆和享受的機會。

艾莉莎感覺自己在家庭和工作責任中左右為難。這是一個持續存在的困難，讓她有點焦慮和擔憂。但是她透過更有意識地不讓工作侵入家庭生活，把焦慮轉變為一種優勢。另一個在友誼領域的挑戰經驗是她擔心因忙碌的生活而忽略了她的親密友人，最終失去這段友情。再一次，與這項擔心有關的焦慮是可以適應的，因為它激勵艾莉莎為朋友留出時間。

發揮你的優勢

在這章節中，你已經學到在許多情況下，其實你都在經歷低度焦慮。也許你很驚訝地發現比起嚴重焦慮，你更常經歷輕度焦慮。我們希望你從這裡學到你比自己所想得更堅強；你處理困難的能力可能比你認識的自己來得更好。或許你一直專注於你的焦慮、擔憂和恐慌問題，你已經忘記了自己可以多好地處理其他情況下的焦慮。復原取向認知行為治療從幫助人們發現自己最棒的特質開始。這就是為什麼我們由適應性焦慮的章節起頭。我們希望你重新發現自己的情感優勢，並利用它作為起點，從而發展出一個解決你焦慮問題的認知行為治療計畫。

然而，讀者們千萬不要誤會本章目標：它不僅是一篇「感覺良好」章節。你是否發現自己可以將在輕度焦慮時的想法和行動應用於焦慮變成一個問題的時刻呢？下一個練習活動旨在幫助你釐清，在困難情境下應該使用哪些策略去管理焦慮，我們稱之為適應性焦慮檔案（My Adaptive Anxiety Profile），因為它呈現你為了讓焦慮變得可以忍受，甚至有所幫助而可以做的事情。

如果你在完成適應性焦慮檔案時仍然有困難，我們依據艾莉莎的故事寫下了幾種情節。

對於讓你感到有點焦慮或擔憂的困難結果或後果，你會對自己說些什麼呢？你能想出一些方法讓情況不像你原先所想的那麼可怕嗎？你相信自己能夠解決困難，且自己並非是惡劣情境的受害者嗎？你如何說服自己可以忍受該焦慮，使它不會破壞你解決問題的努力呢？你使用哪些調適策略來維持較低的焦慮程度呢？

評估練習：適應性焦慮檔案

你這章節所做的努力會總結在工作單 3.5 中。發現自己在處理焦慮方面的優勢的最佳方法是對過去處理得宜的困難進行「事後檢討」。你會被要求仔細檢視一些輕度焦慮經驗，並解釋你對於該困難的想法、你處理它的能力、你對焦慮的忍受度，以及你如何調適。你對於這些問題的答案將幫助你深入了解自己在各種情況下會如何降低焦慮的程度。

> **💡 TIPS｜看見過去的嚴重焦慮**
>
> 每個人在利用焦慮和擔憂來處理困難的情況或問題時，都曾體驗過最棒的時刻。但當嚴重焦慮似乎持續不斷時，這一點可能很難識別出來，就像是焦慮感的火花點燃了焦慮或恐慌的大爆炸。此外，你可能真的認為自己的焦慮大多數時候都是更加強烈的，而其他人可能很少出現嚴重焦慮的情況。你也許需要努力才能在嚴重焦慮的旋風中看見輕微焦慮的時刻。然而，我們鼓勵你花額外的時間去尋找少數幾次輕度焦慮或擔憂的經驗，並且想一下你在輕度焦慮期間的適應性思維和調適方式是否可以使用在感到嚴重焦慮的時候。

艾莉莎的適應性焦慮檔案（參照工作單 3.5）

A. 挑戰、困難情況：幾個月前，丹尼爾聽到他的公司要縮小規模，他的工作可能不保。

  1. 我告訴自己什麼，讓我感覺情況沒有那麼嚴重：起初，我很擔心和焦慮，但我提醒自己我擁有一份好工作，靠我一個人的薪水絕對足以維持我們全家人的生活一段時間。丹尼爾過去就曾尋找過工作，而他總是能找到很棒的職缺，因為他有技能及優秀的工作記錄。沒有一份工作可以保證做一輩子，所以一個人必須預期自己在職涯中會更換數次工作。不管如何，他在這個工作中一直不是很開心；他將獲得一份不錯的資遣費，這將使他有時間尋找更滿意的工作。

  2. 關於我處理這種情況的能力，我是怎麼告訴自己的：我無法做什麼來改變這個情況，我對他公司所做的決定沒有絲毫影響力。以前當我們的金錢比現在少得多時，我們就曾同心協力解決當時的財務困難。丹尼爾很擅

長應對類似的困境。當他等待就業消息時，我就專注於提供他情感上的支持與鼓勵。我告訴自己，我們可以利用他幾週的待業時間，讓他承擔更多的家庭責任，並處理一些迫切的房屋維修工作。

3. 關於我忍受或處理這種情況所引發的焦慮的能力，我是怎麼跟自己說的：不確定丹尼爾是否會被裁員，而這種情況若持續好幾個月，我會感到更加焦慮和擔憂。然而，我能夠應付不知道他是否能保住工作的焦慮。在等待可能的「壞消息」時，有些擔心甚至失眠是很自然的。如果我感到有些焦慮，我會想到丹尼爾，他的焦慮感一定比我大上許多。我會把注意力集中在丹尼爾而非我自己的感受上面。

4. 我如何應對這個情況以減輕焦慮：我專注於工作和家庭生活，以維持表面上的正常。我沒有向丹尼爾詢問他的工作發生什麼事或公司裁員的情況，因為無止盡地談論這些事情只會增加我們的焦慮。我沒有向他尋求保證，因為他也不知道未來會如何。當他想談話時我樂意聆聽，但我也想展現出個人的力量和對他可以度過這場風暴的信心。

B. 挑戰、困難情況：我的媽媽身體一直不太好。她去看了家庭醫生，醫生最近安排了一系列的醫學檢查。這讓人感到憂慮，因為我母親的家族有癌症遺傳。

1. 我告訴自己什麼，讓我感覺情況沒有那麼嚴重：我提醒自己，我的媽媽年紀也大了，所以出現健康方面的議題實屬正常。大多數的年長者都會有健康問題。生命充滿變數，所以我無能為力，只能和我們健康的不確定性共存。我拒絕妄下結論和設想最糟的結果。老年人大多數的疾病都是慢性的，可以藉由藥物和生活方式的改變來獲得控制。現代醫學的本質就是我們別無選擇，只能等待檢驗結果。我一直在想，我不想讓她在沒有適當評估和診斷的情況下接受治療。就像遇到這種情況的每個人一樣，我可以練習耐心等待，或者我可以煩惱但仍然必須等待。很多時候，我必須等待

一個可能比醫學檢查更糟糕的結果。

2. 關於我處理這種情況的能力，我是怎麼告訴自己的：無論檢查結果怎麼樣，我都只能面對它。我們的家庭關係緊密，而我的父母需要我的支持。幾年前，當丹尼爾遭遇一次嚴重車禍時，我挺身而出，為他提供了重新站起來所需的支持。我那時做得到，我告訴自己我可以為我媽媽再做一次。

3. 關於我忍受或處理這種情況所引發的焦慮的能力，我是怎麼跟自己說的：檢查報告出來前，我都很擔憂和焦慮。我心想：「每個人在等待結果時，都會感到有些焦慮。」當我想到我媽媽的健康問題，我會替她禱告，然後讓我的焦慮和憂慮在一天中自然消退。

4. 我如何應對這個情況以減輕焦慮：我持續專注於自己的工作和家庭責任。我每天與我母親聯絡，但是我不會一直詢問她有沒有收到任何消息。我問她感覺如何，但決定最好盡可能讓生活正常化。我拒絕告訴她「一切都會沒問題」，因為我知道這是無用的保證。我無法預知未來，所以我必須忍受不知道的不確定性。

我們治療過許多患有焦慮問題的人，他們反應擔心工作和所愛之人的健康會造成嚴重的焦慮和擔憂。但是如同艾莉莎，大部分的人都能夠辨識出自己經歷較低程度、更能控制的焦慮和擔憂的時候。

如果我們檢視艾莉莎兩張工作單上的第一個問題，你會注意到她修正了對丹尼爾失業可能性和她母親健康狀況的想法。她沒有去考慮最壞的結果，反而強迫自己去思考威脅較小的結果。如果丹尼爾被裁員，他將會短暫失業，但之後可能會找到另一份工作。艾莉莎允許自己焦慮地等待母親的檢查結果，她明白這是數百萬人必須忍受的正常反應。

艾莉莎也提醒自己，她可以處理這些家庭困難。她告訴自己把注意力放在為丹尼爾提供情感支持；還有她別無選擇，只能等待她母親的檢查結果。根據過往經驗，她知道自己可以忍受焦慮感，而且這種憂慮感只是暫時的，一旦情況改變就會消失。

但是只靠改變你的思考方式並不足以減少焦慮。我們的行動方式也會影響我們的焦慮。就像艾莉莎第四個問題的答案，她盡可能使自己的日常生活正常化，即使她對丹尼爾失業的可能性和母親的檢查結果感到焦慮。她阻止自己尋求保證或避免與她的先生和母親討論他們的擔憂。她認為如果自己表現得堅強和自信，就可能削弱內心的軟弱和脆弱感。

下一章節

本章重點聚焦於你的輕度、適應性焦慮的經驗。你是否驚訝地學到自己在許多情況下可以把焦慮控制地相當不錯呢？當你最小化困難情況的負面後果並採取解決問題的方法，你就可以減少焦慮症狀的強度。

圖 3.2 總結了焦慮途徑中涉及的主要心理過程。左側欄強調某些思考和調適方式將如何增加你焦慮症狀的嚴重程度。這是第四章關於問題性焦慮的主題。右側欄總結了這章的重點。思考和調適方式將降低焦慮程度，因此，它們可以幫助你應對生命中的挑戰。

提高焦慮程度 ←	降低焦慮程度 →
• 誇大壞結果（災難化） • 考慮即將發生的壞結果 • 忽略安全、舒適和健康的徵象 • 深信自己無法適應該情況 • 專注於自己的焦慮及其無法忍受的程度 • 避免、延遲和拖延	• 降低結果的嚴重性 • 考慮一個不太可能且更遙遠的壞結果 • 尋找安全、舒適和健康的證據 • 相信自己可以處理該狀況 • 專注於問題而不是你的感覺 • 針對情況進行問題解決，並忍受焦慮感

圖 3.2　調節焦慮感的重點

當你閱讀降低焦慮的關鍵過程時，請回顧你在本章中所做的練習。當你因右側欄中的反應而感到輕微焦慮時，你正在利用正向、適應性的思考和行為方式。

你的許多焦慮經驗可能都處於中間範圍，介於輕微、有益的緊張和嚴重、使人衰弱的焦慮之間。因此，你可能無法確定自己的感覺是正常的還是過於誇張。下一章將解釋如何評估你的焦慮經驗，以確定你是否可能有焦慮問題，而該問題可以從本書介紹的認知行為治療介入策略中受益。

4
當焦慮變成一個問題

我們的情緒是無法避免的。當我們準備一次重要的面試、期待第一次見到對個人有重要意義的某人，或是想到在觀眾面前表演時，我們都會經歷「神經緊張」的感覺。如同你在上一章學到的，焦慮是一種正常的情緒，當你為棘手情況做準備時，它可以替你帶來急迫感；它是一種情感訊號，傳達出「為未來挑戰做好準備」的意圖。但是當焦慮和擔憂與真實威脅不成比例時，它們會讓人感覺更嚴重且干擾我們的日常生活。

以第一章所舉的三個人為例。蕾貝卡擔心她的工作表現、財務和父母健康，導致她慢性失眠並破壞了她工作的專注度。因此，蕾貝卡覺得自己沒有處於最佳狀態，這反過來又增加了她對年度績效評估的擔憂。因為頻繁的恐慌發作，托德產生了對恐慌的恐懼。為了控制自己的恐懼，他開始避免任何可能再次引起恐慌發作的情況。這樣的確實減少了恐慌發作的次數，但是也大大地干擾了他的日常功能運作和生活品質。伊莎貝拉的社交焦慮代表她與他人互動時會感到非常緊張，並且顯得尷尬和難為情。因此，她花大量時間獨處，這導致她感到無聊和憂鬱。

在每個例子中，焦慮或擔憂都變成一種個人問題。他們每個人一天中的大部分時間都會感到焦慮，且對工作和人際關係造成負面影響。同樣地，在嚴重焦慮的情況下，幸福感、生活滿意度和對重視的生活目標的追求也會

直線下降。

在此章節中,你將學到焦慮是否已經變成你生活中的一個問題。你可能覺得自己已經知道這個問題的答案。不過我們仍然認為你將發現本章的解釋和資源是有用的,因為它們會向你介紹一些焦慮和擔憂認知行為治療的基本元素。其他讀者們可能不確定自己的焦慮經驗是否嚴重到需要使用本書。但對你來說,這個章節非常重要。它會讓你更瞭解自己的焦慮,以及明白它是否是一個可以從認知行為治療策略中受益的問題。

為了讓大家更瞭解我們所謂的問題性焦慮是什麼意思,請針對一個常見的焦慮經驗(工作面試)思考兩種不同的反應。有兩個人正在面試一家大型跨國公司的職位。一個人從面試前幾天就已經感到緊張;她想著這個面試以及自己多麼希望得到這份工作。她在心中演練了所有可能會被問到的問題和該如何回答。她有好多個晚上都睡不好,在面試當天她感到相當緊張。面試開始幾分鐘後,她平靜了下來,並度過了這次考驗。現在,她必須等待結果。我們會稱這個經驗為正常或「非問題性焦慮」,因為焦慮沒有妨礙她完成面試,而且她的表現相當良好。

第二位應徵相同工作的候選人在面試前幾週就已開始擔憂。她專注在自己將會感到多麼的焦慮、她的腦袋將一片空白,而且她一定會出糗。雖然她想要這份工作,但是她深信自己一定會失敗。她無法停止思考整個過程中她會感到的尷尬。她整個禮拜吃不下、幾乎無法入睡,而且她還必須從目前的工作中請幾天病假。最後,她的焦慮大到她打電話取消面試。顯而易見地,第二位候選人的焦慮是個問題。她所經歷的焦慮比一般人在面試時要嚴重許多,且對日常生活造成了嚴重干擾。因為焦慮,她決定取消面試,即使這意味著失去一份更好工作的可能性。

我們把問題性焦慮一詞解釋為焦慮增強，即在特定情況下感受到的症狀比預期更強烈，並且存在嚴重的個人痛苦、日常功能受到干擾。

為了幫助你理解自己是否患有問題性焦慮，我們擴增了第一章列出的嚴重焦慮的核心特徵，並提供評估工具，這樣你就可以判斷自己是否正在經歷一個焦慮問題。你將學到如何使用症狀追蹤表格，這樣你就可以更清楚自己焦慮感的起起伏伏。本章最後會提供一個症狀分析工具，你可以使用它來發現你的焦慮各個組成部分之間的關聯，這將提供你當感到高度焦慮時所經歷的「心理快照」。它將會是你建立個人認知行為治療計畫所需的工作單之一。

焦慮問題的形成

並非所有焦慮都是平等的。人們經歷焦慮的方式、觸發因素和反應各不相同。你從上一章中得知感到有些焦慮和擔憂是非常正常的事。我們甚至可以說大多數人皆能夠回想起異常嚴重的焦慮經驗。但是偶爾的嚴重焦慮和問題性焦慮之間存在著差異。後者發生於當我們經歷頻繁的、持續的、高度痛苦的和難以控制的焦慮，它干擾了我們的人際關係、工作和其他重要的日常活動。

焦慮問題通常源自於每天生活的經驗。你已去過雜貨店數百次，然而這次你卻感到一陣強烈的緊張，同時感覺自己正在失去控制。這個經驗讓你感到困惑，你想知道自己出了什麼問題。下次你外出時，你還記得在雜貨店的糟糕經驗，並且擔心是否會再次發生。因此，你開始退縮，並決定上網

購物。你能看出像雜貨店購物這樣的普通情況如何引發最終的焦慮問題嗎？圖 4.1 說明了導致問題性焦慮的關鍵組成因素。

讓我們思考另一個例子，它展現出這條路經如何造成伊莎貝拉的社交焦慮問題。如果我們考慮一些她的焦慮觸發因素，在大部分人身上，其中許多因素只會導致輕度焦慮，像是在公眾場合演講或參加一個你沒有認識什麼人的派對。然而，當參與家庭聚會、要求店員協助或在餐廳用餐時，伊莎貝拉都會出現明顯的焦慮感。這些情況對大多數人而言都不是會引發焦慮的情形。因此，她社交焦慮問題的根源是由於她的高度敏感，對於沒有焦慮問題的人最多只會產生輕微憂慮的情況，在她身上就變成了一個問題。

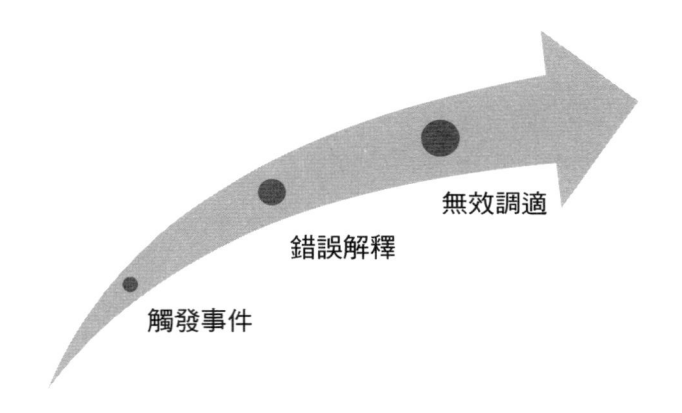

圖 4.1　前往問題性焦慮的螺旋式上升路徑

（觸發事件 → 錯誤解釋 → 無效調適）

如果我們思考焦慮路徑的第二道關卡，伊莎貝拉對於社交情境的思考方式使她的焦慮變得更加糟糕。她把所有的焦慮感都解釋為一種失去控制的徵兆。她預期每個人都將看出她的焦慮並猜想她到底是怎麼了。她認為自己在他人身邊既害羞又笨拙，因此很可能會說出一些令人尷尬的話，進而使自己丟臉。她相信焦慮具有破壞性的影響，因此，在冒險進入不舒服的

社交環境之前，她需要保持冷靜和自信。

伊莎貝拉不健康的思考方式，主要是與自己的社交技巧和處理焦慮的能力有關，導致她藉由盡量避免社交場合做為一種調適方式。當獨處、與直系親屬或最好的朋友在一起時，她感到安全和舒服。伊莎貝拉就像大多數人一樣，喜歡舒服勝過不舒服的感覺，因此，她學到透過迴避和逃避來應對自己的社交焦慮。然而，她愈避免社交場合，她在他人身旁就顯得愈焦慮和笨拙。很不幸地，伊莎貝拉的社交焦慮也蔓延到其他過去不會引發太多焦慮的情況。

伊莎貝拉社交焦慮的路徑是否看起來很熟悉呢？你是否發現你的焦慮隨著時間推移與她的焦慮過程有相似之處呢？為了幫助你更加瞭解你的焦慮使否已成為一個重大的個人問題，我們提供了多張工作單，你可以用於評估三個焦慮的面向：觸發因素、解釋和調適反應。

焦慮觸發因素

焦慮很少是突然無故出現的；它通常會由一個外在情況或是一個想法、影像、記憶、行為或生理感覺所觸發。大部分人都發現要識別出自己的焦慮觸發因素相當容易，尤其當它是一種外在情況或情境的時候。其他時候，觸發因素可能較不明顯，特別當它是一個想法或生理感受。無論觸發因素是否明顯，知道你的焦慮觸發因素是什麼非常重要。這是焦慮認知行為治療的最初步驟之一。如果你不知道自己的觸發因素，那麼就很難對焦慮進行治療。

為了確定你在某些觸發因素存在下所經歷的焦慮是否超出你的預期，請問問自己：

- 這個觸發因素是否會讓我比大多數人更焦慮？
- 我的焦慮觸發因素對我而言是獨特或新奇的嗎？

評估練習：焦慮觸發因素

工作單 4.1 聚焦在與你的焦慮問題有關的觸發因素的類型。回想你的嚴重焦慮或擔憂經驗（回顧工作單 1.2）。你開始焦慮時發生了什麼事？你發現自己處在一個會讓你感到焦慮的情況或環境中嗎？你的腦袋突然蹦出一種想法、影像或回憶，導致你感到焦慮或擔憂嗎？這些被稱作不想要的侵入性想法（unwanted intrusive thoughts）。還是你感受到一些非預期的疼痛或其他生理感覺，因而引發了你的焦慮呢？你必須更深入地思考你的焦慮觸發因素是否有引發嚴重焦慮的潛力。

💡 TIPS｜記錄你的觸發因素

如果你在回想觸發因素上有困難，工作單 4.1 可以當作一種自我監控表單。在接下來的一、兩週內密切關注你的焦慮情緒。當你經歷明顯的焦慮，寫下焦慮襲來之前的那一刻你在哪裡、你在想什麼或做什麼，這應該可以讓你找出焦慮的觸發因素。如果你在完成工作單 4.1 時出現困難，你可以向家人或親密的朋友詢問他們對你的焦慮的觀察，或是與你的治療師一同完成此工作單。

你是否能夠列出幾個經常引發焦慮的觸發因素，且引發的焦慮程度都比你預期得更大呢？如果你的觸發因素主要是突然冒出的侵入性想法，你可能會同時感到焦慮和擔憂。如果你的觸發因素大多是不想要的生理症狀，那麼健康焦慮，甚至是恐慌發作則是最可能的相關狀態。

焦慮的思考方式

我們的思考方式對我們的感覺有強大的影響。如果你在一個情況中感到焦慮，那麼無論你是否意識到，焦慮想法都會存在。你會因為生活中重要的人可能會有危險或受到威脅，而產生焦慮的想法。這是一種想到最壞結果的傾向，你會對於無法阻止這種情況發生在你身上感到無助。你可能會想到失去控制，陷入如此痛苦的感覺是多麼可怕，或是你再也無法忍受這種痛苦。我們也知道焦慮思維會破壞我們適應困難情況的能力，關於自己的正向信念，如：「我可以處理這個情況」或「我過去曾處理過更糟的情形，而且成功解決」等等，都會被關於脆弱和無助的焦慮信念所淹沒。在針對焦慮的復原取向認知行為治療中，我們致力於重新發現你的個人優勢和適應力，如此一來，你就能夠克服對自己本身和對自己調適能力的懷疑。

當蕾貝卡擔憂時，她的腦海中會突然浮現出關於工作的想法，接著想到工作評價不佳、報告準備不充分，或與經理發生激烈爭吵等情況。她從未想過任何關於獲得比預期更好的工作評價的適應性想法。托德的焦慮思維是由非預期的胸悶所引發，之後他就無法停止思考即將發作的恐慌症。伊莎貝拉只要想到週末的一場社交活動，就會開始思考自己將感到多麼焦慮。蕾貝卡堅信，如果她不再擔憂，就會感覺更好；托德嘗試說服自己胸悶只是因為活動的緣故。伊莎貝拉深信如果她對別人隱藏自己的焦慮，她在週末派對上就會感到更舒服。

感到焦慮時，你會想到什麼呢？那時是否很難回想起過去自己如何克服更困難的情況？下個練習活動將幫助你發現當你面對令你焦慮的情況、想法或生理感受時，你是如何思考的。

評估練習：捕捉焦慮思維

回顧你之前工作單記錄的焦慮和擔憂經驗。專注於你在這些焦慮經驗中所想的事情，而不是你的感受。問問自己，是什麼讓感到焦慮如此令你不安或困擾。你所設想的壞結果或後果是什麼呢？你擔心會發生什麼事呢？使用工作單 4.2 開始自我訓練的過程，以便更瞭解自己的焦慮思考方式。

💡 TIPS｜焦慮思維的常見主題

辨識焦慮思維是焦慮認知行為治療中最難學習的技巧之一。這是因為當我們焦慮時，我們的感覺會讓人難以忍受，以至於我們很難注意到自己正在想什麼。我們滿腦子想得都是自己感覺非常心煩意亂，而且我們必須盡快從當下的情況脫身。但是知道自己焦慮時是如何思考的非常重要，因為這是克服焦慮的關鍵。你可以透過在思考過程中尋找某些常見主題來提高對自己想法的認識，例如：

- ✓ 想到你無法忍受焦慮感。
- ✓ 想知道焦慮是否會消失。
- ✓ 懷疑自己是否哪裡有問題。
- ✓ 相信自己是軟弱和無助的。
- ✓ 對未來做出可怕的預測。

當你感到高度焦慮時，能夠辨識出你腦中突然浮現的威脅性想法、影像或記憶嗎？

當我們感到平靜或離開威脅情況時，我們的焦慮想法往往看起來很可笑。但是知道自己焦慮或不安時的想法是很重要的一件事。改變你焦慮時的想法是認知行為治療的關鍵組成要素。說比做容易許多，因為當我們高度焦慮時，我們能想到的只有如何緩解焦慮。

如果你難以辨識自己的焦慮想法，可以參考蕾貝卡的焦慮思維表。你將會回想起第一章中，蕾貝卡的焦慮主要來自擔心自己的工作表現、孩子的安全、個人財務和先生的工作穩定性。

你有沒有注意到蕾貝卡記錄在第二欄的內容，她的焦慮想法主要來自預期一些可能發生在她身上的負面結果。有時候，她的焦慮想法會很極端，甚至是災難化的，像是罹患胃癌或先生失去工作等。其他時候的焦慮想法則沒有那麼極端，但總是與一定程度的個人威脅有關。

復原取向認知行為治療也認為焦慮思維會破壞我們對自己處理困難想法、感覺和情況的能力的自信。當你處於焦慮經驗時，會尋找有關軟弱、無助和脆弱的想法。此外，請仔細想一想的焦慮思維是否讓你相信有太多的障礙或困難阻止你追求重視的目標和價值[14]。舉例來說，當蕾貝卡突然感到噁心並想到胃癌的可能性時，她也會懷疑自己是否能從事一份像現在這樣壓力很大的工作。質疑自己適應壓力的能力是她的焦慮思維中很重要的部分：「也許我不得不接受一份不太令人滿意且薪水較低的工作」，這些自我懷疑不僅滋養了她的焦慮，也變成尋找更滿意和更有成就感的工作的障礙。為了克服她工作相關的焦慮，蕾貝卡的治療計畫需要包含強調她的才華和能力的練習活動，如此一來，她對於工作會更有自信並減少自我懷疑。這說明了復原取向認知行為治療如何為傳統的焦慮認知行為治療增添更大的效力。

蕾貝卡的焦慮思維表單（參照工作單 4.2）

焦慮觸發因素	什麼是具威脅性的、令人不安的或不舒服的？
外在情況	
1. 開車上班、交通擁擠	我會遲到，還沒開始工作就進度落後了，而且度過壓力極大的一天。當我感到壓力時，我的焦慮總是更加嚴重。
2. 打開信箱，裡面充滿了許多未讀郵件	我不可能消化完所有這些電子郵件。我將會錯失某些重要訊息，並給總部帶來麻煩。
不想要的侵入性想法、影像或記憶	
1. 腦中突然出現我女兒在學校操場受傷的影像	她受傷嚴重，需要前往醫院。她哭著找媽媽，但我卻不在她身邊。
2. 想知道我先生現在正在進行什麼業務	如果他失業了我們該怎麼辦？僅靠我的薪水我們不可能生存。
生理疼痛和其他身體感覺	
1. 突然的噁心感	這份工作壓力很大；我懷疑它是否摧毀了我的健康，讓我罹患像是胃癌等嚴重疾病。
2. 無法入睡	我明天上班時會感到非常疲累；我會拖著身體度過這一天，這會讓事情變得更有壓力。當我很疲倦時，我更有可能出現焦慮症狀。

無效調適

　　導致焦慮問題的第三個關鍵元素是依賴最多只能提供短期緩解的調適策略。不幸地是，長期來講，它們會帶來意想不到的後果，反而使焦慮問題變得更糟糕。這就是我們稱它們為無效調適策略的原因。當焦慮感很嚴重，而且你似乎好像再也無法忍受時，你試圖調適的方法是否可能損害你從問題性焦慮中恢復的機會呢？

> ### 評估練習：發現無效的調適
>
> 想一想自己是否可能依賴會使焦慮維持更久的調適策略。請回想自己感到高度焦慮時的經驗。工作單 4.3 列出二十六種對於問題性焦慮無效的常見調適反應。它也提供你一個評分系統，讓你評估自己多常使用每種調適策略。當你看完工作單 4.3 時，你對自己在感到嚴重焦慮時使用每種策略的頻率有什麼大概的印象呢？

💡 TIPS ｜追蹤你對焦慮的反應

如果你不確定自己感到高度焦慮時會怎麼做，你可以使用工作單 4.3 當作自我監控表格。在接下來的幾週內，把這張無效調適檢核表放在身邊。當感到特別焦慮時，在你用來處理焦慮的調適反應旁邊打個勾。當我們感到焦慮時，通常會使用一種以上的策略。舉例來說：你可能會嘗試透過深、長的呼吸來平靜自己；當這麼做沒有用時，你會躺下來，但是焦慮仍舊沒有平息。因此，你最後服用了抗焦慮藥物。在這個例子中，你可以勾選上述三種調適反應。在第二週結束時，數一數每個反應旁邊的勾勾數。這將使你清楚瞭解自己使用這些調適策略的頻率。

你有多少調適反應是圈選 2 或 3 分呢？這些可能是無效的調適反應，一旦你開始使用後面章節中介紹的治療策略，你將需要針對這些反應進行修正。如此，你將能更好地捕捉這些反應出現的時刻，並以更有效的調適行為去取代它們。但就目前來說，請試著更加意識到在各種情況下，你的行為其實可能會讓你感到更焦慮。

列於工作單 4.3 的調適策略並非都同樣無效。有一些像是避免、一出現焦慮跡象，就離開該情況，或是使用酒精來平靜，相較於其他策略，如尋求保證、試圖冷靜自己或禱告等更具有負面影響。我們先考慮前三名高影響力的調適策略，因為它們會給你一種錯誤的觀念——即你正在處理焦慮；但事實上，它們會使情況變得更糟。最重要的是：如果經常使用，所有策略都會使你的焦慮問題加劇。你可以把它們想成是用於更深層傷口的 OK 繃！焦慮和擔憂的認知行為治療將向你介紹更有效減輕痛苦的調適策略。

更仔細檢視焦慮問題

你可能因為懷疑自己有焦慮問題而拿起本書。在此章節中，你已經評估了你的焦慮經驗，因而更全面地瞭解你的焦慮問題。如同我們在本章開頭所說的，瞭解你的焦慮問題有多嚴重，並根據專業人士用來識別焦慮問題的特徵來看待它，可以幫助你完成本書中的任務，並激勵你採取行動。表格 4.1 呈現出治療師用來判斷焦慮問題是否存在的八個特徵。我們已經介紹過其中一些，但是其他特徵對你來說可能是全新的概念。它們將共同透露一些額外的資訊，這樣一來，你將能更好地瞭解自己經歷的焦慮問題。

這八個問題性焦慮的特徵是否與你的嚴重焦慮經驗有關呢？下個練習活動旨在幫助你更深入地思考是否可以在自己的經驗中看見問題性焦慮的核心特徵。

表 4.1　問題性焦慮的特性

特性	解釋
更加嚴重的症狀	在一個特定情況下，焦慮症狀比一般人預期的更嚴重。例如：在接電話、開車上橋、詢問店員或碰觸門把時感受到強烈的焦慮，這些就會被認為是過度焦慮，因為這類型的行為對大多數人只會造成一點焦慮，甚至不會導致焦慮。
持續	當焦慮不會快速消失時，它就變成一個問題。例如：我們都會時不時感到憂慮，但那些有問題性擔憂的人會每天都經歷數小時的憂慮。
干擾	問題性焦慮會感擾日常功能。它的負面影響可能侷限在某些日常生活的領域，但是其影響絕對值得關注。舉例來說，有些罹患特定場所畏懼症（agoraphobia）的人會在下午三點去商店採買，以避開其他人；其他人則會額外駕駛好幾公里，以避開穿越一段橋樑；廣泛性焦慮的人則會因為擔憂而無法入睡。
突然焦慮或恐慌	焦慮感激增甚至恐慌發作是許多焦慮症的特徵。自發性的、沒來由的恐慌和對恐慌的恐懼是焦慮問題的顯著特徵。第九章將有進一步討論。
類化（Generalization）	當恐懼或焦慮變成一個問題，它通常始於一個特定的擔心，然後擴展到更廣泛的情況、任務、物體或人物。例如：瑪莉是在擁擠的餐廳中首次恐慌症發作。這個經驗真的嚇到她了，所以她開始在用餐前先確定餐廳是否過於擁擠。很快地，她只選擇較不熱門的餐廳並在非用餐時段前去。最後，瑪莉停止前往任何餐廳和其他公共場所，因為害怕自己可能會再次體驗到那種「被困住的感覺」，然後開始感到焦慮。你可以看見瑪莉的焦慮是如何擴展的，並且對她的日常生活造成更大的干擾和限制。

特性	解釋
災難化思考（Catastrophic thinking）	有焦慮問題的人傾向於考慮最壞的情況。他們的思考方式偏向嚴重威脅的可能性比實際情況大上許多。例如：一個恐慌的人可能會自動想到：「我呼吸有困難，萬一我窒息而死怎麼辦？」一個罹患社交焦慮的人可能會想：「萬一人們注意到我很緊張，並且懷疑我有精神疾病怎麼辦？」上述兩個例子中，他們的思考都集中在某種災難的可能性上，誇大了真正的危險。第六章會聚焦在如何把焦慮思考「去災難化」。
迴避和逃避	當焦慮症狀嚴重時，迴避和逃避是常見的調適策略。人們自然的傾向是盡快尋求緩解焦慮的方法，一出現不適跡象就立即離開或完全避免焦慮的觸發因素。但延伸出去的避免會帶來高昂的代價。它會導致焦慮的持續存在，並且意味著你無法做許多其他人可以輕鬆做到的普通事情。你將在第七章學到如何打破逃避／避免循環。
失去安全感或感到平靜的能力	有焦慮問題的人更容易沒有安全感。他們可能會竭盡全力讓自己感到平靜和舒適，但任何安全感都是短暫的，恐懼感會再次出現，很難放鬆下來或保持平靜。當焦慮變成一個問題，人們往往感覺心神不寧、緊張和焦躁。睡眠障礙是焦慮已成為你生活中重大問題的另一個跡象。

評估練習：焦慮對我來說變成是一個問題了嗎？

工作單 4.4 提出的問題可以幫助你檢視自己的焦慮經驗，如此你可以就你想解決的焦慮是否是一個真正的問題得到明確的結論。這些問題是根據表格 4.1 所列出的八個特性而提出。

你的結論是什麼呢？現在你能看出自己的懷疑是正確的，也就是說，你的確有焦慮問題嗎？如果是這樣，本書就是為你所寫的。即使你不確定，你仍可以使用本書來防止焦慮對你造成更大的傷害。你將發現我們的策略在減輕你的焦慮症狀和對你生活的負面影響上很有用。

在完成工作單時，你是否發現某些問題性焦慮的特性與你更有關呢？如果是這樣，那些就是你在閱讀整本書的過程中需要關注的焦慮特徵。

追蹤你的焦慮症狀

許多你到目前為止完成的練習活動都是要求你回想過去的焦慮經驗。透過分析過去經驗，有許多是你可以學習的。然而，我們最正確的焦慮資訊是來自追蹤我們「當下」的症狀也是事實。記憶是選擇性的，而且你所記得的焦慮經驗可能發生在幾週，甚至是幾個月之前。這就是為什麼寫下你目前的焦慮經驗是焦慮認知行為治療的核心特色。我們稱之為自我監控（self-monitoring），而且它包含使用結構化的表格去記錄你焦慮經驗的各個方面，且盡可能接近其真實發生的時候。如果你在事情發生幾分鐘後就記下你的經歷，那麼與等到一天或一週結束時才寫下的焦慮經驗相比，你所記錄的內容就不會因為遺忘而變得模糊。

認知行為治療師在治療焦慮時會使用許多不同類型的自我監控表。事實上，你將在之後的章節中發現不同的自我監控表，但是它們的範圍較小，主要是設計來回答有關焦慮的具體問題。我們在這裡會提供最基本的焦慮自我監控表。這是所有開始針對焦慮進行認知行為治療課程的人的起點。花幾週的時間完成工作單 4.5，它將幫助你繼續前進。

評估練習：症狀自我監控

對焦慮有更深入的理解是認知行為治療中的治療要素。工作單 4.5 把焦慮分解為四個要素：觸發因素、生理感覺、焦慮想法和行為反應。起初，針對症狀進行自我監控可能會增加你的焦慮，因為它會讓你更加意識到自己的焦慮思維和無效的調適反應。但是認知行為治療不會停在症狀的自我監控。你將使用蒐集到的資料去設計自己的焦慮減輕治療計畫。

💡 TIPS ｜記錄焦慮日誌能夠發揮治療效果

寫下你的焦慮經驗似乎是個乏味的過程。你可能想知道從這個練習活動中學到的東西是否值得你花時間。如上所述，認知行為治療能否獲得最大的成功取決於盡可能對你的焦慮擁有全面性的瞭解。不過我們的臨床經驗顯示出自我監控的另一項益處：也就是所謂的反應性（reactivity），當我們更意識到某種經驗時，就會發生這種現象。就焦慮的情況而言，你只要記錄自己的經驗，就可能可以感受到嚴重焦慮的症狀，甚至是恐慌發作的減少。因此，你可以把症狀自我監控表當作一種治療介入和評估工具。但是切記，若你在焦慮發作後的幾分鐘內填寫表格，那麼會是最有效的自我監控。

你可以把工作單 4.5 多印幾份放在手邊。在解決焦慮問題的期間，你都會需要持續使用症狀自我監控表。這是瞭解你的焦慮變化並追蹤治療進度的好方法。監控你的症狀將幫助你準確瞭解焦慮並思考它的各個因素，而不是被情緒壓得喘不過氣。

如果你不確定你的症狀監控是否恰當，可以參考蕾貝卡的症狀自我監控表。請注意，她對自己的焦慮想法提供了較多細節，因為這是我們在焦慮認知行為治療中針對的關鍵症狀。

復原的路線圖

現在是時候根據你在本章中所做的工作來建立減輕焦慮的路線圖了。我們稱之為焦慮症狀檔案（Anxiety Symptom Profile），它將成為你在後面章節中發展更具體目標的基礎。

評估練習：焦慮症狀檔案

工作單 4.6 是你總結本章收集到的所有資訊的一種方式。這就意味你必須回顧之前完成的練習活動。透過完成檔案的各個部分，你將對於加重你焦慮強度的想法、感受和行為間的關聯有更好的理解。

完成工作單 4.6 後，可以考慮使用工作單 4.5 再監控自己的焦慮症狀一星期。你完成的焦慮症狀檔案正確嗎？還是你需要修改你的內容呢？

蕾貝卡的症狀自我監控表（參照工作單 4.5）

觸發因素（你在哪裡？誰出現了？焦慮開始前發生了什麼？）	生理症狀（你曾經歷過哪種生理感覺？）	焦慮想法（焦慮當下你在想什麼？你有沒有想過焦慮？你有沒有想過某些壞事會發生在你或所愛之人身上呢？）	行為症狀（你如何處理焦慮？你做了什麼事情去阻止自己感到焦慮？你使用哪種調適策略以感覺安全和自在？）
1. 想到要面對遲到的員工	胸悶、無力、頭暈、心跳加速、緊張	萬一我因此生氣，我們正面起衝突呢？萬一我沒有意識到我很焦慮，他會認為我是個容易屈服的人。萬一他在我背後說閒話，害我失去其他員工對我的尊重怎麼辦？	我不斷演練要說什麼；拖延、避免與員工碰面。
2. 想到我的父母因為我最近沒有去探望他們而感到失望	肌肉緊繃	我應該要常去探望他們。我真是個壞女兒。萬一他們其中一人不久於人世怎麼辦？那我將會對自己沒有常去拜訪他們感到遺憾。我要怎麼在工作和家庭這麼忙的同時找出多餘時間呢？我無法再承受這個壓力。	我避免與我的父母說話；承諾下過去拜訪他們。
3. 查看每月帳單	胸悶、頭暈、無力、肌肉緊繃、有點站不穩	我們如何支付所有這些帳單呢？我們花費已經失控了；我們最終必須宣告破產。（我感到無法專注、困惑、無法想出一個解決辦法。）	我避免拆開每個月的帳單，拖延繳費；持續消費。

> **💡 TIPS｜區辨焦慮思維是一項透過學習獲得的技能**
>
> 　　人們經常發現焦慮思維是最難以區辨的部分。這是因為我們往往如此專注於焦慮的生理感覺和我們的行為反應，以至於當焦慮時，我們時常錯過了自己心智的運作。如果你在區辨焦慮想法上有困難，你仍然可以進入下一章節。你將在第六章學到更多關於區辨焦慮想法的內容，其中包括更多練習活動和工作單，這些都能增加你對於焦慮思維的認識。從後面的章節中獲得更多對焦慮的瞭解後，你可以隨時回來修改你的焦慮症狀檔案。

　　如果你在填寫焦慮症狀檔案上出現困難，可以參考貝絲的檔案。貝絲是一名三十六歲的母親，她最近開始出現恐慌發作，伴隨間歇性的廣泛性焦慮。她能夠辨識出社交和公共場所是造成她焦慮和恐慌的主要觸發因素。但她在零售業工作，所以代表她大部分的工作日都涉及與人們互動。因為這樣，貝絲開始愈來愈常請假，並將自己隔離在家裡，遠離家人和朋友。貝絲能夠區辨出自己焦慮的四個主要症狀組成。

　　在離開這個章節前，把你寫在適應性焦慮檔案（工作單 3.5）的內容與焦慮症狀檔案（工作單 4.6）相比較。儘管這兩份工作單的格式不同，但適應性焦慮檔案中的前兩句陳述是指當你經歷輕度焦慮時會如何看待困難情況。這個想法與你在嚴重焦慮時的認知症狀（第二個方框）相比是如何呢？你也可以這樣比較工作單 3.5 的第三和第四句陳述，以及你記錄在工作單 4.6 中的行為症狀。你是否注意到你對於困難情況的思考和調適方式在輕度焦慮和更嚴重焦慮之間存在著一些明顯的差異呢？你能想像當遇到你的焦慮問題時，可以更像在輕度焦慮情況下那樣的思考和行動嗎？我們將在第六章

和第七章中再次討論這一點。現在請考慮一下你或許已經具備了更有效管理嚴重焦慮所需的個人力量和技能。

下一章節

　　本章重點在討論你的高度焦慮經驗，以及它是否是一個可以從認知行為治療方法中獲益的問題。透過學習如何把焦慮分解為其主要症狀組成部分，你已經踏出了更佳理解和控制焦慮問題的第一步。

　　從你上一章的練習可以清楚看出，很多時候你面臨的困境只會引起輕微的焦慮感。但其他時候，過去從未困擾過你的熟悉事物現在卻會引發你意想不到的強烈焦慮。也許你對自己的情緒反應感到困惑，想知道為什麼你好像一直在與焦慮奮戰，但其他人卻似乎過著舒適自在的生活。接下來三個章節將聚焦在此問題上。第五章深入探討焦慮的生理症狀。對許多人來說，焦慮變成一個問題是因為當焦慮時，他們會經歷讓人難以忍受的生理警醒症狀。第六章和第七章解釋焦慮心態和無效調適會如何導致焦慮問題。這些議題都建立在你在本章中獲得的知識基礎上，因為瞭解你的焦慮就已經成功了一半。

貝絲的焦慮症狀檔案（參照工作單 4.6）

焦慮觸發因素

1. 身處於公共場所中，如超級市場、大型餐廳、購物商場、電影院。
2. 預期一個社交事件，像是週五的職員會議。
3. 與不熟的人對話。
4. 感到熱和不舒服，尤其是在他人周圍時。
5. 回想起上週我在工作中與一個人進行的社交互動。

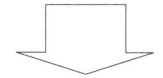

⬇

焦慮思維（認知症狀）

1. 焦慮一旦開始，就會變得很糟糕，我無法忍受。
2. 我不能讓人們看出我很焦慮，因為他們會認為我很軟弱或情緒不穩定。
3. 萬一我失控並做了一件很丟臉的事怎麼辦？我永遠無法接受那樣的自己。
4. 我不能讓自己感到壓力過大；這樣對我的健康有害。
5. 我不能讓自己臉紅，這樣人們就會知道我很焦慮。

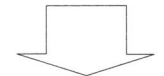

⬇

調適反應（行為症狀）

1. 避免讓我感到焦慮的情況和場所。
2. 在他人面前盡可能少說話。
3. 一出現焦慮徵兆就馬上離開。
4. 在參與有壓力的任務前先服用一顆抗焦慮藥物。
5. 試圖說服自己一切都將沒事。

5
與焦慮症狀共存

也許你已經很熟悉「疼痛閾值」（pain threshold）這個詞，它是指一個會導致你感到疼痛的最低嫌惡刺激。想像你被要求把手放進一個冰水桶裡。正如你知道的，裸露的皮膚接觸到冰水會很痛。我們假設你可以忍受把手放在冰水裡十五秒鐘。你感到你的手很痛，所以你很快地讓手離開那桶冰水。你的朋友把手放進冰水裡四十五秒後才感到疼痛，然後她繼續讓手放在冰水中整整兩分鐘。我們會說她的疼痛閾值和疼痛忍受度都比你高。我們所有人都經歷過許多疼痛的經驗，因此你可能相當清楚自己的疼痛閾值是低還是高。

就像疼痛一樣，我們都有一個焦慮閾值和對它的忍受度。如果你的焦慮閾值很高，在感到焦慮之前，你也許能夠承受更高程度的威脅。你甚至可能是個敢於冒險的人。你是一個能夠走在懸崖邊的人。但即使是焦慮忍受度高的人也會感到焦慮，只是你能夠在更強烈的焦慮成為問題之前處理它罷了。然而，如果你的焦慮閾值低，可能不需要太多事情就能使你感到焦慮。如果你的忍受度也很低，你可能甚至連中等程度的焦慮都難以應付。圖 5.1 描繪出這種關係。

瞭解你的焦慮閾值很重要，因為：

- 它將幫助你理解為什麼焦慮會變成你生命中的一個問題。
- 你將制定更符合現實、更適合你的情緒組成的焦慮減輕目標。
- 你將看到認知行為治療如何專注於強化焦慮耐受力，從而改善你處理非必要焦慮的能力，甚至可能提高你的焦慮閾值。

高焦慮閾值和耐受度

| 對威脅／危險的敏感度降低 | ＋ | 更大的焦慮耐受度 | ＝ | 較少經歷問題性焦慮 |

低焦慮閾值和耐受度

| 對威脅／危險的敏感度增高 | ＋ | 減少的焦慮耐受度 | ＝ | 更常經歷問題性 |

圖 5.1　焦慮閾值和耐受度的關係

想想以下瑪莉莎和瑪蒂娜的例子，她們都經歷過焦慮，但閾值和耐受度不同。

兩種閾值的故事

瑪莉莎的高閾值

瑪莉莎的生活充滿了壓力和挑戰，她隨時會被拖垮。她是一位擁有兩個學齡兒童的單親媽媽，從事工作要求很高的廣告業，也是她年邁母親唯一

的孩子，同時還患有健康問題，導致了一系列可能罹患乳癌的醫學檢查。在家、工作和個人生活中，瑪莉莎面臨許多會威脅到健康和福祉的困難。有時候，她不禁會想自己的負擔是否太大；她是否注定一生沒有愛和陪伴。在工作中，面對多重要求，她時常感到緊張、心慌和暴躁。某些工作，像是進行一場報告、逼迫自己按時完成任務或與高階管理層會面，會導致她的焦慮增高。但這些焦慮和壓力並不會使瑪莉莎害怕。她相信它們是暫時的，她可以克服這些困難，並且不會因為感到焦慮而產生負面影響。瑪莉莎不會認為焦慮是個問題，直到它出現得更加頻繁、症狀更加嚴重，加上更具影響力的後果。

瑪蒂娜的低閾值

瑪蒂娜的生活遠比瑪莉莎安穩許多，但焦慮從孩童時期就一直是個問題。她記得在學校會感到緊張和不自在。如果一個同學跟她說話，她會極度害羞並感到強烈焦慮。她時常會嚴重胃痛，以至於她的父母諮詢了多位醫學專家，深信她一定是患有某些嚴重疾病。現在瑪蒂娜成年了，如果她感到任何無法輕易被解釋的疼痛，她就會變得焦慮。她在其他人周圍會感到緊張和不自在，所以她避免大多數的社交場合。她持續處在擔憂的狀態中，總是想著生活中的每一件事都會出差錯。因為她的「思緒翻騰」，所以她入睡困難。她討厭感到焦慮，因此盡可能試圖減少焦慮，以避免引發這些負向情緒。對瑪蒂娜而言，焦慮已經變成一個巨大的問題。它已經滲透到她生活的各個層面，而她對自己也失去了耐心。

> **評估練習：找出你的閾值**
>
> 當你看完個案範例後，你覺得自己更像瑪莉莎還是瑪蒂娜呢？在工作單 5.1 寫下瑪莉莎和瑪蒂娜的哪些焦慮方面與你的相似。對於焦慮，你是擁有較高（瑪莉莎）還是低（瑪蒂娜）耐受性的特徵呢？

你的結論是什麼呢？你擁有高還是低的焦慮閾值／耐受度呢？如果你的焦慮閾值低，這可能解釋了為什麼你會有焦慮問題的原因。不過這裡有個好消息；你可以改變你的焦慮閾值，如此一來，你就能提高自己對於焦慮和擔憂的韌性。在這章節中，我們會向你介紹焦慮敏感度（anxiety sensitivity）的概念，並告訴你可以如何透過改變對於焦慮症狀的敏感度來提升你的焦慮閾值。

什麼是焦慮敏感度？

在嚴重焦慮期間，我們大多數人都會冒出「我無法再忍受了」的想法。你感到被焦慮吞噬，除了感到多麼痛苦以外，無法專注於任何事情。此時此刻，沒有什麼感覺起來比焦慮及其症狀更糟糕的了。當瑪蒂娜注意到有反胃的感覺時，很快就達到了自己「無法忍受的臨界點」。反胃是她焦慮的第一個徵兆，她知道除非平息這種感覺，否則症狀只會更加嚴重。所以無論何時，當瑪蒂娜感覺噁心或胃不太舒服，她就會馬上離開當下環境或完全避免可能的焦慮觸發因素。她對於討厭的腹部感覺的高敏感度，是她低焦慮閾值的重要特性。

> ### 評估練習：第一個焦慮症狀
>
> 在工作單 5.2 中，寫下當你感到焦慮時的第一個症狀。接下來在下方圈出最能代表你嘗試控制、抑制或減輕症狀，以免其升級為全面焦慮的頻率分數。
>
> 如果你因為焦慮發作地太快，而不確定自己的第一個症狀是什麼，可以參考下面成功小秘訣中的建議。如果一切似乎都同時朝你襲來，那麼你可能很難剖析你的焦慮。

> **TIPS｜如何發現你的第一個焦慮症狀**
>
> ✓ 回顧你記錄在症狀自我監控表（工作單 4.5）中的症狀，以判斷哪些症狀往往在你的焦慮剛發作時就出現。
> ✓ 當寫下你的焦慮經歷時，請留意隨著焦慮感的增加，生理症狀出現的順序。
> ✓ 當你想到引發焦慮的情況時，你感到不對勁的第一個徵兆是什麼（請看工作單 4.1）？
> ✓ 讓你認為自己即將陷入嚴重焦慮的第一個徵兆是什麼呢？

症狀敏感度：焦慮敏感度的核心元素

你像瑪蒂娜一樣嗎？你是否因高焦慮敏感度而對焦慮的第一個症狀產生了強烈反應呢？焦慮敏感度是一種因為焦慮而感到焦慮的傾向。

許多研究發現患有焦慮問題的人們也傾向具有高焦慮敏感度[19,20]。當你

反覆經歷焦慮，可能會對焦慮發作期間出現的緊張、心悸和呼吸困難產生恐懼，並相信這些症狀可能會造成嚴重的負面影響。舉例來說：許多焦慮的人開始害怕焦慮引發的生理警醒症狀，因此會迅速做出反應，不惜一切代價去避免它。

焦慮敏感度是對於焦慮的生理、行為和認知症狀的無法忍受（甚至是害怕），因為患者相信這些症狀會帶來負面的生理、社會或心理後果。[18,19,20]

根據你的焦慮不安，你可能會對某些生理症狀產生高度敏感。如果你經歷過焦慮或恐慌發作，你的焦慮敏感度或許會聚焦於與胸腔、心臟或呼吸相關的生理感覺。如果你在社交情況下會焦慮，你可能特別害怕焦慮的外在跡象，例如臉紅或出汗。患有廣泛性焦慮的人通常最在意緊繃或感到緊張的症狀，而有健康焦慮的人則往往專注於莫名其妙的身體酸痛、疼痛或皮膚紅疹。焦慮敏感度如何表現它自己取決於你所經歷的焦慮類型。

評估練習：症狀敏感度

利用此練習去判斷你是否認為某些焦慮的生理症狀比起其他的更令你痛苦。工作單 5.3 列出了常見的焦慮症狀。請針對這些症狀在嚴重焦慮發作期間對你造成的困擾程度進行整體評估。你很可能會對讓你感到非常困擾的症狀高度敏感。

最困擾你的症狀是哪些呢？如果你根本不被這些焦慮帶來的生理感受所困擾，或者只是感到輕微困擾，那麼你的焦慮敏感度可能很低。但如果你認為其中一種或多種症狀為中度或嚴重困擾，那麼你的焦慮敏感

（續）

> 度可能較高。記住，焦慮敏感度是無法忍受或害怕焦慮感。高焦慮敏感度的關鍵想法是：「我無法忍受（這裡填入最令你感到困擾的症狀）。」瑪蒂娜可能會寫：「我無法忍受反胃的感覺，那種劇烈擾動和噁心感會讓我懷疑自己是否要吐了。」在焦慮更嚴重之前嘗試做一些事情來消除令你不安的症狀是很自然的。

瑪蒂娜發展出對腹部感受的高敏感度，如果某件事情似乎不太對勁，她就會立刻嘗試讓胃平靜下來。她知道胃部不適通常會引發新一輪的嚴重焦慮。她更害怕的是可能會經歷反胃的感覺，難怪與她胃腸道系統有關的生理感覺會成為她高焦慮敏感度的焦點所在。學習更有效地管理高焦慮敏感度的第一步，就是知道哪種焦慮症狀會造成你最大的困擾。

焦慮敏感度的情境和後果

不僅是我們對某些生理症狀的敏感度決定了我們焦慮敏感度的程度，情境和後果在理解焦慮敏感度上也很重要。某種生理感覺是否會導致我們「因焦慮而焦慮」取決於症狀發生時的情境。如果你處於一個需要提高生理警醒的情況，而你被警醒的原因是完全可以理解的，那麼你對此警醒的恐懼就會很低。但是如果生理感覺是無緣無故地自發出現，那麼你會非常害怕生理警醒的感覺。

我們假設你剛剛爬了幾層樓梯，你注意到自己心跳加快。假設你沒有心臟方面的疾病，那麼對於心跳速率的增加，你將不會感到焦慮，因為鑑於活動量的增加，這是可以預期的生理感受。然而，如果你正坐在家中、看著電影，然後突然你感覺心悸，那麼你的焦慮敏感度就會開始行動。你可能

會想:「為什麼我的心跳會加速?我只是坐在這裡,什麼事也沒做,心跳不應該加快啊!我的身體一定哪裡出了問題。可能這是一次焦慮的開始,或者更糟,可能我正在經歷心臟病發作。」你對焦慮的不耐受是否會被啟動,取決於你經歷該症狀時的周圍環境。

評估練習:捕捉情境

思考一下你經歷嚴重焦慮的時候,並專注於焦慮發生當下的環境。想想你突然出現焦慮症狀,但卻不應該感到焦慮的情況,在這個環境下出現焦慮症狀是沒有道理的,這些都會是具有高焦慮敏感度的可能情況。同樣地,如果你在預期有這種感覺的情況下出現相同的症狀,那麼它造成的焦慮敏感度應該就較低。也就代表你不太可能因焦慮而感到焦慮,因為你可以解釋自己為什麼會有這種感覺。利用工作單 5.4 去發現情境或環境是否會導致你為焦慮而焦慮。我們提供幾個範例來說明如何完成此練習活動。

這個練習活動的重點是為了證明情境的重要。如果你認為「我現在不應該有這種感覺」,那相同的生理感覺就會引發高焦慮敏感度(害怕感到焦慮);如果你認為「我在這種情況下時常會出現這個生理感覺,它沒有什麼問題,只是一種生理感覺。」那就只會造成低焦慮敏感度。認識引發這一種症狀的情境或情況可以幫助你減少對它的恐懼。

焦慮敏感度的第二重要因素是察覺後果。如果你認為一個焦慮症狀會以某種方式傷害你,或導致一種嚴重後果,那麼你的焦慮敏感度將會是高的;如果你認為該症狀不會導致什麼後果,那你的焦慮敏感度將會是低的。

你能夠更好地接受該症狀，而且不會感到害怕。有三類型的後果與焦慮敏感度相關[21]：

- **生理方面**：那種焦慮相關症狀會導致生理傷害（心臟病發作、窒息、嘔吐）。
- **認知方面**：那種焦慮症狀可能導致心智功能運作上的嚴重問題（思考、專注度、記憶、心智控制）。
- **社交方面**：那種焦慮症狀會引起他人對自己的負面評價（被視為是軟弱或不正常，因而被他人拒絕和嘲笑）。

請注意，與焦慮敏感度相關的後果是對焦慮症狀可能導致的結果的信念。這些信念可能是根據真實經驗，但是通常它們是根據我們對於可能會發生的事情的恐懼。舉例來說：當我們焦慮時，時常會感受到心悸。關於此症狀，你最害怕的後果可能是「我是心臟病發作了嗎？」即使你從來沒有心臟病發過。但你也可能害怕加速的心跳會導致恐慌發作，你過去就曾經歷過。重點是心率增加變成你焦慮敏感度的焦點，因為你把它與令人恐懼的負面後果連結在一起。

評估練習：你的恐懼是什麼？

明白你對於焦慮生理症狀的恐懼為何是很重要的，因為認知行為治療針對的是害怕焦慮感的各個面向。某些焦慮症狀所導致的令人害怕的後果比其他症狀更明顯。這項練習活動將幫助你發現焦慮生理症狀會造成哪些讓自己害怕的後果，尤其是較不明顯的那些症狀。工作單 5.5 的左側欄位列出一系列常見的焦慮症狀，右側欄位則是列出一系列的負面後果。請回想自己一些最糟糕的焦慮經驗。當出現心悸、呼吸急促、頭暈等令人痛苦的生理感覺時，你最害怕會發生什麼事？

TIPS｜如何區辨你的症狀恐懼

這裡有一些策略，你可以用來發現自己最害怕焦慮症狀的什麼部分：

- ✓ 當寫下你的焦慮經驗時，請具體說明最困擾你的生理、認知或行為症狀。然後問問自己：「如果我什麼都不做，讓焦慮順其自然地發展，那我最害怕發生的事情是什麼？」
- ✓ 是否存在與該症狀相關的災難或最壞結果呢？舉例來說，如果不真實的感覺是令你最不安的焦慮症狀，那麼你是否擔心自己會與現實完全失去聯繫並陷入精神病的狀態呢？即使你知道此災難發生的可能性很小，但它也可能會讓你無法忍受該症狀。
- ✓ 回想自己最糟糕的焦慮經驗。最顯著的焦慮症狀是什麼，它又對你造成什麼影響呢？這可以讓你瞭解自己最害怕的特定症狀的後果是什麼。

你是否注意到你的焦慮症狀，以及你害怕因焦慮而可能發生的事情中，有任何反覆出現的主題呢？與焦慮症狀相關的負面後果可以透露出很多關於自己焦慮敏感度的資訊。當我們相信焦慮症狀是有害時，也會較沒辦法忍受它們。你相信的後果愈嚴重，高焦慮敏感度就愈可能在你的焦慮中扮演一個角色。舉例而言，如果你認為心悸可能是由於心臟問題所導致，那麼你對這種生理感覺的忍受度，就會低於你認為這是壓力上升造成的現象。

如果你仍然不確定如何完成工作單5.5，可以參考瑪蒂娜的範例。你將回想起胃部不適是她最顯著的焦慮症狀。根據箭頭，你可以看到她最恐懼的後果是焦慮不斷升級。然而，她也有些關於恐慌發作和單純腹部不適的可能性等次要擔憂。顯然從瑪蒂娜的範例中，她的高焦慮敏感度聚焦於自認無法忍受噁心的感覺。瞭解你最擔心的焦慮症狀的後果，對於重新思考焦慮的「危險」並提高你對這些症狀的忍受度來說非常重要。

焦慮敏感度評估

現在，你可能想知道自己是否具有較高的焦慮敏感度，而且它是否是導致你焦慮問題的主要因素。你之前已完成的練習活動可能指出你對某些焦慮症狀缺乏耐受性。你懷疑自己具有高焦慮敏感度，但是你想要更明確的答案。幸好，關於焦慮敏感度有堅實的研究基礎，有許多測量方法可以替焦慮敏感度提供可靠且有效的評估。[18,21,22]

瑪蒂娜的症狀與後果配對（參照工作單 5.5）

焦慮症狀	知覺到的後果
感覺胸口不適、緊繃或疼痛	焦慮感會在一整天內逐漸升高並持續
心跳速率突然增加、心悸	恐慌發作的風險提高
身體顫抖、手發抖	因為焦慮而無法工作或具生產力
感覺窒息、呼吸短促，或是感覺你好像無法獲得足夠的空氣	嚴重醫學疾病的症狀，如心臟病、腦動脈瘤、嚴重氣喘發作等等
感覺不真實、有既視感或感覺與自己的身體分離	感到害羞或尷尬的風險增加
感覺頭暈	導致被他人反對、拒絕或批評
心煩意亂、反胃、胃部不適、噁心或痙攣	經歷到無法控制擔憂或失去心智控制
感覺虛弱、疲倦或站不穩	引發對他人的暴怒或強烈煩躁
肌肉緊繃、感覺僵硬或疼痛	出現自己、家人或生命中其他重要他人即將受到傷害的危險徵兆
視線模糊、感覺自己好像身處在霧中	生理不適的症狀增加，像是肌肉／胃部疼痛、緊張性頭痛、噁心
感覺熱、發冷或流汗	日常生活中的秩序、常規或可預測性受到干擾
感到焦躁、緊張、煩躁或心慌	對死亡或臨終的想法高度恐懼
臉紅、感覺臉頰發熱或熱潮紅	慢性疼痛的情況變多
出現無預期的疼痛、酸痛、肌肉痙攣或其他生理症狀	睡眠中斷導致全天疲勞加劇
感到困惑、分心，無法專心	感到不知所措和壓力很大
感到挫折、惱怒或不耐煩	

> **評估練習：測量焦慮敏感度信念**
>
> 花一些時間完成焦慮敏感度信念的測量，看看你對焦慮症狀的耐受性是否較低。我們重視對症狀不耐受及其後果的信念，因為這是焦慮敏感度最重要的部分。工作單 5.6 列出十種關於焦慮症狀的信念陳述。我們沒有建立決定值（cutoff score）的研究，但如果你在三個或更多項目上圈選「很多」或「非常多」，那麼你就可能具有高焦慮敏感度。

如何加強你的焦慮耐受度

你是否得出焦慮敏感度是導致你有焦慮問題的結論呢？明白自己的焦慮閾值以及是否具有高焦慮敏感度（害怕感到焦慮）很重要，因為這會影響到你減少焦慮的方式。焦慮敏感度對焦慮治療存在多種影響。

- 如果你的焦慮敏感度較高，考量到這一點，你可能需要降低減輕焦慮的目標。
- 在焦慮治療計畫中，你需要把最令你感到害怕的特定症狀設為目標之一。
- 伴隨焦慮敏感度上升，焦慮治療必須包括反覆經驗令你恐懼的症狀以及預防自己逃避和迴避的策略。

接下來我們會介紹四種介入方法，如果你有高焦慮敏感度，你將需要把它們納入你的焦慮治療計畫中。透過使你更能忍受和降低對焦慮感的恐懼，這些策略將提高你的焦慮閾值。

建立耐受度

讓我們從最簡單的方法開始重新思考你對焦慮症狀的耐受度。在第三章中，你學到焦慮並不總是你生活中的一個問題。你通常可以把焦慮管理得相當好，甚至可以利用它作為你的優勢。這是你積極的適應性模式啟動的一個例子，你正在利用焦慮來豐富你的生活。你對特定焦慮症狀的耐受度也是如此，即使是最困擾你的症狀也一樣。有時你會接受焦慮症狀；比如說心跳加快、呼吸短促或臉紅的感覺。你忍受它們，因此你可以把焦慮控制在輕度。你是否可以從這些經驗中，學到當你的焦慮失控時可以應用的東西？

介入練習：在威脅度低時，捕捉焦慮

我們從「關注症狀的注意力（focused symptom attention）」的介入練習開始。它的目的是幫助你對於自己為什麼在一些情況下可以忍受生理警醒的症狀，但在其他情況下卻沒辦法的原因，進行更深入的瞭解。你會發現，在很多情況下，你能正常化與感到高度焦慮時相同的生理警醒症狀。

接下來一週，記下你出現嚴重焦慮時會經歷的生理、認知或行為症狀，但是在症狀發生的當下並沒有、或只感受到一點焦慮的情境。舉例來說，如果你發現焦慮時的心悸最讓你恐懼，那是否有些情況是你心跳加速，可是你卻不會感到害怕呢？那些就是我們希望你記錄在工作單 5.7 上的經驗。

> **💡 TIPS｜在不焦慮時，捕捉症狀**
>
> 　　意識到自己不焦慮可能比想像中困難，因為我們通常更專注於感到痛苦的時刻。以下是一些你可以使用的策略，可以幫助你提升在不焦慮情況下對生理感受的認識。
>
> ✓ 寫下當你進行高度活動時（如運動、健身或跳舞時）所出現的生理感覺或其他症狀。通常這些警醒症狀與我們經歷高度焦慮時很相似。不同之處在於，我們不會把它們視為威脅，因為當身體活動時，我們預期會有這些感覺。
> ✓ 注意當你感到壓力、沮喪或同時面臨多種要求時出現的警醒症狀。在這些時候，警醒症狀通常不會那麼令我們感到困擾，因為我們會認為在壓力或沮喪時有這些感覺是正常的。
> ✓ 注意你感到不適或睡眠不足時出現的症狀。

　　工作單 5.7 的前兩列是瑪蒂娜經歷焦慮症狀的例子。當焦慮對她來說是一個問題時，她通常會感到胃部不適或感到緊張，但在這些例子中，瑪蒂娜的焦慮並沒有升級。原因可以從她的症狀解釋中得知。她告訴自己這些症狀是正常的，而且不必害怕，因為這些感覺都有很好的解釋。然而，更重要的是，瑪蒂娜學到她通常比自己所認為的更能忍受焦慮症狀。差異可以從她如何解釋症狀的原因和後果那邊看出來。

　　你從工作單 5.7 中學到什麼呢？你是否對自己經常能夠忍受焦慮症狀感到驚訝呢？你如何解釋導致你忍受的原因和後果？因為你的症狀耐受度，你在這些情況下的焦慮是輕微的。當焦慮症狀令你感到害怕時，你是否可以用這些解釋來理解它們呢？這將能增強耐受度並大幅降低你的焦慮感。

面對你的恐懼症狀

　　下一個介入更具有挑戰性，但也更有潛力改變最困擾你的焦慮症狀。這個介入練習的目的是加強你對恐懼症狀的耐受度。當感到嚴重焦慮時，我們自然會尋求緩解焦慮症狀的方法。當瑪蒂娜的問題性焦慮因社交場合而升高時，她會嘗試多種策略以減輕自己的胃部不適。

　　在接下來的活動中，你會被要求從事與尋求緩解恐懼症狀完全相反的事。與其試圖透過離開某種情境、分散自己的注意力或試圖放鬆來減輕症狀，不如集中注意力在症狀上幾分鐘。舉例來說，我們假設當焦慮是個問題時，你往往感到呼吸短促。那種感覺令你感到害怕，因為你怕自己窒息。此時，不要進行腹式呼吸，而是維持呼吸短促的感覺。它到底是什麼感覺呢？你能感覺自己正在吸氣和吐氣嗎？把你的手放在胸口上；你可以感覺到肺部的擴張和收縮嗎？想像一下，你正站在身體外面，觀察肺部接收和排出空氣。在你的腦海中，你能想像它們充滿空氣然後排空嗎？將所有注意力集中在呼吸短促的感覺上，但同時作一個超然的觀察者。你觀察或看著你的肺臟有節奏地充滿和排出空氣，這種感覺是保持不變，還是起伏不定？它有隨著時間而消失嗎？

　　根據瑪蒂娜的社交焦慮，工作單 5.8 提供了對恐懼症狀保持超然注意力的範例。當感到高度焦慮時，你願意克服自己的不情願，並專注於自己最害怕的症狀上面嗎？如果你多次進行此練習，那麼恭喜你！與我們的天性相反，不從我們最害怕的事物中去尋求緩解和安全感極需勇氣和決心。當你練習完超然觀察後，症狀和焦慮有發生什麼變化嗎？反覆從事此練習多次後，你是否注意到自己對於恐懼症狀的耐受度進步了呢？

> ### 介入練習：超然觀察（Detached Observation）
>
> 超然觀察是一種介入方式，可以用於工作單 5.3 中被你勾選為中度或嚴重困擾的任何症狀。其有效性的關鍵是反覆練習，將你的注意力轉移到不想要的感覺上，而不是透過分散注意力或試圖說服自己該症狀不會困擾你來逃避它。使用工作單 5.8 練習超然觀察，以超然的方式去觀察自己的症狀是暴露在不想要的、令人痛苦的生理感覺的一種形式。你將在第七章中發現暴露（exposure）是針對恐懼和焦慮的強大治療方法。

根據你前兩次的介入練習，請嘗試想出最困擾你，或你感到最害怕的症狀的替代性解釋，並寫下來。（參見工作單 5.9）這將會增加你對該症狀的耐受度，並且提高你的焦慮閾值。以下是瑪蒂娜的替代性解釋範例，該解釋改善了她對於反胃和噁心感的耐受度。

瑪蒂娜對於反胃症狀的替代性解釋：我的胃對每件發生於我生活中的事情都極度敏感。我做過許多醫學檢查，所以我知道它沒有任何毛病，它就是如此。不舒服的感覺總是會自己消失。除了感覺不適外，從來沒有發生過任何壞事。很多人都感覺不舒服，但還是能應付生活。我也可以做到；我會繼續我的生活，就好像擁有一個高度敏感的胃只是較不方便而已。

生理運動

毫無疑問地，你一定聽過生理運動可以促進我們處理壓力和焦慮的能力，但你可能不知道它也是提升焦慮症狀耐受度的絕佳方法。研究指出有

氧運動與藥物或認知行為治療等其他既定治療一樣有利於降低焦慮[23]，其他研究也指出運動減輕焦慮的益處可能是由於它影響了焦慮敏感度[24]。在一項研究中，高焦慮敏感度的受試者參與一個跑步計畫後，與低焦慮敏感度的人相比，焦慮症狀的減少幅度更大[25]。這表明，規律的生理運動會增加警醒症狀，而這些症狀遇你經歷嚴重焦慮時相同，因而有助於減少這些症狀對你造成的困擾或恐懼[18]。

對於提高焦慮相關警醒症狀的耐受度和提高焦慮閾值所需的運動頻率、強度或類型，目前尚無一致答案。然而，最好的是可以增加你的氧氣需求和使你心跳加速的有氧運動（快走、跑步、騎腳踏車、游泳、划船、跳舞等）。即使你身體健康或運動能力不錯，如果你有關注運動期間活化的警醒感覺／症狀與嚴重焦慮期間觸發的相同感覺／症狀之間的相似性，那麼規律運動可以提高你對焦慮症狀的耐受度。以下練習活動將幫助你最大化生理運動對焦慮造成的影響。

介入練習：關注症狀的生理運動

當使用生理運動去增進你的焦慮耐受度時，必須遵從幾個步驟：

步驟 1：開始一項運動計畫前，先諮詢你的家庭醫生，已確定在增加生理活動上是否有任何限制。

步驟 2：請合格的健身教練根據你的年齡、健康狀況和健身程度來制定運動計畫。

步驟 3：選擇能夠增加呼吸和心輸出量的運動。確保起始難度符合你目前的健康狀態。

步驟 4：確保你進行的運動能夠引發症狀敏感度量表（工作單 5.3）中評定為困擾的警醒症狀。

（續）

步驟 5：運動時，請密切注意你的身體感覺，尤其注意之前工作單選出的令你恐懼的生理感覺。

步驟 6：使用工作單 5.10 記錄你的運動。

> **TIPS｜促進生理運動的動機**
>
> 大多數人都發現長期堅持運動計畫極為困難。我們所有人都比自己所期望的更容易「故態復萌」。我們一些不運動的藉口其實相當有創意。以下是一些幫助你堅持運動計畫的策略。
>
> - 選擇一個最適合你的規律運動時間，並且堅持執行你的日程安排。如果你只在有空時才運動，你永遠無法維持足夠的一致性，尤其是在日程繁忙的情況下。
> - 仔細考慮你日常需承擔的責任與健康程度，訂定實際目標。從少量開始，逐漸增加，不要從事超出你能夠長期承受的事情。
> - 透過與朋友或有組織的團體一起運動來強化你的運動承諾；這會讓你對另一個人負責。獨自運動很難維持。
> - 定期制定可以帶給你成就感的目標。一系列漸進式的健身目標比減重目標更好。
> - 利用應用程式，持續追蹤你每日的運動狀況。當你達成一項運動里程碑時，給予自己一個小獎勵。向朋友和家人報告自己進行的運動，作為增強責任感的一種方式。

對於高焦慮敏感度的人而言，生理運動相較於超然觀察是一種較不可怕的介入方式。相較於問題性焦慮發生的期間，你是否更能忍受在運動時

出現的生理警醒症狀呢？以瑪蒂娜為例，她發現感到焦慮時，緊張和興奮的感覺會困擾她，因為這些初始症狀通常會導致更嚴重的焦慮。但她注意到健走也能造成肌肉緊繃和內心的一點興奮感。然而，在從事運動時，這些症狀不會令她害怕，因為她預期會有這些感覺。透過反覆運動並關注自己的身體感受，瑪蒂娜逐漸不再那麼害怕於非運動的情況下感到緊張和興奮。

症狀激發

最後一個強化焦慮症狀耐受度的介入練習是最困難的。它就像第二個介入練習的超然觀察，只不過這次你被要求刻意引發令自己恐懼的症狀，而不是在它自然發生時仔細地觀察它。對於高焦慮敏感度的人來說，這是一項具挑戰性的練習活動，因為你將刻意使自己焦慮。你可能會問：「為什麼我要這麼做呢？」這就好像你為了感到疼痛故意拿針頭戳自己一樣！治療的重點應該是減少焦慮，而非刻意產生焦慮，不是嗎？

其實症狀激發是一種強而有力的介入方式，可以有效提高我們對焦慮症狀的耐受度，因為它是一種更強烈的暴露治療的形式（如之前提過的，第七章將對暴露治療進行更詳細的解釋）。當我們能夠控制令自己很困擾的焦慮症狀，並且刻意反覆製造那個症狀時，我們最終將不會再害怕該症狀。我們會從經驗中學到我們可以忍受該症狀，此外，與該症狀相關的任何災難性後果都不會出現。症狀激發的目的是正常化令人恐懼的症狀。

舉個例子，假設你對心悸的焦慮敏感度很高。無論什麼時候，當你的焦慮變成一個問題時，你就會特別注意自己的心跳速率，並且擔心若對它施加額外的壓力，有可能會導致心臟病發作。即使你做過醫學檢查，你的家庭醫師也保證過你的心臟很健康，但當你心悸時，你仍然會害怕心臟病發作。為了克服這個恐懼，你每天練習數次原地跑步或過度換氣兩分鐘，這兩種練

習都會使你的心跳速率突然增加。儘管你可以輕易解釋你的心跳加速是因為生理活動增加的緣故，但你仍然會學到：

- 你可以忍受此生理症狀。
- 激發此症狀並不會發生什麼可怕的事情。
- 你可以控制此症狀。

每種焦慮症狀都需要不同的激發技術，請參考表 5.1。

表 5.1　提高症狀耐受度的激發技術

激發技術	激發症狀
過度換氣持續一到兩分鐘	呼吸困難、窒息感、心跳加速
憋氣三十秒鐘	呼吸困難、窒息感
將壓舌板放在舌根處三十秒	窒息感
原地跑步兩分鐘	心跳加速
旋轉椅子一分鐘左右	頭暈、無力的感覺
全身肌肉緊繃一分鐘	顫抖、搖晃
透過細吸管呼吸兩分鐘	呼吸困難、窒息感
快速左右搖頭三十秒	頭暈、無力的感覺
持續瞪著鏡中的自己兩分鐘	感覺不真實、夢幻；頭暈或無力
坐著面對暖氣兩分鐘	感覺臉紅和流汗

介入練習：刻意症狀暴露

遵循以下步驟並計畫每天進行症狀的激發，或至少一週數次。改變練習方式，這樣你就可以藉由不同的活動來激發最令你煩惱或恐懼的焦慮症狀。

症狀激發步驟

步驟1：取得健康證明書。

步驟2：確定你害怕的焦慮症狀是哪些，並評論那些症狀最困擾你的是什麼，是它可能帶來的後果、它讓你產生的感覺、失去控制等等。在工作單5.11上記錄症狀及它為何困擾你的原因。

步驟3：從表5.1中挑選一或兩個會增加討厭的症狀的激發活動。

步驟4：安全地開始。確保在安全、平靜和舒適的地方開始激發練習。如果你正在接受治療，你的治療師可能會在治療過程中進行症狀激發。

步驟5：抱持勇氣。在開始之前，請決定你將參與該練習多長的時間。當你開始感到焦慮時不要停止，感到焦慮是正常的。持續進行，直到完成設定的時間（如兩分鐘）。

步驟6：逐步練習。從讓你感到中度焦慮的練習開始。逐漸增加練習的時間，直到你可以完成完整的練習活動。舉例來說：如果幾秒鐘的過度呼吸會使你產生高度焦慮，那麼從二十秒開始，然後慢慢增加持續時間，直到你可以從事此練習整整兩分鐘。

步驟7：留意症狀。在過程中，注意當你開始和結束激發練習時，症狀上升和下降的速度有多快。這告訴你關於恐懼症狀的什麼特性呢？

（續）

步驟 8：變化情況。當你成功地在非焦慮情況下完成激發症狀的練習後，接下來請在焦慮或壓力情況下練習產生生理感覺。這是克服你對焦慮生理症狀的恐懼的最佳方法。

步驟 9：每天盡可能多練習。

步驟 10：在工作單 5.11 記錄你每一次的症狀激發練習。

你有注意到愈是練習激發害怕的症狀，它對你造成的困擾或恐懼就愈少嗎？你是否驚訝地發現，當你刻意讓自己暴露於症狀之中時，你能比自己預期地更好地忍受這些焦慮症狀？舉例來說，如果無法呼吸或是感覺你吸不到足夠空氣使你焦慮，那麼一天中反覆進行數次過度換氣兩分鐘將增加你對此症狀的耐受度。你會學到感覺呼吸急促雖然不舒服，但此感覺很快就會消失，而且你不會真的窒息。一旦對這種感覺的恐懼減少，你就更能在有壓力或焦慮的期間忍受它。

症狀激發是降低焦慮敏感度最強大的介入方法之一，因為它是基於對特定症狀或感受的反覆暴露。當你學會忍受焦慮症狀時，你的焦慮閾值也會同時提高。如此一來，會有更多的焦慮經驗被你認為是正常的，只有一小部分非常嚴重的焦慮有問題。

下一章節

你已經瞭解了焦慮敏感度的概念以及它為何會導致焦慮問題。學習降低你對焦慮症狀的敏感度是焦慮認知行為治療中的一個要素。面對最困擾你，甚至可能讓你感到害怕的特定症狀或感覺，然後知道你可以忍受這些不

舒服的感覺，將會提高你的焦慮閾值。但針對焦慮的認知行為治療其介入方法遠不只降低你的焦慮敏感度。在下一章中，你將學習如何處理問題性焦慮的另一個主要因素，即焦慮心理（anxious mind）。

6
轉換你的焦慮心理

傑莫，一名未就業的二十四歲大學畢業生，因為持續的焦慮而陷入困境，一事無成。他擁有想進入法學院就讀的雄心壯志，但是事情進展並不順利，而現在他搬回家和父母住在一起。他第一次的法學院入學測驗（LSAT）考得並不好，現在他發現要專心讀書考第二次是件極度困難的事情。由於他出生於律師和醫師世家，所以他背負著巨大的壓力。

傑莫很多時候都感到緊張和不安。每天醒來他都感到心神不寧，覺得這一天不會順利度過。他感到精疲力竭，因為他的焦慮和擔憂幾乎使他夜不成眠。白天時，他會覺得胃在翻攪，而當他試圖讀書時，他也難以專心。與他人在一起時會令他更焦慮，因此，他表現退縮，更喜歡待在他安全又舒適的臥房中。儘管有大量的自由時間，但傑莫太焦躁不安，因而無法讀書，所以他一天的大部分時間都在用手機上網或狂看網路內容。拖延和逃避已經成為一種生活方式。

傑莫的焦慮現在使他喪失了能力，並有可能破壞他的未來。他不是專注於增進他申請法學院所需的條件，而是充滿了焦慮想法，像是：「我正在失去注意力；我記不住任何東西。我不明白自己正在讀什麼。我的 LSAT 測驗永遠不會考到好成績；我會得到另一次低分，這會破壞我進入法學院的機會。我註定一生孤獨，只能從事卑微的工作，幾乎無法得到溫飽。我會讓

我的家人感到失望和丟臉。我永遠不會感到開心，最終成為一個被人們瞧不起的可悲失敗者。」這種關注即將到來的失敗的負面思維是傑莫焦慮的驅動力，也是一種自我實現的預言，導致他表現出的行為最終可能導致他最害怕的結果。對傑莫來說，他的焦慮心態已經控制了日常生活的各個面向，造成他在廣泛性焦慮的深淵中越陷越深。

傑莫的經歷是否聽起來很熟悉呢？從早上醒來的那一刻到深夜你試著入睡時，焦慮是否一直困擾著你呢？第三章中，你想起了自己曾經認為焦慮是一種正常情緒且能夠很好地控制它的時候。但現在的你或許像傑莫一樣，你的焦慮經驗已經改變了，症狀變得更嚴重，而且焦慮已經成為你日常生活的一種主宰力量。

你可能還記得第四章中，我們談到對於危險、威脅和不確定性的思考方式，以及我們的調適能力決定了我們的焦慮是可以控制還是會變得無法忍受。現在，讓我們回到這個主題並仔細檢視焦慮的心態。你將瞭解焦慮心態會如何使情緒「超載」，將焦慮強度推升到更高的程度，以至於我們無法有效地工作、與他人聯繫、保持健康或享受生活。你將發現自己焦慮心態的獨特特性，並學到可以改變你對於威脅、危險和不確定性的想法的介入策略。你可以透過獲得心理技巧來改變自己對焦慮的思考方式，這可以把焦慮縮減到可控制的程度。

在我們開始之前，請再次檢視傑莫焦慮的自言自語，並嘗試回答以下關於他焦慮心態的問題：

1. 當傑莫想到他目前的功能程度時，他會感到更焦慮。他擔心自己因為焦慮而無法做到什麼呢？

2. 當傑莫出現焦慮想法時，他會對未來面臨的一項重要任務做出負面預測。他的負面預測有哪些？
3. 一旦焦慮思維啟動，最終傑莫會想到最糟的局面——一場災難。傑莫的災難是什麼？

你是否能夠辨識出傑莫焦慮想法的主要擔憂呢？針對第一個問題，傑莫似乎害怕自己的智力出現問題，無法集中注意力、理解或記住自己正在學習的內容。這種擔憂導致他預期自己在 LSAT 測驗會表現不佳，並且永遠無法成功申請上法學院（第二個問題）。所有這一切將會導致低階工作、父母失望和無止盡的孤獨和痛苦（第三個問題）的可怕生活。

你能看出傑莫的焦慮想法是如何從當下的觀察開始（我不明白我在讀什麼），然後螺旋式地走向災難性的結局嗎？當你感到嚴重焦慮時，你的心態也是以類似方式在運作嗎？在這個章節中，你將學到如何把自己拉出這個焦慮思維的「死亡螺旋」，並改變你處理問題性焦慮的方式。

什麼正在困擾著你？

小考突顯出傑莫焦慮時困擾他的幾個問題。你可以使用相同的過程去發現自己問題性焦慮的根源。當焦慮變成一個問題，人們往往會忽略導致他們焦慮的具體威脅、危險和不確定性。重新發現這些擔憂對於理解你的心理如何陷入焦慮的深淵非常重要。你可以使用下一個練習活動去揭露你最重要的焦慮擔憂。

評估練習：捕捉你的焦慮擔憂

傍晚時分，找個安靜且沒有干擾的地方。花幾分鐘想想今天發生的所有事情。當你感到緊張、煩躁、緊繃甚至恐慌時，你是否出現高度焦慮的時刻呢？若是如此，把這些經驗記錄在工作單 6.1。然後思考看看為什麼在這些情況下，你的焦慮會增強。問問自己以下問題：

- 我是否感覺到受威脅、被削弱、受到攻擊，或感到自己軟弱或能力不夠？如果是這樣，為什麼呢？
- 我是否擔心某些壞事可能會發生在我身上呢？如果是這樣，那些壞事是什麼呢？
- 我是否專注於無助和無法調適上呢？若是如此，我無法處理什麼呢？

你對這些問題的答案將幫助你發現導致你嚴重焦慮的主題。工作單包含了三個例子，說明傑莫因為擔憂他的未來而引發的焦慮。

💡 TIPS │ 你在想什麼？

找出是什麼讓你感到如此焦慮可能很困難，因為人們傾向專注於痛苦而不是造成痛苦的原因。以下是一些額外的策略，可以幫助你區辨隱藏在你焦慮背後的主題。

- ✓ 回顧工作單 3.1 的記錄，找出你認為會引發大量焦慮的原因。你是否認為某一個類別的情況比起其他類別更常引發焦慮呢？如果是，這就代表存在著潛在的擔憂。舉例來說：如果你的多項高分都坐落在社交關係類別，這就表示你對於他人的意見或評價存有焦慮擔憂。
- ✓ 考慮最常引發嚴重焦慮的情況、侵入性想法或生理感覺（請看工作單 4.1）。如果相同或類似的觸發物會導致你感到焦慮，就代表它是一種常見的潛在主題。例如：如果你的焦慮經常是由可能激怒某人的侵入性想法所引發，那麼你可能對於衝突抱持著潛在的恐懼。
- ✓ 尋找在焦慮情況下重複出現的威脅性想法（請看工作單 4.2）。舉例來說：無論什麼時候，如果你只要想到可能生病這件事就感到焦慮，那麼你的焦慮擔憂可能是關於失去活力、變得依賴他人或是死亡本身。
- ✓ 最後，你可以把焦慮擔憂視為你重要且敏感的問題。你是否嘗試避免一個主題或議題，因為它使你困擾呢？若是如此，那個議題很可能就是你的焦慮擔憂之一。

在一週的最後一天，回顧你在工作單 6.1 上的記錄。你是否注意到引發你焦慮的事件中存在著任何共同的主題呢？如果你檢視傑莫在第三欄的記錄，你會注意到他的焦慮與擔心自己的認知（思考）能力、使他人失望和最終的災難（落後其他人更遠，且最後會變成一個完全的失敗者）有關。辨識出你的焦慮擔憂是更加理解你的焦慮心理的第一步。在你能夠改變想法之前，你必須先知道自己正在想什麼。

威脅預測

撰寫這個章節時，COVID-19 仍在持續流行。這是前所未有的時刻，全世界都面臨著共同的危險，即感染冠狀病毒並患上重病。當我們想到疫情時，我們會自動以感染病毒的機率，以及如果被傳染了，我們會病得多麼嚴重，來預測該病毒的危險性。這些預測影響了我們的焦慮程度，以及我們是否會採取預防措施去減少風險（施打疫苗、社交隔離、戴口罩）。如果你預測你感染 COVID-19 的機會很低，還有如果你認為自己即使感染，也只會有輕微症狀，那麼你的焦慮程度可能會維持在低點。然而，如果你預測自己感染 COVID-19 的可能性相當高，而且你本來就患有其他疾病，使你預期若感染了 COVID-19 將會變成重症，那麼你的焦慮可能會一直維持在高點。你可能會特別小心，決定盡可能地待在家中。

研究顯示當人們高度焦慮時會變得過度關注於威脅和危險[4,26]。當焦慮變成一個問題，我們傾向於誇大預期威脅的可能性和嚴重性。當你感到中度到嚴重焦慮時，是否也會發生這種情形呢？你是否：

- 自動想到某些壞事非常可能發生在你或所愛之人身上呢（我知道我將會搞砸這次面試；如果我去派對，我將會令自己難堪；我知道我的身體一定有問題，我生病了）？
- 立刻假設最糟結果將會發生呢（我永遠無法得到晉升，而且會永遠被困在這個初階工作上，直到我退休；大家都會立刻不喜歡我；我無法呼吸而且將會窒息）？

我們的焦慮心理可能會極端地高估威脅的可能性和嚴重性，我們稱之

為災難性思考（catastrophic thinking）。當我們患有問題性焦慮時，我們往往會災難化生活中的平凡和日常經驗；我們認為最壞情況發生的可能性比實際情況大得多。捕捉並矯正我們的災難性思考是認知行為治療在減少焦慮和擔憂上的重要介入方法。表格 6.1 提供了一些誇大威脅預測的例子。

生活會發生壞事，因為如此，我們時常感到焦慮。但你可以從表 6.1 的範例中看到當我們預測威脅的可能性比實際更大，並且我們假設最壞的可能結果時，焦慮就會成為問題。無預期的胸痛可能會令我們大部分人感到短暫焦慮。但如果我們認為胸痛極有可能代表心臟出了問題，然後我們開始想到心臟病發作，那麼我們的焦慮強度將會劇烈上升。

學習矯正對於威脅的可能性和嚴重性的誇大預測是改變焦慮心理的一個重要部分。為了做到這一點，你將需要更加瞭解自己對威脅所做的預測，以及你會如何誇大它的可能性和嚴重性。

評估練習：捕捉焦慮預測

利用工作單 6.2 的活動去練習捕捉當你感到焦慮時的威脅預測。根據到目前為止你所做過的練習活動，你知道當焦慮問題發生時你會想什麼。你的焦慮想法是關於未來的威脅，所以會把它們認為是可能發生在你或所愛之人身上的壞事的預測。

如果你認為辨識自己的焦慮預測和完成工作單 6.2 上的預估很困難，可以嘗試以下方法：

- 回顧你工作單 4.2 和 4.6 的記錄。在這些工作單中，你曾寫過當自己高度焦慮時，心裡會想到什麼。同時，檢視你列於症狀自我監控表中的焦慮想法（工作單 4.5）。在這些焦慮想法中，你是否看到高估了機率和嚴重性預測的例子呢？

（續）

- 當你的問題性焦慮飆升，寫下你認為自己或所愛之人會發生的最糟可能結果。想想看目前情況下最讓你害怕的是什麼，或者你的經驗中最令你感到不安的是什麼。然後用十分制去評估結果的強烈程度。
- 接下來，在仍然焦慮的同時，評估現實生活中最壞結果發生的可能性。這是基於你感到焦慮時所認為的可能性，而不是在你感到安全和舒適時的理性判斷。
- 如果你仍然難以判斷自己的威脅預估，請向你的伴侶、家人、親密朋友或治療師尋求協助。

表 6.1　災難性焦慮思維的範例

對什麼感到焦慮……	對威脅可能性的誇大預測	威脅嚴重程度的誇大預測（想像最壞的可能性）
和朋友一起去看電影	會很擁擠，我們必須坐在中間，而我將感到焦慮。	電影看到一半時，我將恐慌發作；我無法出去，而我會抓狂；我將會出現這一段時間以來最嚴重的恐慌。
與我的主管有一次意外的面談	被告知我的工作表現讓人不夠滿意；我可能會感覺極度緊張、燥熱和不舒服。	我將失去工作；或至少我會焦慮和恐慌到我的老闆不禁懷疑我有什麼問題。
郵寄我的報稅表	我可能會被查帳，然後必須繳納很多額外的所得稅。	查帳將導致巨額稅單。我的信用額度已經用盡，所以無法再支付。我將必須宣告破產。
我可能會年紀輕輕就死亡的想法	有這些令人不安的想法是一個不好的預兆；這意味著我很可能英年早逝。	在我二十多歲的時候就過世了，卻從來沒有充實的生活過，這是多麼悲劇啊！錯過其他人經歷過的所有事情。

對什麼感到焦慮……	對威脅可能性的誇大預測	威脅嚴重程度的誇大預測（想像最壞的可能性）
因為擔憂而無法入睡	我永遠無法入睡。我永遠無法控制這種擔憂和再次正常睡覺。	我的生活會因無法入睡而徹底毀了。我工作時的注意力太差，我確信自己一定會被解僱。
突然、無預期的胸痛	我現在不應該會感到胸痛。這代表我很有可能面臨心臟病發作的風險。	我可能正在心臟病發作。我離醫院太遠了。醫生接到我時已經太晚了，因此我會死於這次的心臟病發作。

當傑莫感到中等到嚴重程度的焦慮時，他的思緒會跳到所有可能發生的壞事上面。他的威脅預測之一是再次於 LSAT 測驗上表現不佳。他相當確定這件事會發生（85%），而且他把此結果評分為非常嚴重（8/10）。更遙遠但具破壞性的職業失敗預測，他則認為不太可能（50%）但嚴重程度卻更高（10/10）。你注意到自己的威脅預估的哪方面呢？它們是否相當極端，顯示你的焦慮心理正在為你的生活帶來災難呢？

你的心理會非常快速（少於半秒）且自動地形成這些焦慮預測，因此，你不會意識到自己的大腦已鎖定了威脅和危險，直到你順利地進入此過程。如果你反覆經歷問題性焦慮，你的大腦會對威脅變得非常敏感，以至於它會自動掃描環境以尋找風險和危險的跡象。當高度焦慮時，我們的記憶系統和推理能力也會產生偏誤，所以你可能更容易回憶起過去的焦慮或恐懼經驗，換句話說，整個心智系統都會陷入一種焦慮心態。先前，我們稱此心態是處於一種「威脅模式」。在焦慮問題中，威脅模式更容易被啟動。它的副產物之一是人們傾向於預測壞事發生的可能性比實際情況更大。認知行為治療的策略會教你如何偵測並推翻對威脅和危險的誇大預測。

感到無助

當你對某個情況感到焦慮時，你很難相信自己可以有效地處理它。當我們的焦慮心理掌管一切時，我們傾向認為自己是軟弱、脆弱和無法調適的。當你因為對威脅或危險的快速預測而陷入高度焦慮時，你可能會感到無助和難以應付。這種脆弱的想法往往讓你的反應變得更慢也更費力，因此，與威脅預測相比，你可能更清楚地意識到自己無法應對的想法。

你可能感到無助，因為你相信自己缺乏必要的技巧去處理引發焦慮的情況。自我懷疑和深深的不確定感將強化你的脆弱感。脆弱想法的問題在於它通常涉及了扭曲的事實；你並不像自己所想的那麼軟弱和無法調適。當我們對威脅的預測合併我們很脆弱的想法時，焦慮就變成了一個問題。這可以用以下的公式來表達：

高估的威脅＋低估的個人調適＝問題性焦慮

你可以在第一章介紹的三個範例中瞭解此公式的運算模式。當蕾貝卡擔心工作時，她會想到失去員工對她的尊重（威脅預測），以及無法有效地面對她的員工（感到無助）。托德在無預期的情況下感到心悸，並且立刻擔心它可能是心臟病發作的症狀（威脅預測），而自己無法及時趕到醫院（感到無助）。伊莎貝拉擔心在他人面前丟臉（威脅預測）和不能進行連貫的對話（感到無助）。就像蕾貝卡、托德和伊莎貝拉一樣，你可能深信自己在焦慮面前是無助的。但其實有其他方式可用來思考無助感。

> ### 評估練習：無助的想法
>
> 　　這項練習將使你更深入地瞭解在問題性焦慮發生的期間，你認為自己是多麼脆弱。使用工作單 6.3 去記錄經歷一次焦慮問題時，你對於自己調適能力的想法是什麼。在列出多次嚴重焦慮的經驗後，請思考是什麼使你認為自己無法調適，或是為什麼你在這些情況下會感到不知所措。你做了什麼導致你得出自己無法適應良好的結論呢？你是否把焦慮變得更糟了呢？你最後是否因為嘗試調適失敗而對自己做出負面評價或貶低自己呢？此外，思考在這些嚴重焦慮的情況下你想如何反應，將有助於理解你如何看待自己在焦慮情況下的無助。
>
> 　　擔心失去控制往往發生在我們感到中等到嚴重焦慮的時候。如果你認為自己對某種情況的控制有限，就會產生無助感。當面對一個引發焦慮的情況時，你是否擔心會失去對自己的想法、感受、體感覺或行為的控制呢？如果你認為自己沒有什麼可以做，你幾乎無法控制會發生在你身上的事情，那麼你將經歷高度的脆弱感。問問自己：「在這種情況下，我真的如我想的那樣沒有控制權或影響力嗎？我怎樣才能對發生在我身上的事情施加更大的影響力呢？」

　　最令傑莫感到困擾的脆弱想法之一是當感到嚴重焦慮時，他對於認知能力下降的擔憂。他試著為法學院的入學考試而讀書，但他非常焦慮，幾乎無法理解自己在讀什麼。這導致他認為：「我怎麼了？我失去了學習的能力。我似乎無法理解最基本的資訊。焦慮已經破壞了我的智力，而我無能為力。」他希望的調適方應是回到他可能會因考試而焦慮但仍能好好學習以取得好成績的日子。

焦慮的認知行為治療專注於評估和矯正脆弱的想法，如此一來，問題性焦慮的患者將更有自信去處理焦慮問題。但是在你知道自己比想像來得更機智和更有韌性之前，你必須先瞭解你是如何把自己想像成無助且脆弱的。

思考錯誤

回想上次你經歷問題性焦慮的時候。你是否注意到自己的思考過程發生了變化：你是不是變得完全專注在焦慮上，似乎無法關心任何其他周遭的事物呢？焦慮可以做到這一點；它扭曲了我們的思考，使我們狹隘地專注於威脅、危險和無助上面。

當存在真正危險的時候，這種狹隘的思考模式對於我們的生存極度重要。如果某個看起來具威脅性的人接近你，你所有的注意力都必須專注在分辨此人是要搶劫還是其實無害。沒有時間讓你看向商店櫥窗、檢查手機或計劃晚餐。你必須非常快速地做出決定並且找出一條最快的逃跑路線。你需要保持警惕。

但是如果外在危險並不存在，會發生什麼事呢？當危險只是預期性的，只是一種想法但非真實事件，例如：「萬一我生病了呢？」或「萬一我恐慌發作？」或「萬一我錯了呢？」等等，很不幸地，你的焦慮思考仍會優先選擇威脅、危險和無助。焦慮時，我們不太可能意識到這種注意力上的狹隘，我們對現實的看法變得充滿偏見或扭曲。表格6.2列出當人們感到高度焦慮時會因為幾種思考「錯誤」而導致的感知扭曲。詳閱定義和範例，檢視哪些範例似乎與你最相關。稍後你將會使用到這些資訊。

當這些思考錯誤令你的注意力完全集中在威脅和危險上時，它們會使你無法考慮較小的威脅或給予情況一個良性的解釋。這種全然的排他性會延長焦慮的經驗，因為它使你難以用更現實、平衡的方式去進行思考。

你是否曾經注意過要專注在一種情況其實較你所想的更安全和更少威脅有多麼地困難呢？無論何時，當傑莫開始擔心第二次的 LSAT 測驗沒有辦法考到好成績時，他就無法思考任何其他事情，例如：以前當他對考試感到焦慮，但最後仍順利度過的那些時候。他會妄下結論（jumping to conclusions），認為這次情況不一樣，他永遠無法成功準備 LSAT 測驗。傑莫的擔憂涉及多項思考錯誤，像是妄下結論、隧道視野（tunnel vision）、災難化和情緒化推理（emotional reasoning）。

瞭解自己焦慮時會產生的認知（思考）錯誤，是焦慮認知行為治療的一個重要部分。當焦慮心理嘗試處理威脅和危險時，往往會犯下更多這些錯誤。增加自己對這些錯誤的敏感度，將有助於矯正你的焦慮想法並對自己的焦慮擔憂採取一種更平衡、更符合現實的觀點。

表 6.2　焦慮中的認知錯誤

認知錯誤	定義	範例
災難化（高估威脅和危險）	在焦慮情況下專注於最糟的可能結果	• 想著胸痛是心臟病發的徵兆。 • 認為朋友覺得你的評論很蠢。 • 認為你會因為報告上的一個錯誤而被革職。
妄下結論	基於最少的資訊，預期一個可怕的結果極有可能發生	• 當不確定答案時，預期自己將會考試失敗。 • 演講時結巴，認為自己腦子一片空白。 • 收拾行李時感到緊張，認為自己會太焦慮而無法去旅行。

認知錯誤	定義	範例
郵寄我的報稅表	我可能會被查帳,然後必須繳納很多額外的所得稅。	• 當你在會議上發表意見時,注意到其中一個人看起來很無聊。 • 在商店時,完全只注意到焦慮症狀。 • 擔心一項醫學檢驗的結果,但只會想到結果出來是癌症。
目光短淺（Nearsightedness）	傾向假設威脅即將來臨	• 在社交場合感到焦慮,並假設自己將會說出笨拙或令自己困窘的話。 • 擔心你的工作表現,並確信自己這週將會被革職。 • 你害怕自己嘔吐；你感覺反胃,然後相信自己生病了。
情緒化推理（Emotional reasoning）	假設焦慮愈強烈,真實威脅就愈大	• 你害怕飛行,而且深信飛行是危險的,因為無論何時,當我飛行時,我都會感覺焦慮。 • 當你感到高度焦慮時,恐慌發作並確信「失去控制」的可能性也更大。 • 因為你感到焦慮,所以確信將會發生某些壞事。
全有全無思考（All-or-nothing thinking）	視威脅和安全為僵化、絕對的名詞,不是存在就是消失	• 當感覺焦慮時,以為它將會升級為恐慌發作；但當感覺平靜時,就認為不可能恐慌發作。 • 有社交焦慮,並假設如果你大聲說出自己的想法,同事們會認為你無能；但如果你什麼也不說,他們就會認為你有能力。

獲得大衛・A・克拉克與亞倫・T・貝克所著的《Cognitive Therapy of Anxiety Disorders》（第 169 頁）的轉載許可。The Guilford Press 版權所有 2010。

繪製你的焦慮心智圖

把你發現所有關於自己的焦慮思考統整在一起,創作出一張你的焦慮心智圖的時候到了。你將利用這張「心智圖」去制定自己的認知行為治療介入計畫,這樣它們會專注於你的問題性焦慮的獨特性上面。圖 6.1 展示了焦慮心智圖的主要組成部分。

如同本書中所強調的,焦慮最常是由外在情況、不想要的想法或記憶、生理感覺或與他人的經驗所引發(參考工作單 4.1)。我們會透過高估可能結果的可能性和嚴重度而立刻把一個經驗解釋為威脅。然而,我們的焦慮心理並不會就此停止。我們也會傾向認為自己無法處理潛在的威脅(即無助)。多項認知錯誤的存在,導致我們對焦慮擔憂的思考產生扭曲。這種焦慮的思考方式的第四種組成是傾向於淡化甚至忽略安全的資訊。

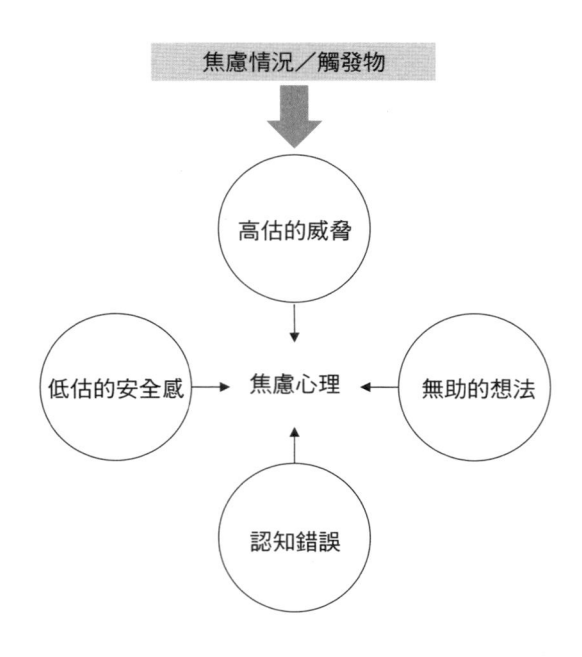

圖 6.1　焦慮心智圖

> ### 評估練習：焦慮心智圖
>
> 　　這項練習將引導你繪製自己的焦慮心智圖。工作單 6.4 是依據焦慮心理的四個組成部分。想想你記錄在之前工作單上的問題性焦慮經驗。根據這些經驗，回答工作單上的六個問題，以建立一份你個人的焦慮心理檔案。
>
> 　　如果你進行這項練習時遇到任何困難，試試看以下建議。
>
> - 請參閱你在前面章節中完成的工作單。尤其是工作單 4.1、4.2 和 4.5，這三份工作單聚焦在與嚴重焦慮發生期間相關的觸發物和焦慮想法。
> - 請參閱你在第四章（工作單 4.6）中填寫的焦慮症狀檔案。你在第二個方塊的「焦慮思維」中填寫了什麼呢？
> - 考慮當焦慮程度較輕且情緒經驗相當正常時（請參閱工作單 3.3），你是如何思考的，以及如果你的想法更極端，這是否可能轉變成問題性焦慮。你可以看出當你的焦慮是輕微的，與焦慮變成你生活中的問題，這兩者帶來的威脅、脆弱和安全感對你有何差異嗎？

　　建構你的焦慮心智圖是重要的一步，可以幫助你改變對於讓你高度焦慮的事物的想法。它將會是你的指引，替之後的章節提供了使用認知治療策略的逐步方法。完成工作單 6.1 到 6.3 後，你將發現建構心智圖變得更加容易。此外，也建議你參考我們提供的焦慮心智圖範例，它是根據一名年輕女性娜迪亞的經驗，她患有嚴重的健康焦慮症，導致劇烈的個人痛苦並干擾了她的日常生活。

娜迪亞的焦慮心智圖（參照工作單 6.4）

1. **簡短描述你主要的焦慮擔憂**：<u>我可能患有會嚴重威脅生命的疾病，像是癌症，只是沒有被察覺。</u>

2. **列出引發焦慮擔憂的情況、生理感覺、想法與記憶**：<u>無法解釋的疼痛、皮膚紅疹或痤瘡，出現不常見的粉刺、腹部抽筋。</u>

3. **描述你如何高估威脅的可能性和嚴重度**：<u>我立刻想到它可能癌症或癌症的最初跡象；我傾向認為癌症相當常見，因為我認識幾位在做癌症治療的朋友；我也傾向假設它將會是末期，而我會被告知將不久於人世。</u>

4. **描述當你處理這個威脅時，認為自己是多麼無助**：<u>嗯，如果你罹患癌症，你能怎麼辦呢？你會全然無助；你無法阻止它、最小化它或使其消失；你完全是此疾病的受害者。</u>

5. **列出存在於你焦慮思考中的錯誤**：<u>災難化、妄下結論，還有隧道視野（根據那些症狀，我只看見疾病，而看不到其他可能性）。</u>

6. **描述你正忽略或最小化的安全資訊**：<u>我忽略了所有這些症狀都是非常常見的事實，而且它們大部分根本不是什麼疾病的跡象；它們會自動消失。我忘記自己有這些症狀好多年了，儘管進行過多項醫學檢查，我從來沒有被診斷為癌症。即使我罹患癌症，它很可能是可以治療的，所以在接下來的幾年裡我還是可以過著相當正常的生活。</u>

矯正焦慮想法：檢驗證據

憂慮是焦慮的核心，因此，改變你對威脅的想法是焦慮認知行為治療中的一個重要部分。認知行為治療中最強大的焦慮減少介入策略為證據蒐集（evidence gathering），這是指你對焦慮進行調查。如果焦慮問題是來自我

們誇大了威脅自身福祉的可能性和嚴重度，那麼發現更符合現實和更可能的結果將減輕焦慮。舉例來說，如果你恐慌發作，有什麼證據顯示你的心悸將導致心臟病發作呢？如果你有社交焦慮，有什麼證據表明你讓別人感到尷尬呢？

從偵探的角度去質疑你焦慮的想法和信念是極其困難的。大多數人會被情緒所困，而拋棄了他們的推理技巧。證據蒐集是一項重要的介入策略，認知行為治療利用它去矯正關於威脅和危險的誇大想法，這些想法會導致焦慮問題。

以安琪拉為例，她對於死亡有侵入性的焦慮想法。無論何時，只要她腦袋浮出這些想法，她就會向丈夫尋求保證，確保自己身體健康、沒有重病。這些想法導致如此多的焦慮，安琪拉開始相信自己也許註定早逝，沒有原因卻如此專注於死亡，可能是個不好的預兆。她知道自己的想法不合邏輯，但這樣似乎無法讓她感覺好一點。每次當她出現「死亡想法」時，她就愈來愈焦慮。

安琪拉的治療師要求她蒐集支持和反對「思考死亡會使死亡更可能發生」這一信念的證據。針對你的焦慮想法，你也可以使用相同的練習介入。遵循下一個練習活動的說明，訓練自己蒐集證據的方法。這是將你的焦慮心理從強調個人的威脅和脆弱，轉變為更重視安全和處理焦慮擔憂的能力的第一步。

> **介入練習：開始進行認知調查**
>
> 　　證據蒐集是認知行為治療的核心，所以請影印多份證據蒐集表單（工作單 6.5）。你會想在不同的焦慮發生期間頻繁地進行這項練習。當你不感覺焦慮時，先從完成工作單開始。這樣較容易對焦慮經驗採取更平衡的觀點。如果你在嚴重焦慮時嘗試蒐集證據，你會難以找到反對自己焦慮想法的證據。

💡 TIPS ｜尋找證據

　　根據我們治療過上百位焦慮患者的臨床經驗，大多數的人在證據蒐集介入方面都會遇到困難。他們可能很難想出證據來反駁對於威脅的誇大想法。即使他們可以想出自己的焦慮想法是不切實際的理由，他們也許仍然難以說服自己，或者整個練習令他們感覺過於學術和乏味。如果你不認為證據蒐集有所幫助，我們建議以下指引。

- ✓ 確定你正在測試的焦慮想法是焦慮擔憂的核心。如果不確定，請回顧你列於工作單 4.2 和 6.2 與威脅相關的想法。同時，檢視你記錄在症狀自我監控表（工作單 4.5）中的焦慮想法，以及列在焦慮心智圖（工作單 6.4）的焦慮想法。
- ✓ 支持和反對焦慮想法的證據，將說明你對與自身焦慮問題相關的威脅的可能性和嚴重度的預測為何。支持的證據會強化最壞的結果很可能發生的信念；而反對的證據則會支持較不嚴重的結果更有可能發生。

> ✓ 當你經歷問題性焦慮時，問問自己：「有什麼證據顯示我誇大了情況的可能性和嚴重度並低估了我的調適能力，或者我忽略了情況中的安全因素呢？」
> ✓ 不要期望你會被說服而放棄認為最壞的情況可能發生的焦慮想法。相反地，使用證據蒐集來開始推動你的心智遠離可怕的威脅，並更重視適應生活困難的安全感和自己的內在力量。

證據蒐集對於大部分的焦慮問題來說都是有效的介入，但你需要大量練習才能熟練地使用它來矯正你的焦慮思維，尤其當你正處於嚴重焦慮的痛苦之中時。大部分的人都不會被反對自己焦慮思維的證據所說服。如果你發現證據蒐集完後，自己仍然感到焦慮，千萬不要放棄。請參考傑莫證據蒐集的方法。

如果你檢視傑莫的範例，你將會看到反駁他焦慮想法的證據是根據他真實生活的經驗，而不是一廂情願的想法或抽象的論點。此外，這種「反對」的證據並沒有消除焦慮想法。顯然，傑莫在學習上遇到了困難。然而，證據顯示他誇大了威脅；他認為自己的學習能力比實際情況差很多。因此加重了他的焦慮，反過來導致進一步在專注力和記憶方面的衰退。證據蒐集達成了兩件事：

◆ 它揭露你如何誇大了威脅。經由證據蒐集，你將注意到傑莫重新把記不住任何事情的機率調整為低度可能（25%）。他明白更符合現實的結果為「沒有記住如他所想的那麼多」。相較於記不住任何事情，這種威脅的嚴重度減少許多（20%）。

◆ 它開始了尋找一種不那麼焦慮的替代方式,去思考你的焦慮問題的過程。

傑莫的證據蒐集表單(參照工作單 6.5)

寫下你正在檢驗的關於威脅或危險的想法:<u>我讀不進去 LSAT 的內容,因為我無法專心或記住任何東西。</u>

焦慮症狀	知覺到的後果
1. 我過去幾週都沒有讀書。 (最糟結果的證據)	1. 當我最終拿出書籍並閱讀幾頁內容後,我很驚訝地發現,當我不嘗試記住這些內容時,我也能讀進去幾頁。 (反駁最糟結果的證據)
2. 當我試圖努力讀書時,我變得非常焦慮。 (最糟結果的證據)	2. 當我回想過去讀的時候,每次我測試自己,我答對的問題都比答錯的多。這就代表我記得的資訊比我認為的更多。 (反駁最糟結果的證據)
3. 即使當我不怎麼焦慮時,我也只能讀二十分鐘。 (最糟結果的證據)	3. 我記得大學時,我可以在考前臨時抱佛腳,並在短時間內記住大量內容與資訊。 (反駁最糟結果的證據)
4. 每次讀完書進行自我測驗時,即使只是一小部分的內容,我還是答錯太多。 (最糟結果的證據)	4. 我可以更專心地研讀 LSAT,只要我維持讀二十分鐘就休息一下的策略。 (反駁最糟結果的證據)
5. 每次我打開 LSAT 的書籍時,我都會感到焦慮。 (最糟結果的證據)	5. 即使我在感覺高度焦慮時一邊讀書,也不代表我絕對記不住任何內容。 (反駁最糟結果的證據)

只根據蒐集的證據(而不是你的感覺),評估威脅將會發生的可能性,從 0%(不會發生)到 100%(一定會發生):<u>25</u> %

只根據蒐集到的證據(而不是你的感覺),評估最可能發生的結果的嚴重度,從 0%(完全不嚴重)到 100%(我能想到最嚴重的程度):<u>20</u> %

摘自大衛・A・克拉克和亞倫・T・貝克的《Cognitive Therapy of Anxiety Disorders》(第 228 頁)。The Guilford Press 版權所有 2010。經許可改編。

矯正焦慮思維：考慮後果

長期看來，那些與焦慮奮戰的人往往會採取一些反應方式，從而加劇他們的焦慮。他們開始相信擔憂、避免、尋求保證，及其他相似方法是處理焦慮的唯一方式。或者他們接受了自己對於威脅和危險的誇大信念，認為這是看待情況的唯一方式。有個人每當感到無預警的胸痛時就會自動想到心臟病發作；另一個人不斷擔心家庭的財務狀況。這種對「焦慮心態（anxious mindset）」的投資可以使用另一種稱為成本效益分析（cost–benefit analysis）的認知行為治療策略來評估。這種介入是關注於焦慮思維的後果。如果證據蒐集練習沒有使你相信你對威脅的焦慮思維是扭曲的，你仍然可能得出焦慮思考是不值得的結論；即任何益處都超過成本。

如果你長期生活在焦慮之中，你看待自己和世界的焦慮方式可能已經成為你生活中根深蒂固的一部分，而且你可能已經忘記了它所付出的代價。進行成本效益分析是一種強大的方法，可以提高你矯正這種錯誤思考的決心。提醒自己繼續聆聽關於威脅和危險的誇大想法與信念所付出的沉重代價，將有助於削弱你在「假設最壞情況」方面的投資。

介入練習：進行心理審計

這項練習活動提供了對你的焦慮心理進行成本效益審計的指導。當你焦慮時，使用成本效益分析表單（工作單 6.6），把繼續接受自己如何看待威脅的優點（效益）和缺點（成本）列於其上。遵循指示完成此工作單。當你列完幾種焦慮思考的優缺點後，請深入思考你列出的成本，以便當你感到焦慮時，它們可以輕易浮現在你的腦海中。

> **💡 TIPS ｜更關注後果**
>
> 　　如果成本效益審計不能幫助你減少焦慮想法，考慮將其與證據蒐集練習整合在一起。重要的是不要將成本效益分析視為一種理智練習，而是要深入反思誇大威脅的缺點；重要的是從情感上而不只是理智上去感受這些缺點。為了達到這種效果，你必須花時間在你的成本效益表單上面。當你想到焦慮思考的新缺點時，將它們加入表單，並經常回顧這張工作單。
>
> 　　隨身攜帶你的成本效益清單（工作單6.6），當你經歷焦慮時就可將其重讀一遍。提醒自己：「我可以選擇思考關於未來威脅的可能性和最糟糕的結果，或者我可以選擇思考較不具威脅性的替代想法。」我傾向關注最壞的可能性對我來說是否有用，還是會帶來很多負面影響呢？總是假設最糟、最具威脅性或最危險的代價是什麼呢？

　　想想艾瑪，一名四十三歲的公職人員，她長期患有廣泛性焦慮。艾瑪擔憂許多事情，但是她最棘手的焦慮擔憂是在財務方面。關於金錢有許多事情讓她焦慮，不過最大的擔憂之一是沒有足夠的儲蓄來應對無法預期的緊急情況。更具體來說，她時常會想：「我沒有足夠的錢來保護自己面對一些未來的財務災難。」回顧艾瑪的成本效益表單，並檢視與她儲蓄有關的焦慮思考的優缺點。儘管擔心儲蓄並非完全不重要，但從艾瑪的成本效益分析中可以明顯看出，她的焦慮思考使她的生活品質付出了巨大的代價。她圈選的缺點，包括更焦慮、睡更少、與伴侶發生衝突和無法專心養育子女，在在都剝奪了她的幸福與成就感。審計結果顯示艾瑪需要改變自己對於儲蓄的看法。

艾瑪的成本效益分析（參照工作單 6.6）

簡短陳述焦慮想法或信念：<u>我沒有足夠的儲蓄可以保護自己免於未來的財務災難。</u>

立即和長期效益	立即和長期成本
1. 這迫使我每個月都存錢，所以我的投資正慢慢成長。	1. 愈是去想儲蓄不夠，我就愈感到焦慮和緊張。它幾乎可以毀了我的一天。
2. 因為我擔心儲蓄，所以我會更密切地注意我的花費。	2. 一旦我開始擔心存的錢是否足夠，我似乎就停不下來；我滿腦子都是這件事。
3. 我為承受經濟損失做了更好的準備。	3. 由於擔心我的投資，我睡不好。
4. 如果我不幸失業，我失去房子或破產的可能性較小。	4. 我的生活鮮少樂趣，因為我總是擔心財務問題。
5. 當我儲蓄時，我的自我感覺會較好。	5. 由於害怕花錢，我時常剝奪自己生活中的小樂趣。
6.	6. 我和我的伴侶在存錢和花錢的議題上發生激烈爭執；她威脅說要離開我。
7.	7. 因為我太專注於財務，所以和我的孩子感到疏遠和不親密。
8.	8. 我每晚都付出漫長且令人沮喪的時間在監控我的投資上面。

摘自大衛．A．克拉克和亞倫．T．貝克的《Cognitive Therapy of Anxiety Disorders》（第 228 頁）。The Guilford Press 版權所有 2010。經許可改編。

矯正焦慮想法：意識到認知錯誤

表 6.2（126 頁）介紹過認知錯誤。這些錯誤在維持焦慮心理和加劇焦慮問題的強度上尤其重要。但你不必成為認知錯誤的奴隸！毫無疑問，當思考生活中的其他問題時，你會發現自己犯了這些錯誤。你是否曾注意過

當你發現自己妄下結論，或出現其他認知錯誤時，自己做了什麼嗎？你會自動矯正你的想法，可能是告訴自己要耐心等待，看看到底會發生什麼事。針對焦慮的認知行為治療，治療師努力幫助人們更意識到自己的認知錯誤。這是認知行為治療師用來矯正導致焦慮問題的焦慮想法與信念的另一種介入策略。

介入練習：認知錯誤察覺

這項練習的焦點是在提升你對認知錯誤的覺察，這些認知錯誤會在不知不覺間影響你在嚴重焦慮時如何看待威脅、無助和安全。根據表 6.2「焦慮中的認知錯誤」，回顧你記錄的焦慮想法，並寫下每個焦慮想法中明顯的認知錯誤。之後的幾週內，更努力覺察到自己的焦慮思考錯誤。無論何時，當你感到焦慮時，停下來問問自己：「我現在正在想什麼？」、「我此刻的想法有什麼錯誤嗎？」、「我是否出現災難化、妄下結論、隧道視野、情緒化推理或全有全無的想法呢？」在一張白紙上，寫下每次焦慮發作期間出現的常見思考錯誤的一些例子。只要幾天，你應該可以蒐集到許多焦慮思考錯誤範例。然後，每當你感到焦慮時，你就能留意這些錯誤。

> **💡 TIPS │ 提高你對思考錯誤的敏感度**
>
> 　　看見他人的思考錯誤比看見自己的容易許多。對於認知行為治療師而言也是如此！提高對認知錯誤認識的一個好方法是先找出朋友和家人思考中的認知錯誤。一旦你這樣做幾次之後，試著在不焦慮的時候察覺自己的錯誤，最後才在當你焦慮發作時去辨識出認知錯誤。你可以詢問瞭解你的焦慮的伴侶或親密朋友，幫助你辨識出你的焦慮想法中的錯誤。當然，如果你正在接受治療，你將和你的治療師一同練習此技巧。

　　傑莫注意到他針對焦慮想法蒐集到的證據，如「當我讀書時，我正失去專注力；我無法理解任何東西」，其實充滿了認知錯誤。當他因為讀書而感到焦慮時，隧道視野（他只聚焦在自己不懂的，而忽略了他瞭解的內容）、情緒化推理（因為他感到焦慮，他假設自己必定無法專心），以及全有全無思考（當我讀書時，如果我無法記住所有事情，那麼我一定喪失了專注力）就會開始佔據他的腦袋。

矯正焦慮思維：發現替代性觀點

　　在先前的練習中，在先前的練習中，你發現了對自己或重要他人受到威脅的可能性和嚴重性的誇大預測會如何產生焦慮問題。儘管有相反的證據、諸多缺點和多項認知錯誤，但你的焦慮思維還是在你意識到之前就開始運作了。也許這種情況已經發生了很長時間，所以你不確定如何以不同的方式去思考你的焦慮擔憂。

以愛麗絲與承諾奮戰的經驗為例。當她開始要進入一段認真的感情時，她就覺得焦慮達到了難以忍受的程度。唯一的解決辦法就是離開那段關係，最終她只能反覆這麼做。多樣焦慮的想法導致她的關係焦慮，包括「萬一這個人不適合我怎麼辦；萬一出現更好的人怎麼辦？萬一我陷入一段毀了我人生的關係怎麼辦？或是我怎麼知道我真的愛上了此人？」愛麗絲明白大多數人都會做出長期承諾，因此，他們一定是以不同的方式來看待一段關係。她在治療中發現，人們接受承諾的風險，因為它不可能完全被消滅，因此而產生的替代性想法是這樣的：

「我們無法預知未來，而地球上存在著七十八億人口，很有可能有好幾個人能夠成為更好的伴侶。不過我們怎麼會知道呢？愛一個人是有風險的，因為我可能會受到傷害。我相當確定我的伴侶愛我，但我也有懷疑的時候。如果我不能冒險去承諾，那就意味著我必須獨自生活並與他人疏遠，對我來說，這聽起來非常令人沮喪。」

當你考量愛麗絲的兩難時，哪種對於承諾的思考方式能夠降低焦慮呢？是想著承諾有風險，可能會毀了你的人生，而且你必須確定自己正在做正確的決定；還是換一種方式，想著所有關係承諾都存在著某種程度的風險，我們無法預測未來，以及我們只能做出目前看來是好的決定呢？如果未來出現關係上的問題，我們也有其他選擇。

毫無疑問地，你會同意第二種思考方式與降低焦慮有關。但請注意，這並不是一種毫無焦慮的承諾觀。思考替代性想法，對另一個人做出承諾，你仍然會感到一些焦慮，因為這牽涉到很多事情。然而，焦慮在這裡較不強烈且更能忍受。這不正是大多數進入一段長期親密關係的方式嗎？我們如何思考決定了我們焦慮的強度和我們如何調適它的方式。

以不同觀點看待事物的一個問題是無法想出替代性解釋。如果你在想

出不同的替代方案上遇到困難，請考慮以下問題：

- 那些感覺不那麼焦慮的人在經歷你的焦慮擔憂時會如何理解呢？他們怎麼看待自己的擔憂呢？
- 相較於你更極端、災難化的思考方式，什麼是更有可能、更接近現實的替代性思考方式呢？
- 該替代性情況是否介於你的理想結果和災難性、最糟情況之間呢？
- 如果發生替代性情況，你能調適的比焦慮的災難性結果更好嗎？

另一個問題是相信替代性想法。你或許可以想出一種較健康的觀點，但你似乎無法讓自己相信它，尤其是當你感到高度焦慮的時候。在我們討論信念問題之前，讓我們試著尋找一種替代性的、不那麼焦慮的方式來思考與你的焦慮問題相關的擔憂。

介入練習：產生替代性觀點

步驟一：我在想什麼

從工作單 6.7 開始，辨識出當你感到與焦慮問題相關的痛苦時，會自動進入你腦袋中的威脅性想法。這可以是你記錄在之前工作單上的焦慮想法。接下來，發揮創意以一種替代性的、不那麼焦慮的方式來思考導致你感到焦慮的情況或議題。當你努力建構較不焦慮的替代性思考方式時，請問問自己以下問題。

- 在我有焦慮問題之前，我是如何理解焦慮擔憂或解釋會引發焦慮的情況呢？
- 其他沒有嚴重焦慮的人是如何思考引發我的焦慮問題的焦慮擔憂或事物呢？
- 完全根據證據，與焦慮相關情況最有可能的解釋或結果是什麼呢？
- 當我感覺平靜和理性時，我會如何看待焦慮擔憂或其觸發因素？

步驟二：相信替代性觀點

這項練習的第二部分著重在決定替代性觀點是否可信。首先，考量你的經驗證據或你能想到的任何理由，去思考替代性觀點是一種理解你的焦慮擔憂的可接受方式。接著，找出任何導致你懷疑替代性觀點的可信度的原因或證據。替你的焦慮擔憂產生一種替代性解釋之後，無論何時，當你開始感覺焦慮，請嘗試應用此更符合現實的解釋。持續從你的日常經驗中蒐集證據，以強化你對替代性觀點的信念。

💡 TIPS ｜產生替代性觀點的額外建議

在我們的經驗裡，大部分人要針對自身焦慮問題去產出一種不同、較少威脅性的觀點都會遇到很大的困難。往往需要從治療師那裡得到大量協助。因此，如果你發現這個介入很困難，不要氣餒。這種情況在初期階段的認知行為治療過程中經常發生。但是透過練習，我們發現人們可以學會以較不具威脅性的方式進行思考。我們列出額外的策略，你可以使用它們來增強自己思考焦慮的能力，以發現另一種替代性且更合理的觀點。

- ✓ 嘗試對你的焦慮擔憂採取一種客觀、科學的觀點。不要嘗試得出一個你已經相信或接受的觀點，反之，採取一種旁觀者，像是一名治療師的態度，以一種更可能、較不情緒化和更符合現實的方式去解釋情況。
- ✓ 想像該焦慮擔憂或情況是發生在一名朋友或同事身上。你會如何建議那位朋友用什麼方式去思考自己的焦慮呢？
- ✓ 你也可以問問你的親密朋友、家人或伴侶，他們是如何看待令你焦慮的情況。採取他們不焦慮的思考方式作為你的替代性觀點，並且努力蒐集支持那種觀點的證據或理由。
- ✓ 如果你正在接受治療，讓你學習接受替代性觀點將是你的認知行為治療師的主要焦點目標。

發現一種替代性、較少威脅的方式去思考你的焦慮擔憂是困難的，因為我們一旦開始想到威脅和危險，就很難用其他任何方式去看待焦慮。如果這是你的情況，請參考茱蒂替代性思維的範例。茱蒂患有一種特定場所畏懼症（agoraphobic anxiety），由於害怕受到他人的身體傷害，她避免前往公共場所。她的焦慮心理假設公共場所應該要避開，因為人們很危險，而且不值得信任。如果她冒險進入這些場所，她相信她是把自己置於危險之中。另一方面，她的焦慮不是由公共場所（例如擁擠的商場）中的危險人物所引起的，而是由於她認知上錯誤地認為相對安全的東西是危險的。你可以從茱蒂表單中看見，她列出的證據更支持替代性的觀點，而不是焦慮的觀點。

學習用更現實、更少焦慮的替代性想法來對抗你的焦慮思維需要練習。這與智力或創造力無關。所有人都發現要「否決」自己的焦慮心理，並從不同的角度去看待他們的擔憂是很困難的一件事。因此，給你自己一些時間，反覆練習產生替代性想法。每次經歷你的焦慮問題時，可以問問自己：

- ◆ 我思考這個情況的方式會如何令我更焦慮？
- ◆ 我如何思考這個情況可以讓我感覺較不焦慮呢？

此外，即使感覺像是一項智力練習，你也必須不斷產生這些替代性想法。最初，你會覺得它們難以相信，但是你愈努力蒐集支持替代性想法的證據／理由，你對它們的接受度就會愈強烈。

茱蒂的替代性觀點表（參照工作單 6.7）

焦慮思考

寫下一種與你的焦慮問題有關的威脅性想法、預測或解釋。這種焦慮想法是更極端，甚至是災難化的最糟結果預測，當你想到它時就會感到高度焦慮。<u>人們不可信任；他們具威脅性並有能力造成傷害，所以最好在我失控前就離開。</u>

替代性思考

簡短描述一種與上述結果相關的替代性預測。這將是一種思考可能結果的方式，如果發生的話，這種方式不會那麼極端，更符合現實，也更容易管理。這種替代性想法仍然讓人討厭，但它造成的焦慮較少。<u>為了在這個世界上生活，我們別無選擇，只能假設人們是非暴力的，除非有證據證實相反的答案。我在人群中的焦慮是來自我不斷地尋找威脅和無法識別安全線索的存在。我可以讓焦慮自行減少。</u>

相信替代性觀點的證據／理由	懷疑替代性觀點的證據／理由
1. 我從來沒有成為公共場所隨機暴力行為的受害者。因此，我的焦慮一定是因為想到它的危險，而非存在真實的危險。	1. 無論何時，只要我在公共場所，我就會感到焦慮。所以一定有事情不對勁。這是我的身體正在告訴我要離開，這裡不安全。
2. 直到最近幾年，我才開始對周圍的人感到焦慮。以前我一定信任人們，並假設他們都不具威脅性。當我不把人們想成具威脅性時，我在他們身邊不會感到焦慮。	2. 一旦我離開一個公共場所，焦慮就立刻減少。這就告訴我，我做了正確的事情。
3. 我的朋友、家人、同事在擁擠的公共場所都不會感到焦慮，因為他們認為在公共場所中安全多於危險；我的想法恰恰相反，所以我在別人身旁時總是感到焦慮。	3. 壞事會發生在人們最意想不到的時候。我們不時都會聽到隨機暴力行為的新聞。

相信替代性觀點的證據／理由	懷疑替代性觀點的證據／理由
4. 我的自我控制能力比我想像的還要強。即使在高度焦慮的時候，我也從未失控或引起別人的注意。	4. 當我高度焦慮時，我會感覺失控。我擔心人們會注意到我有問題，然後感到受到我的威脅。
5. 我注意到，我在公共場所是否會感到高度焦慮，取決於我對這個地方的想法，而不是任何客觀的危險跡象。	5.
6. 當我待在公共場所並讓焦慮感自然消退時，一切都很順利。我不會因為在公共場所感到焦慮而讓自己面臨更大的風險。	6.

下一章節

　　焦慮心理對焦慮問題的產生有重大的貢獻。它透過讓我們誤解威脅、相信自己是無助且無法調適的、犯下認知錯誤和低估安全的存在來放大焦慮症狀。這種焦慮的思考方式可以描繪在「焦慮心智圖」中，它會指引你的治療方向。在此章節中，你也瞭解了認知行為治療在減少焦慮方面最有效的認知介入策略——證據蒐集、成本效益分析、辨識認知錯誤和產生替代性想法。透過練習，你將熟練這些認知技巧，並開始看到你經歷問題性焦慮的方式發生了變化。

　　然而，認知改變不足以達到你最期望的焦慮減輕程度。行為改變也是焦慮認知行為治療中的一個關鍵治療組成，因此，行為改變將是我們下一章節的主題。

7
控制焦慮行為

　　當焦慮主宰了你的生活，你可能會覺得自己缺乏勇氣，但事實並非如此。毫無疑問地，你可以想到一些家人、朋友或鄰居在面對困難情況，如威脅生命的疾病、失業、摯愛的人死亡、無預期的財物損失或破碎的關係等等，仍然展現出勇氣。要在這個充滿挑戰且不確定的世界中生存需要勇氣。但勇氣並不是只有在面對外在問題時才會表現出來，面對內在問題並做出個人改變以提高生活的滿意度也需要勇氣。

　　你也是如此，可以拿出力量和勇氣來行動。你和你認為勇敢的人之間的唯一區別是，焦慮讓你很難認識到自己的勇氣，也很難記住過去的自己是如何面對問題和挑戰的。你曾經擁有的勇氣似乎莫名其妙地消失了。然而，真相是你仍然保有勇氣。這個章節將幫助你重新發現你的勇氣，並將其用於你對抗焦慮問題的努力上面。

　　即使是那些看起來比你英勇許多的人也會遭遇明顯的「喪失勇氣」，然後又重新找回勇氣的過程，正如下面的故事所描述的一樣。傑洛德是一名三十二歲，身高一百八十八公分，體重九十九公斤的作戰士兵，他有著頂尖的體能狀態，剛從阿富汗南部完成第二次的任務回來，他經常在危險的村莊中徒步巡邏、參與遭受敵人火力攻擊的車隊，並且與塔利班多次交火。他一再遭遇危險，有一次還在猛烈的炮火下將一名受傷的士兵拉到安全的地方。

然而，當他回到家，傑洛德的堅強和韌性似乎拋棄了他。在幾個月內，他變得非常煩躁、暴躁和焦慮，他的生活開始崩潰。大部分的日子裡，他都感覺反胃，加上某件壞事就快發生的感覺排山倒海地向他襲來。他的焦慮在周圍有他人時似乎特別嚴重，所以他開始避免社交；人潮擁擠的地方對他而言尤其困難，所以他選擇獨自待在家中。當他冒險前往公共場所時，他害怕自己的情緒和行為會失控。他變得非常依賴他的伴侶，不想做任何決定或主動進行家務。隨著時間的推移，他對生活及未來感到更加憂鬱、悲觀和絕望。從一位英勇、韌性十足的士兵轉變為一個孤單、恐懼、畏縮在地下室以逃避他人的父親，兩者之間的落差竟是如此戲劇化！

傑洛德的家人花了幾個月的時間說服他同意焦慮和憂鬱已經支配了他，而且他需要協助。一開始，他不明白尋求幫助本身就是一件勇敢的事，直到他使用了系統性行為改變計畫後，他才發現自己可以再次面對恐懼和焦慮。跟傑洛德一樣，你可能忘了自己曾經勇敢，能夠面對生活中的困難與不確定。但你可以重新獲得勇氣去面對導致你情緒困擾的原因。焦慮無法消滅勇氣；它可以隱藏或壓倒它，但是無法消滅它。

在第四章，我們向你介紹了焦慮的基本認知行為治療模式（工作單4.6）。它包含三個部分：觸發因素、焦慮思維和行為症狀。第六章聚焦於焦慮思維，並且介紹了可以轉換焦慮心理的治療策略。在此章節中，我們要介紹基本模式的第三個部分，即行為症狀。你將學到幾種會增加焦慮的行為方式，以及改變你如何處理焦慮問題的介入策略。請記住重要的一點：第六章和第七章是相輔相成的。你需要改變認知和行為才能真正減少恐懼、焦慮和擔憂。當你一邊進行本章的練習時，也要不時回顧一下你在第六章做過的練習。這兩章中的策略可以一起用來解決所有類型的焦慮問題。讓我們從勇氣開始，因為你需要它去做出本章所描述的改變。

勇氣的行動

你可能已經在難以忍受的焦慮中苦苦掙扎太久了，以至於你多年來都沒有想到勇氣。你看不到自己有勇氣，並不代表勇氣就從你的生活中消失了。相反地，焦慮感覺像是濃霧一般。你可能會因為濃霧而無法看見地面，但它仍然在你的腳下。對平凡的事物感到焦慮並不代表你沒有勇氣。你最後一次堅持某件事或採取需要力量、決心和接受某些風險的行動方針是什麼時候？也許是與某人對質一個你知道會很困難的問題；做出一個你知道會帶來一些困難和不確定性的良心決定；或者面臨一個似乎無法克服的困難局面。生命總是會帶給我們意想不到的挑戰，無論是搬去一個不熟悉的城市、開始一份新工作或學校計畫、面對嚴重疾病、失去工作、結束一段親密關係、教養困難或叛逆的孩子，或是伴侶會濫用藥物或酒精。

評估練習：謹記勇氣

重新發現勇氣始於回想起過去你展現出某種程度的力量和勇氣的時刻；始於注意到最近你的生命中遇到困難且不確定的情況或情境的經驗。其中一些可能是重大的生活事件，像是失去摯愛的人；一些或許是不嚴重的事情，如當你感到特別焦慮時在會議上發言。接下來想想你如何展現出力量和決心去處理這些困難。思考你做了什麼去調適那個情境，並填寫在工作單 7.1 上。當你面對這些困難的時刻是如何鼓勵自己度過的呢？在這些情況下你表現出十足的勇氣。

> **💡 TIPS｜認出勇氣**
>
> 如果你對寫下本身勇氣的實例感到不自在，請記住，除了你之外，沒有人需要看到此清單。如果你真的想不出自己曾經勇敢過，嘗試詢問親密友人、伴侶、父母或家人，看看他們是否可以想到任何你展現出堅強和足智多謀等特質的經驗。

你列在工作單 7.1 的回應代表我們在第一章中介紹的適應模式。這是指我們思考、行動和感受的方式，這些方式可以豐富我們的生活並增強自尊。在復原取向認知行為治療中，我們將這些時刻稱為「處於自己的最佳狀態並勇敢行動」，這是適應模式運作的典型例子。如果你以工作單 7.1 為例，接受癌症診斷、獲得關於乳癌治療和預後的知識，然後轉向更當前的治療焦點上是基於勇氣的調適策略。檢視你填寫在工作單 7.1 的內容，你使用過哪些基於勇氣的策略可以幫助你處理引發焦慮問題的情況呢？當你學習本章時，把工作單 7.1 放在身邊，提醒自己勇氣是適應模式的一部分。我們的目標是幫助你利用你的適應模式，然後勇敢地面對你的焦慮問題。

自我保護：應對焦慮的方法

自我保護模式包含了一個類似危險預警的系統[27]。它偵測危險或威脅，然後動員反應去消除威脅。這些反應是焦慮、恐懼和擔憂的基礎，當它們誇大威脅和絕望，並依賴無助（適應不良）的調適策略時，它們就會變得有問題。圖 7.1 描繪自我保護模式導致了焦慮升級。在第六章中，我們解釋了焦慮心理是如何運作（圖 7.1 的左側）；而在這一章，我們深入研究導致焦

慮問題的焦慮行為的各個面向（圖 7.1 的右側）。

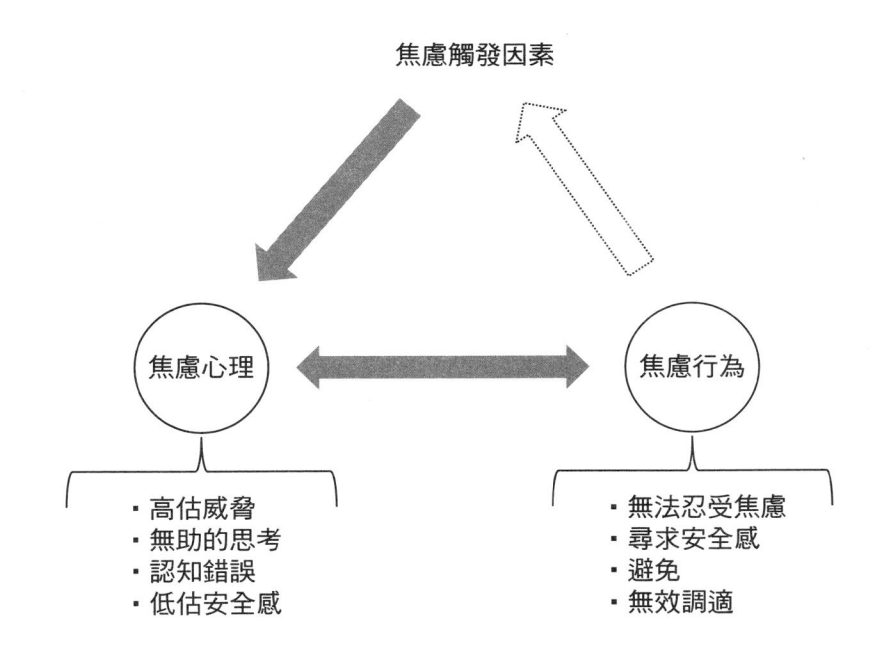

焦慮觸發因素

```
                焦慮觸發因素
                      │
                      ▼
         ┌─────────┐         ┌─────────┐
         │ 焦慮心理 │ ◄─────► │ 焦慮行為 │
         └─────────┘         └─────────┘
              │                   │
         ・高估威脅           ・無法忍受焦慮
         ・無助的思考         ・尋求安全感
         ・認知錯誤           ・避免
         ・低估安全感         ・無效調適
```

圖 7.1　以問題性焦慮為特徵的自我保護模式

　　思考一下自我保護模式如何解釋傑洛德的焦慮問題。他的一個觸發因素是身處在公共場所中，像是大型商場或電影院。當他暴露於一個公共場所時，首先，他的焦慮心理會開始運作。他高估了威脅，想著周圍的人們會對他的生理健康構成威脅。他認為自己是軟弱的，且無法在公開場合處理自己的情緒感受。他的思考過程充滿了認知錯誤，像是妄下結論、情緒化推理和災難化。他無法更現實地評估公共環境，因為他沒有注意到周圍許多的安全提示。一旦他的焦慮心裡被完全活化，傑洛德就會快速地決定離開公共場所。他深信這種焦慮令他難以承受。他可能會嘗試某些調適策略，如控制呼吸、分析自己的感覺或讓自己分心，但是沒有一項有用，所以他只

能離開。這種類型的焦慮行為將增強他的焦慮心理（例如：我離開是件好事；我正失去控制、我無法適應處在人群之中），甚至使他對於焦慮的觸發因素更加敏感。

評估練習：你如何自我保護

毫無疑問地，自我保護在你的焦慮問題中扮演了一個角色。工作單7.2著重在當你的焦慮問題被引發時，你會如何反應。離開一種情況或完全避免它可能是你最明顯的自我保護反應，但試著更全面地去思考你嘗試過、用來處理威脅（會讓自己感到焦慮）的所有方式。透過回顧你之前工作單上所寫的內容，從記錄會引發你的問題性焦慮的情況開始。接著描述你一般通常會如何應對這些焦慮引發的情況。使用你在無效調適檢核表（工作單4.3）上的評分作為你在感到嚴重焦慮時的典型調適策略指南。工作單7.2的第一行以傑洛德的焦慮反應作為例子。

你注意過關於自己的自我保護反應嗎？你是否像傑洛德一樣，一開始會試圖忍受焦慮，但接著就放棄並逃到一個安全的地方呢？相同的自我保護反應是否在你面對各種情況時都會反覆出現呢？當我們思考自我保護模式的四個特徵時，請將工作單7.2放在手邊。隨著你學到更多關於嚴重焦慮的自我保護反應方式後，你可能會想要修改你的記錄。

無法忍受：「我不能忍受這種感覺」

如果你曾經好幾個月反覆經歷焦慮症狀，你對焦慮感到挫折且心煩是可以理解的。我們常聽到焦慮的人們驚呼：「我就是討厭這種感覺。我願意

做任何事情去擺脫它。只要我能夠再次感到正常。」隨著時間經過，每個人都會發展出關於焦慮經驗的某些想法或信念。他們往往會因為焦慮而陷入災難性的境地，從而發展出對焦慮本身的無法忍受。焦慮的經驗就變成了人們不惜一切代價試圖避免的威脅或危險。如果你具有高焦慮敏感度（第五章所討論的），這種情況就更可能發生。當焦慮變得無法忍受時，以下是人們的一些典型信念：

- 我無法忍受焦慮感。
- 如果我不能控制焦慮，它將導致更加糟糕的事情（導致心臟病發作、失去理智、完全失控等等）。
- 焦慮會持續下去，直到我停止它。
- 焦慮比生理疼痛、失望或失落更糟糕。
- 持續焦慮會傷害健康。
- 焦慮是你正在失去控制的徵兆。
- 保持平靜，且不要讓身體變得太過緊張和焦躁很重要。

另一組關於焦慮的重要信念稱為無法容忍不確定性（intolerance of uncertainty）。這表示對無法預期或無法控制的情況和事件出現負面反應的傾向[28]。這種無法容忍對焦慮尤其有害，因為不確定性是使我們感到焦慮的核心。我們對於可能發生在未來的壞事感到擔憂和焦慮，不確定它們是否會發生。對自己的健康感到焦慮就是一個好例子，顯示無法容忍不確定性會如何加速焦慮。你無法確定自己不會生病，所以你很難容忍不確定性。你可能會變得對自己的健康產生高度焦慮。你想知道自己會不會罹患癌症、會不會心臟病發作等等。以潔登為例，她對癌症有持續且過度的恐懼。儘

管做過多種醫學檢查，她也被告知身體很健康、沒有大礙，但無論何時，只要她感受到非預期的生理症狀，她就會瀏覽醫學網站。潔登想確定自己會不會罹患癌症。她的焦慮被無法容忍不確定性所驅動，而她深信把不確定性減到最低是很重要的事。

第三組與焦慮有關的信念是對新奇、陌生的不適。焦慮的人們通常討厭新的、非預期的或陌生的狀況。新奇被視為威脅。他們可能會相信自己的焦慮在陌生情況下將變得更糟糕；他們無法適應新奇的情境。他們可能會追求熟悉感，因為他們相信這樣更能預測和控制。待在無法預期和無法控制的狀況下對焦慮的人來說特別困難。

如果你相對無法忍受焦慮、不確定性和不熟悉感，那麼你將被驅使去保護自己。你更有可能會試圖迴避或逃避焦慮經驗。事實上，你可能會發現自己正在追求零焦慮。但萬一無法忍受焦慮是讓焦慮變成你生活中的一個問題的部分原因呢？它會把你的觀點轉變為自我保護模式，其中迴避和逃避成為最常見的辦法。如果你想知道無法忍受焦慮是否對你來說是個問題，請填寫關於焦慮量表的信念。

評估練習：關於焦慮的信念

使用此項練習去評估你的焦慮信念。工作單 7.3 提供了十七條關於焦慮、不確定性、他們的可控性和後果的信念陳述。根據你的嚴重焦慮經歷，替每條信念陳述的同意程度評估。記下似乎與你特別相關的信念陳述。如果你有在接受治療，你可以和治療師討論這些信念。

（續）

> 關於焦慮的信念量表是為了本書而發展出來的,所以並沒有所謂的最低標準分數(cutoff scores)。然而,如果你評分十條或以上的信念陳述為「同意」到「完全同意」,那麼你可能有無法忍受焦慮的問題。此外,請圈出「強烈同意」或「完全同意」的項目。當你要改變對焦慮的反應時,你也需要努力改變這些信念。

尋求安全

當焦慮持續侵入一個人的生活,造成巨大的個人痛苦時,人們自然會渴望相反的情緒狀態,追求感到平靜、放鬆和掌控。在治療過程中,我們時常聽到焦慮患者感嘆地說:「如果我能冷靜、放鬆或順其自然就好了。」這種對於平靜和舒適的渴望導致我們從事安全尋求的行為。

感到平靜、放鬆、安全和舒適的能力對於我們的生理和心理健康至關重要。但在引發問題性焦慮的情境中,尋求安全就存在著四個缺點:

1. 安全的線索在辨識上較威脅或危險的線索困難。
2. 因為專注在快速減少焦慮的目的,人們最先想到的事情往往是一種自欺欺人的安全尋求反應。
3. 它阻止了人們學到自己正在誇大威脅和危險。
4. 它增強了不健康的信念,即必須不計代價地消除風險。

安全尋求行為是任何企圖最小化或預防一個可怕結果的思考或行動方式。它也是一種重建舒適或平靜感,以及感到安全的嘗試。 [29,30]

最常見的安全尋求策略之一是當感到些微焦慮時就盡快離開當下情境。一般情況下，人們會逃到一個舒適的地方，例如自己的家，在那裡他們會體驗到快速的放鬆以及平靜和安全的感覺。離開一個讓你感到焦慮的情況的理由之一為偵測到可能的威脅線索較容易，但是識別出安全線索卻較困難。因此最終，你會誇大威脅並遺漏了安全的證明。[29]

讓我們以走進一個社交聚會為例。你可能會發現自己相當容易注意到其他人不接受你的線索，也許是有人對你皺眉或看了你一眼，然後立即與其他人繼續交談。要識別出人們接受你的線索就困難許多。你沒有意識到某人向你微笑，或是某人看著你表示邀請你進入一段對話。因為處理使你感覺舒適和安全的資訊較困難，你可能往往會依賴能快速降低焦慮的策略。如果是這樣，你將不會學到該情況並不如你所想的那麼具有威脅性。這種偏誤的想法意味著你將持續嘗試盡快最小化覺察到的風險。在不經意的情況下，你為尋求安全所做的努力將是導致焦慮問題持續的原因。

評估練習：你的安全尋求檔案

迴避和逃避是最常見的安全尋求行為，但是當感到不安全時，它們並不是我們唯一能使用的辦法。這項練習將幫助你確定更廣泛的策略，讓你感覺更安全和更舒適。工作單 7.4 列出多項經常用來重建平靜和安全感的認知與行為策略。回想一下，當你感到嚴重焦慮時，你是否從未、有時或經常採取這些策略。

檢視你圈選「常常使用」的項目。這些是你最常用於重建平靜狀態和安全感的調適反應。你知道感到安全和舒適與感到威脅和焦慮恰恰相反。如果你可以感覺更安全，你將感覺較少焦慮。但是尋求安全往往造成反效果。回顧你在無效調適檢核表（工作單4.3）上認為是「經常」或「總是」的項目，再看看是否與你在工作單7.4所圈出的安全尋求反應重疊。我們為了尋求安全所做的努力往往是無效的。他們也會把焦點從學習忍受焦慮轉換到逃離焦慮。最終，追求安全變成自欺欺人的行為，因為你的生活不可能零焦慮。最好是加強你的焦慮耐受度而不是強化避免某種情況的不實際願望。在認知行為治療中，可以透過消除無效的安全尋求行為，以及增進你的能力，幫助你真正理解使你感到焦慮的情況所具有的真實安全線索來實現上述目標。

迴避和逃避

想要逃避你認為會導致焦慮的事物，然後避免進一步接觸它，這是感到焦慮的自然反應。迴避和逃避是最常用來控制焦慮的兩種策略，而且我們都非常熟悉。它們是我們面對恐懼和焦慮的自動防禦反應；表面上，它們似乎在阻止焦慮方面非常有效。回想一下你有多少次因為焦慮而立刻離開該情況？你在一個派對中、在一間擁擠的商店中、一場會議中、駕駛在一條不熟悉的路線上，然後你開始感到焦慮。如果你立刻離開那個情況，會發生什麼事呢？你的焦慮很可能會立即平息。心理學家稱這種反應為戰或逃反應（fight-or-flight response）。當動物和人類感到害怕時，我們都會看到這種反應。我們的自然反應不是逃跑，就是堅守陣地並戰鬥。

露易絲患有特定場所畏懼症，涉及對開放空間的恐懼。多年來，她避免穿越居住城市中大部分的橋，這大大限制了她在社區中移動的能力。我

們約在一座露易絲避免的橋附近見面，目標是透過逐步且系統化的方法來步行接近那座橋。當我們走到距離橋七百六十公分的地方時，我可以察覺露易絲變得驚慌。她的呼吸開始急促、整個身體僵硬而且開始停下腳步，臉上充滿了恐懼。我請她描述她的感覺。她說：「我感覺自己無法呼吸。我的腿變得無力，而且我嚇壞了。我必須盡全力阻止自己逃跑！」

當我們被焦慮壓倒時，逃避似乎是最安全的選擇。我們很快會學到什麼物品、情況或環境會引發我們的焦慮，然後未來我們會盡可能避免這些觸發因素。但事實是，迴避和逃避是自然的反應，不代表它們是最佳的焦慮減輕策略。實際上，臨床研究員和心理健康專業人員很早就知道迴避和逃避是導致長期焦慮持續的重要促成因素。迴避和逃避會造成三個主要問題：

- 它們阻止焦慮自然衰退。
- 它們強化了一種錯誤的信念，讓人以為引發焦慮的可怕災難已經被避免了。
- 它們限制了你可以做的事、可以去的地方以及可以和誰在一起，因而為你帶來巨大的個人成本。當你仰賴逃避時，你最終會相信自己是軟弱的、無法獨立的或能力不足的──你「不再擁有生活」。

多年來，心理學家在治療焦慮時專注於外部物品和情況的避免。但近年來，我們發現避免會引發焦慮的想法、感受和生理感覺，也會導致焦慮的持續。有些人試圖避免某些他們發現會引發焦慮的想法或影像，諸如死亡或瀕死的想法、對他人說出無理或尷尬的話、想像所愛之人遭遇可怕的傷害，或是可怕的失業或失敗。其他人可能會避免強烈的情緒狀態，像是興奮、憤怒或挫折，深信它們是失去控制的徵兆，他們擔心這可能導致焦慮發作。

另外有些人可能會試圖避免任何可能導致心跳加快、頭暈、暈眩、反胃、呼吸急促或出汗的事情，因為這些感覺也與焦慮有連結。

避免是問題性焦慮的主要原因之一，它可以造成日常生活中非常多的干擾。你或許很清楚自己避免的許多事情，因為它們會讓你感到焦慮。然而，避免通常會以微妙的方式傳播，所以你可能沒有意識到自己因為焦慮而避免了多少事情。下一個練習將幫助你發現你的避免狀況程度。

評估練習：你正在避免什麼？

工作單 7.5 把「避免」分類為外在觸發因素、想法／影像／記憶，以及生理症狀／感覺。第一欄列出你可能會因為焦慮而經常避免的情況、物品、人物或其他外在線索。你或許相當熟悉自己的外在觸發因素。第二欄可能是最困難完成的，因為我們通常不會意識到某些可能引發焦慮的想法或影像。你將需要仔細地閱讀這張清單，並回憶一些你最近的嚴重焦慮經驗。你的腦中是否突然出現一種想法，引發了新一輪的焦慮呢？這些最初想法是否屬於第二欄所列的認知主題之一呢？第三欄列出了當感到壓力或焦慮時，常見的生理感覺。當人們焦慮時，通常會更意識到自己的生理警醒症狀。你是否往往會避免任何這些感覺，因為它們會使你的焦慮變得更糟糕呢？

> **💡 TIPS ｜偵測微妙的避免行為**
>
> 　　避免通常很容易被發現。舉例來說，患有特定場所畏懼症的人非常清楚自己要避免擁擠的商店或商場，因為他們擔心自己會嚴重焦慮或恐慌發作。但其他時候，避免可以很微妙，如避免生理運動，因為你不喜歡喘不過氣的感覺。為了幫助你辨識微妙的迴避想法、影響或生理感覺，請考慮你試圖避免的所有活動和經驗。問問自己：「為什麼我討厭從事這個活動？」或「為什麼我如此專注於將這種想法從我的腦海中趕走或關閉這種身體感覺呢？」質疑自己的動機。你可能想要相信你避免它只是因為你不喜歡做這件事，或最好不要做這件事。然而，如果你對自己誠實，你將意識到你不做這件事，是因為它使你焦慮。你可能會發現多種這類「微妙避免」的例子。這些都應該包括在你的避免清單中。如果你正在接受焦慮治療，你的治療師應該能夠幫助你識別微妙的避免行為。

　　關於你的迴避和逃避模式，你瞭解了什麼？儘管有相同焦慮問題的人所避免的事情會有廣泛的相似之處，但具體的觸發因素則因人而異。對某些人來說，主要是社交或人際互動情境；對其他人來說，也許是他們認為可能引發恐慌發作的任何事情，而對其他人來說，可能是他們腦海中自動出現的心煩想法或影像。無論你因為焦慮而避免的東西是什麼，重要的是探究你獨特的避免檔案，因為它是焦慮問題的重要促成因素。反覆的迴避和逃避證實了我們認為焦慮想法代表真實的威脅，以及我們太軟弱和脆弱，無法對抗自身恐懼的信念。因此，減少你依賴迴避和逃避是焦慮認知行為治療的一個重要目標。

無效調適

第四章解釋過無效的調適會如何導致焦慮問題。你完成了無效調適檢核表（工作單 4.3），其中列出了人們感到高度焦慮時經常會出現的二十六種反應。所有這些「調適方法」都是無效的，因為它們只能提供短暫的焦慮緩解。當這些策略被頻繁的使用，它們會導致持續的焦慮問題。你將注意到安全尋求反應表（工作單 7.4）和無效調適檢核表之間存在著一些重疊。安全尋求工作單專注於較小的反應上，其目的是帶來平靜與安全感。無效調適工作單包含了更大範圍的反應，聚焦在減少恐懼和焦慮感。一些調適策略具有減輕焦慮感和灌輸平靜與安全感的雙重功能。

認知行為治療師同時關注兩種類型的調適反應，以及逃避／避免行為，以幫助一個人真正減輕焦慮。我們很快就會向你介紹多樣你可以使用的行為介入，幫助你在管理焦慮方面，從無效的調適轉換到更有效的方法。同時，使用下一張工作單去總結你如何應對會導致焦慮問題的嚴重焦慮。

評估練習：要改變的行為

工作單 7.6 總結了問題性逃避／避免、尋求安全和無效調適的反應。這將成為你達到有意義行為改變的指引。你將需要回顧之前曾經辨識過的逃避／避免、安全尋求和無效調適行為的練習。

傑洛德的行為改變清單（參照工作單 7.6）

A. 要改變的逃避／避免模式

1. 吵鬧的地方加上許多不熟悉的人。
2. 內容包含世界上發生的衝突或問題的新聞和其他消息。
3. 在城市中駕駛。
4. 需要我進行持續對話的社交活動。

B. 要改變的安全尋求行為

1. 在我感到焦慮的情況下，我總是確保我的妻子或我的親密朋友在我身邊，以防我嚴重焦慮並需要去醫院。
2. 當我開始感到反胃時，我就會離開，因為我知道自己開始焦慮，而我需要到達我的安全地點。
3. 我專注於我的呼吸，保持自己平靜，讓事情不要失控。
4. 我會去一個心目中的安全地點；我想像自己坐在溫暖、充滿陽光的沙灘上。
5. 當我開始感到心神不安時，我將試著說服自己並沒有感到焦慮，我很冷靜且能掌控一切。

C. 要改變的無效調適行為

1. 當我知道自己正面臨一個困難情況時，我通常會服用抗焦慮藥物。
2. 我可能會擔心自己的焦慮問題好幾天，試圖釐清當它發生時我將如何處理它。
3. 當我開始感到焦慮時，我會對別人感到挫折、不耐煩和生氣。

暴露：面對威脅

幾十年的研究顯示，反覆、系統化地接觸恐懼的結果，是治療恐懼和焦慮最有效的方法之一[4,31]。它可以最快速且持久地減少你的焦慮問題；它適應性強且容易理解。然而，它有一個主要的缺點：人們往往拒絕暴露治療，因為他們相信它太具有威脅性、風險性和令人不安。因為這個原因，他們可能選擇一些較弱、較不有效，但只會造成些微痛苦的療法。傑洛德就是如此。他忠實地服藥、諮商、調節運動和飲食，並參與冥想和瑜珈等各種壓力管理介入。但是當談到透過暴露直接面對他的焦慮時，他認真地抱持保留和疑慮的態度。

毫無疑問地，暴露挑戰我們的決心與毅力，即使對於最勇敢的人也一樣。然而，如果你承諾進行暴露治療，可能會獲得巨大的回報。系統化暴露不一定是種「苦藥」。我們將告訴你如何計畫可忍受的有效暴露，並且與你在上一章中學到的認知策略相結合。如果你遵循我們的暴露指南，你的焦慮問題可以有顯著的進步。因此，讓我們從暴露的工作定義開始吧！

暴露並不是把自己丟入泳池的最深處，然後看看自己是會沉下去還是學會游泳。

一些暴露的例子可能是反覆面對一種讓你焦慮的陌生情況、在會議上表現得更堅定自信或發言，或是到新的地方旅行。你可以把暴露想成是「鼓起勇氣並且離開你的舒適圈」。隨著時間經過，我們發現數百位焦慮症患者在經由系統性、反覆和長期地暴露於他們的焦慮觸發因素後，焦慮產生了快速且持久的減少。暴露是一種「減敏感（desensitization）」的形式，反覆暴露在恐懼的觸發因素和隨之而來的焦慮下是一種強大的工具，可以增強對焦慮情況產生更符合現實的觀點，以及更好的忍受度。對傑洛德而言，暴露

代表漸進且系統性地增加與他人的接觸，尤其是在雜貨店、電影院和購物中心等公共場所。

暴露是系統性、反覆且長期的呈現因為會引發焦慮而被避免的外在物品、情況或刺激，或是內在產生的想法、影像或記憶。

花點時間回顧你記錄於行為改變清單（工作單 7.6）的內容。暴露是設計來幫助你面對自己列在此工作單上的逃避／避免行為。挑選一種逃避／避免項目，並使用以下的五步驟計畫去發展出針對該項目的暴露治療計畫。

第一步：評估你的準備情況

當涉及個人的改變時，時機至關重要。你準備好進行一些暴露計畫了嗎？無論你是自己執行暴露計畫還是在治療師的協助下進行，評估本身的承諾程度都很重要。如果你對系統性暴露存有保留，可能是由於你對於這種焦慮治療的形式抱持著某些信念。這可能是基於你過去焦慮認知行為治療的經驗，或是你讀過以暴露為基礎的介入的相關資訊。

介入練習：負面暴露信念

這項練習提供了一個機會去評估你是否準備好把暴露介入添加到你的焦慮治療計畫之中。工作單 7.7 列出十二項與拒絕暴露有關的最常見負面信念。你可以利用自己同意／不同意這些信念陳述的程度來判斷自己對於執行暴露的準備程度。

完成這份檢核表之後，關注你認同的陳述。針對每項陳述，請思考為什麼你對於暴露抱持著這種信念。傑洛德相信焦慮會變得太強烈，而他將無法忍受（陳述 1），還有在進行暴露介入之前，他需要把焦慮減少到可管理的程度（陳述 5）。第一項陳述是根據一次不好的治療經驗，當時治療師要求他前往商場並忍受焦慮，他因而恐慌發作。第二個信念則是根據他自以為的常識。「只有等到我可以管理自己的焦慮時，暴露才會更有效，這樣才有進行的意義。」

接下來，藉由你在第六章學到的認知介入技巧去實際檢驗你的負面信念。支持和反對該理由的證據是什麼呢（使用工作單 6.5）？你的思考是否存在任何認知錯誤呢（請看表 6.2）？你是否「災難化」暴露，認為它會比想像得更糟糕呢？抱持著這些暴露信念是否讓你付出代價呢（使用工作單 6.6）？可以用哪種替代的、更平衡的方式去思考暴露呢（使用工作單 6.7）？

當傑洛德運用認知技巧去思考自己無法忍受暴露介入導致的焦慮的信念時，他意識到，其實許多時候他的確面臨了令他感到焦慮的情況，但是他能夠忍受那種不舒服。他識別出信念中的多種認知錯誤，包括災難化和全有全無的想法。他意識到這種信念的代價高昂，且阻止他接受強大的焦慮減輕療法。因此，他提出了一個替代性的信念陳述：「當我進行暴露時，我將感到焦慮，但我可以調整暴露的程度，這樣它們就不會超過我可以忍受的範圍。」

透過改正關於暴露的負面信念，你正在對治療產生更正面的態度。這將增進你為暴露介入的後續步驟做好準備，如此一來，你就可以親自見證暴露最初可能會導致高度焦慮，但這是可以忍受的，如果你不離開或避免這種情況，焦慮將會自然下降。

第二步：建立一套暴露層級（Exposure Hierarchy）

　　克洛伊患有強烈的社交焦慮。她的暴露任務之一包括打電話給一名朋友並邀請她去看電影。她擱置了這項作業，直到下次治療的前一天才進行。此時，預期的焦慮變得非常強烈，她幾乎驚慌失措。最終她撥通了電話，當她的朋友沒有接聽時，她立即感到一陣放鬆。這種強烈的預期焦慮和緊接而來的清爽解脫感，讓克洛伊確信自己再也不要進行暴露練習。不幸地是，克洛伊始終無法與她的治療師解決這個僵局，因此，她最終停止治療，而她的社交焦慮沒有任何進展。

　　克洛伊犯了最常見的錯誤之一，這個錯誤阻礙了人們有效地使用暴露：她嘗試過暴露，然後感覺更糟而不是更好。治療焦慮時，這些令人沮喪的經驗是非常有害的。為了避免這些負面經驗，花時間仔細訂定書面的系統性暴露計畫非常重要。它也將會使你接觸到一種更有效的介入方式。

介入練習：如何建構一個暴露層級

　　建構一個暴露層級包含多項步驟。從一張空白紙開始，然後寫下十到十五種你所避免或如果你不離開，將導致你嚴重焦慮的情況、人物、地點、想法或生理感覺。為了生成你的清單，可以參考你的行為改變清單（工作單 7.6）中的逃避／避免模式，以及其他你在之前的工作單中所辨識出的焦慮觸發因素。挑選出涵蓋所有範圍的經驗，從僅引發輕微焦慮和逃避的經驗，到引起中度，然後嚴重焦慮和逃避的經歷。使用工作單 7.8 寫下你的暴露層級，將這些經驗從最不焦慮到最焦慮或逃避的程度進行排序。切記，暴露於焦慮的觸發因素之下的目標是要感覺焦慮。如果你進行一項沒有感到焦慮的練習，那麼這種暴露將不具治療效果。

> **TIPS** ｜關於暴露層級的更多資訊
>
> 　　創建有效的暴露層級說來容易做起來卻困難。有效的暴露取決於深思熟慮、精心規畫的經驗層級，引導你完成一系列的暴露任務。以下是一些關於建構暴露層級的額外建議。
> - ✓ 確保你的層級包含許多困難程度為中等（分數介於 3 ～ 7）的避免經驗（7 ～ 10 個）。如果你大部分的層級項目都太簡單，那麼暴露將無法有助於減少焦慮。如果大部分項目都落在高度困難的範圍內，那麼暴露將導致太多焦慮，而你將會放棄。
> - ✓ 大部分的層級項目應該是與你列在行為改變清單（工作單 7.6）上的逃避／避免模式有關的經驗。
> - ✓ 避免暴露項目之間存在較大的難度差距。層級中相鄰的兩個項目的難度差距不應該超過兩分。
> - ✓ 如果你對於暴露計畫有疑慮，和一位熟悉你焦慮問題的朋友、家人或治療師／諮商師一同檢視。

　　如果你沒有從事之前關於焦慮觸發因素和避免的練習，那麼在創建暴露層級計畫上會遇到困難。暴露層級對於暴露介入來說非常重要，你應該回頭完成那些工作單，以便對於你的焦慮問題中存在的逃避／避免有更好的瞭解。如果範例能有所幫助，請參考稍後傑洛德的暴露計畫。

第三步：創造調適認知

　　心理準備是成功暴露的關鍵。這就是我們為什麼從暴露準備開始的原因。然而，在開始暴露前還必須考量另外兩個因素。

◆ 辨識出可能會暗中破壞你為了暴露所做的努力的焦慮想法。
◆ 創造替代性的思考方式，將有助於你因應暴露。

你在暴露層級（工作單 7.8）中記錄了每種焦慮引發／避免情況的核心想法。重要的是需充分意識到你在進行暴露目標的期間可能產生的、關於威脅、危險和無助的想法，並在經歷暴露目標之前、期間和之後對這些想法進行批判性思考。你將回憶起之前的章節中有提到，正是這些想法讓你感到焦慮。處理誇大的威脅和無助想法，然後你將減少暴露期間的焦慮。你可以使用第六章中的所有認知技巧，以評估和改正自我挫敗的焦慮想法。

介入練習：發展調適認知

當你從事一項暴露任務時，你將感到顯著焦慮。想著威脅、風險、無助、不確定性和無法忍受將使焦慮變得更糟糕，並且使你相信迴避與逃避會是最佳選擇。調適心態（coping mindset）將幫助你忍受焦慮並完成暴露任務。你可以透過撰寫調適認知敘述（coping cognition narrative）來培養對暴露的調適觀點。調適認知敘述應該包含以下元素：

- 你將感到顯著焦慮的預測或期待。
- 在暴露情況中對於威脅和安全感進行更實際、更平衡的判斷。
- 關於你在暴露任務期間要做什麼的具體指示。
- 你可以如何控制從事暴露任務的經驗而非感到無助。
- 小提醒，待在暴露情況中的時間愈長，焦慮就會減弱，且變得更容易忍受。

（續）

> 試著撰寫一份調適認知敘述。你或許會想撰寫多種替代性敘述，因為可能需要不同的調適認知來應對不同的暴露任務。完成後，將這些敘述上傳到你的智慧型手機中，以便你在執行暴露任務時進行反思。（參見工作單 7.9）

當焦慮變成一個問題，對於你現在試圖透過暴露來面對的避免情況，你可能很難有不同的思考。如果你對自己所寫的調適觀點感到不確定，可以參考下面的範例。

辛西亞多年來患有嚴重的社交焦慮。她發展出一份二十個步驟的暴露計畫，涉及一系列引起中度至重度焦慮的社交場合。以下是她針對困難程度低、中和高的迴避與逃避情況的調適認知敘述：

<u>情況一</u>：接聽電話（困難度：2分／10分）
<u>調適認知敘述</u>：當電話響起時，我會感到有點焦慮，因為我不知道會得到什麼消息。感到有點不安沒關係。即使我感到擔憂，我也可以打聲招呼，這樣我就能很快知道是誰打來的。如果是朋友，我的焦慮很快就會消失；如果是垃圾電話，我可以簡單地說「不，謝謝」，然後立即掛斷；如果是像醫生診所打來確定預約時間的重要電話，接聽總比錯過好。打電話的人不在乎我聽起來是否焦慮。

<u>情況二</u>：參加工作上的員工會議（困難度：6分／10分）
<u>調適認知敘述</u>：在這次的員工會議上我會感到相當焦慮。我會認為每個人都在盯著我看，並注意到我不自在。但這真的是真的嗎？看看周圍的人，他們真的對我有興趣嗎？他們是否有比我更重要的事情需要考慮呢？我注意到房間裡的其他

人也看起來也很不自在。有些人看起來很無聊,還有一兩個人正在睡覺。睡著或許是更尷尬的情況。大家更可能注意到比我更有趣的事情,像是正在說話的人或睡著的人。沒有證據顯示我是被關注的焦點。最多只有少數人會注意到我很安靜而且看起來很不自在。我完全有能力回應任何跟我說話的人。我有一些同事話太多了,他們才是人們日後經常會談論的話題。

情況三:檢舉對我不公平的同事(困難度:9分/10分)

調適認知敘述:這將會導致大量焦慮。即使是最有自信的人,要舉報工作場所的煩擾也不是件容易的人。然而,我不能再忍受這個情況了。儘管與我的主管會面時,我將感到嚴重焦慮,但如果我們能解決這個問題,最終我在工作上的壓力會減少。我會寫下希望讓主管明白的重點;我會向她承認,抱怨同事讓我感到非常不舒服,然後我會告訴她究竟發生了什麼事以及它對我有何影響。即使我感到焦慮,我也可以參考我的筆記,並且透過主管的反應來判斷她是否理解我的抱怨。大多數人在這種情況下都會感到擔憂,但他們仍是選擇去做,所以我也可以做到。如果煩擾不再發生,我的生活將會好過許多。

第四步:建立一份暴露計畫

你的暴露計畫需要的將不只是使用認知調適陳述去處理焦慮。以下列出了其他策略,你可以用來幫助自己完成暴露任務。但請記住,暴露的目標是要感受到焦慮,然後讓其自然衰退。如同你剛才寫下的調適敘述一樣,焦慮減輕策略旨在使焦慮更容易忍受,以便你可以完成暴露。

- **實行症狀隔離**：將所有注意力集中在焦慮的特定生理症狀上，例如肌肉緊繃、心悸、噁心或呼吸困難的感覺。不要否定這些症狀，而是接受它們。與其把它們貼上焦慮徵兆的標籤，不如把它們描述為具體的感受，像是我的肩膀感覺緊繃、我的心臟跳得較平常快速、我的胃感覺不舒服。
- **尋找安全的證據**：有意識且刻意地環顧暴露練習的環境，並且找出該環境較你所想像的安全的證據。其他人在此情況下的反應如何？這個情況有哪些特色暗示它很安全、不危險？你是否高估了威脅？
- **控制你的呼吸**：有些人發現當焦慮時，專注於自己的呼吸能有所幫助。維持每分鐘八到十二次的呼吸頻率。確保自己不會換氣過度（hyperventilate）或用胸腔呼吸（shallow breaths）。
- **實施放鬆技巧**：有些人發現當焦慮時，進行生理放鬆或冥想可以帶來平靜。但是有些人則發現在焦慮時試著放鬆身體反而很挫折且無效。你可以嘗試這項調適策略，但是永遠不要用它來避免焦慮的感覺。
- **熟練意象化（Visualize）**：你可以想像自己緩慢且成功地精熟了暴露任務，無論是在你進入練習情境之前或剛開始進行的時候。想像自己成功執行暴露練習可以加強你的正面期望和信心，相信自己可以透過暴露練習來取得勝利。
- **增加身體活動**：有些人發現從事暴露任務期間保持身體活動很有幫助。不要只是站著或坐著，你可以在暴露情境中四處走動，幫助疏導你所感受到的一些生理警醒症狀。

暴露練習提供你機會去利用你的適應性模式，以改善你的問題性焦慮。你可能還記得第三章中提到的適應性模式，它涉及提高我們自尊以及

實現珍貴目標和抱負的思維及行為方式。因此，你的暴露計畫的目標不僅是減少焦慮，還要建立個人韌性，如此一來，你將實現因焦慮而被扼殺的人生目標。這與復原取向認知行為治療處理情緒問題的方法一致，其中追求目標是復原的一大關鍵。

訂定一份復原取向的暴露計畫對於這項介入能否成功至關重要。如果你嘗試進行暴露任務，卻沒有一份計畫，那麼將難以貫徹始終。你會更有可能放棄，認為自己無法忍受焦慮。一份復原取向的暴露計畫將為你提供具體指示，讓你知道如何因應從事暴露練習期間感受到的焦慮。如果你不確定自己的暴露計畫是否完善，可以參考傑洛德的範例。

介入練習：復原取向的暴露計畫

這項練習是暴露計畫中極為重要的一部分，因為它提供了你進行暴露任務時可以遵循的指引。工作單 7.10 是從針對焦慮的復原取向認知行為治療的觀點所組織而成的。首先請再次列出你的治療目標。能夠看見從事暴露練習和實現個人目標之間的關聯將增進你執行介入的動機。在工作單的第二部分，你需要列出從事暴露任務期間，你可以使用的有效調適策略，以便忍受上升的焦慮程度。在最後一個部分，列出不健康和只會導致焦慮問題持續的安全尋求與調適反應。在進行暴露練習期間，你會希望偵測出並消除這些不健康的反應。

傑洛德之復原取向暴露計畫範例（參照工作單 7.10）

A. 焦慮復原目標
根據工作單 1.3，列出你因為焦慮想做卻不能做的事情。

1. 陪我的妻子與孩子一起去餐廳吃飯，不會因為焦慮而離開。
2. 有耐心地在城市中駕駛，不會屈服於路怒症。
3. 冬天時帶家人去加勒比海度假。
4. 在 Facebook 上與我的前軍人朋友們聯絡，不會因此引發焦慮或不安。
5. 和我的妻子一起去採買日常用品和進行其他雜事，這樣我能更參與我們的日常生活。

B. 忍受焦慮的健康反應
根據工作單 3.5，列出有助於增進焦慮耐受度的思考和行動方式。

1. 我提醒自己，在海外時我曾面臨過強度大更多的恐懼和焦慮，所以我絕對能夠處理現在感受到的焦慮。
2. 我專注於當下的任務，並採取一步一步的方式去進行，無論我感覺到什麼。
3. 我專注於呼吸並想像焦慮感是流經我身體的波浪；我想像我吸氣時焦慮激增，呼氣時焦慮消退，隨著我的呼吸節奏，一次又一次。
4. 我回想焦慮感增強然後最終下降的特定時刻。

C. 安全尋求行為和對沮喪的無效調適
根據工作單 4.3、7.4 和 7.6，列出要避免的反應，因為它們會對焦慮造成負面影響。

1. 確保大部分的暴露任務都是我獨自完成；我需要減少對太太的依賴。

2. 預期當我進行這些暴露任務時，我將會感到反胃。即使我感覺不舒服，我仍必須待在暴露情境中。
3. 當焦慮感的第一個徵兆出現時，不能前往我心中的安全場所。我必須讓自己停留在原地並接受自己的感受。
4. 當我處在社交情況中，放慢腳步、不要急。注視人們的眼睛，不要對他們感到不耐煩。
5. 開始進行暴露任務前，我不會服用抗焦慮藥物。我可以把藥帶著，在需要時服用，但是目標為在不用藥之下從事暴露任務。開始一項新的暴露任務時，我可能暴露很短的時間就需服用藥物，但我會努力延長時間，希望最終我會在沒有藥物的情況下完成暴露任務。

第五步：進行暴露任務

現在你已經準備好開始暴露治療的所有必要條件了。你將從暴露層級底部的暴露任務開始，沿著層級結構往上移動，直到抵達頂端。利用你的調適認知敘述和復原取向的暴露計畫去指引你完成每次的暴露練習。當從事暴露練習時，有兩項規則需要謹記在心。

規則一：調整自己的步調

過去，暴露治療是逐步進行的。一個人會從他們暴露層級底部附近的任務開始，那裡的焦慮程度為中度，然後以系統化的方式沿著層級結構向上移動。近年來，這種方式受到挑戰，有人認為若一個人可以跳躍層級，那麼可能會帶來更大的效益[32]。無論哪種方式，重要的是去調整你的暴露任

務，這樣你經歷到的焦慮就只會比你一般可以忍受的強度再稍微增強一些。暴露旨在加強你的焦慮耐受度，並給予你機會去瞭解情況不如你所想得那麼具有威脅性，你也不像自己所想得那樣無助與脆弱。

考慮三個暴露步調調整的例子。辛西亞的暴露任務從「出席面對面的員工會議開始」，因為這件事會導致她產生中度焦慮。她決定盡可能地多參加員工會議，並且逐漸移動座位到一個顯眼的地方。約瑟夫非常害怕犯錯。他的暴露任務從快速地寫一些無關緊要的電子郵件，然後不重讀它們開始，之後再進一步去寫更重要的電子郵件，而他只允許自己重讀一次。珊亞曾經恐慌發作，所以她總是避免人群或公共場所。她的暴露任務從進入一間中等規模的服裝店，只有幾個人在店內開始，然後逐漸增加商店規模和店內的人群密度。這些人都有調整自己的暴露步調，如此一來，他們就不會被當下的任務所擊敗。

暴露像是正在跑一場馬拉松：配速是關鍵！如果你從會引發中等焦慮的暴露任務開始，但仍然發現此任務超越了你的忍受度，退回到一項讓你焦慮程度較小的任務並繼續努力。如果此任務太簡單，沿著層級結構向上，直到你進行一項會挑戰你的耐受度的任務。

規則二：每天練習

成功的暴露計畫就像是體能運動：練習是關鍵！你進行暴露愈多次，結果就愈好。你的目標應該是每天都從事一些暴露練習，尤其是在一開始的時候。同時也要確保每次的暴露練習至少持續三十分鐘。暴露治療應用在焦慮上會失敗的頭號原因就是人們練習次數或時間太少。短暫和偶爾從事暴露練習的問題在於會產生反作用；這樣反而會增強你的焦慮。從事短暫

的暴露練習（五到十五分鐘），你反而更會感覺被焦慮擊潰；它會增強焦慮信念，讓你相信該情況具高度威脅性，而當面對嚴重焦慮時，你是無助的。你最後會懷疑自己所寫的調適認知敘述並且斷定最佳策略就是迴避和逃避。成功的暴露練習需仰賴它的「劑量」。不斷反覆進行相同的暴露任務至少三十分鐘，直到你進行該項任務，只會感到些微擔憂為止。一旦出現這個結果，你就可以開始進行層級中的下個任務。

　　接下來的例子強調出進行暴露治療時，頻率和持續時間的重要。蓋洛伯恐懼過橋。他已經進行過一些針對過橋的暴露練習，現在將要面對的暴露任務涉及嚴重焦慮。我們其中一人陪伴蓋洛伯到一座橋的附近，我們的計畫是踏上橋的人行道。當我們朝橋的方向前進時，蓋洛伯的焦慮程度迅速升高。然而，每走幾步我們就會停下來，等待他的焦慮程度下降到他感覺可以忍受的程度。然後我們會再前進幾步、暫停並等待焦慮平息。同時，蓋洛伯也在挑戰自己關於危險的焦慮思維和無法忍受的焦慮。最終，我們抵達橋邊，整個練習費時四十五到六十分鐘。我們在那裡待了一段相當長的時間，直到蓋洛伯感覺焦慮顯著衰退。事實證明，這項暴露練習對蓋洛伯的治療至關重要，因為它替蓋洛伯可以面對橋樑這件事上面提供了客觀的證據。從此以後，蓋洛伯開始開車過橋，而且在兩週內就報告焦慮已經降至最低。

> ### 介入練習：練習暴露
>
> 　　從暴露層級中的會導致你中度焦慮的情況開始，每天練習該暴露任務。使用暴露練習表（工作單 7.11）去記錄每次暴露練習的結果。你應該在進行暴露練習時完成此工作單，準確度才會更高。
>
> 　　如果你已進行了一項特定的暴露任務三到四次，而你現在能夠很好地忍受焦慮，那麼就代表你成功了，可以準備朝你的暴露層級中的下個任務邁進（工作單 7.8）。如果你在三、四次嘗試後仍然難以忍受焦慮，那就停止練習此任務，轉而進行一項更容易的暴露任務。再次練習較容易的任務，直到你準備好從事更困難的暴露任務。

　　傑洛德的暴露任務從和他的妻子一同前往雜貨店開始。他預期自己會感受到一些焦慮，然後他會想要離開，所以他認為此任務的困難度為 4/10。他最顯著的焦慮想法為「我會失控並經歷嚴重焦慮」、「人們將注意到我有些不對勁，並猜想我是不是發瘋了」，以及「我會回想起阿富汗擁擠的市場」。傑洛德注意到當他開始出現這類想法時，他的焦慮程度就會升高，這導致他逃離這種情況，並深信自己需要在焦慮變得難以忍受之前逃離。因此，對傑洛德來說，專注於自己的調適認知敘述很重要（即使我感到焦慮，我仍然在控制之中；沒有人正看著我，或是對我有興趣；即使我想著阿富汗，也不會改變我已平安回家，身處在一間雜貨店的事實）。此外，他讓自己冷靜地待在雜貨店內，使焦慮透過持續的暴露練習而自然消散。他盡可能與太太一起去雜貨店採買，然後發現幾週後，這件事變得容易多了。他決定是時候進行暴露層級中的下個任務──獨自前往雜貨店。

傑洛德針對恐懼和避免公共場所的暴露層級（參照工作單 7.8）

預期的困難程度（0-10）*	焦慮觸發因素（簡短描述引發焦慮／避免的情況、物品、感覺或侵入性想法／影像）	焦慮思考（這個情況為什麼如此具威脅性和令人不安，使你感到焦慮或想要避免呢？）
2	接電話	我不知道是誰打來或是他們打來做什麼。我會因此而緊張不安。
3	到轉角商店買牛奶	與收銀員互動時我會感到緊張。她會看到這個情況並認為我有問題。
3	在銀行排隊	人們會注意到我看起來很笨拙，這讓我感到不自在和緊張。
4	和我太太一起去雜貨店採買	我將失控並經歷嚴重焦慮。人們會注意到我有些不對勁，並猜想我是不是發瘋了。此外，我會回想起阿富汗擁擠的市場。
6	獨自一人去雜貨店	和上述相同的想法，再加上我將恐慌發作並大吵大鬧。這樣會多麼丟臉啊！
6	在我太太採購時，獨自一人在擁擠的商場中走動	萬一我開始感到恐慌怎麼辦？我會想離開但卻不行，因為她就在商場中的某處。
7	在有服務生的餐廳靠著牆的餐桌上吃飯	我將感到被困住了，因為無論何時當我開始感到不自在時，我無法立刻離開。
7.5	在有服務生的餐廳坐在餐廳中間的餐桌上吃飯	我被困住了，人們將能夠看出我很焦慮且無法控制情緒。
9	參加家庭聚會，至少兩小時不能離開	我很不會閒聊，我永遠不知道要說些什麼。我會變得非常緊張，無法跟上人們正在談論的內容。這樣讓我看上去顯得很蠢。我真是讓我的太太丟臉。
10	去電影院觀看滿場電影，且買到坐在中間的票	這是感覺被困住的終極情況。我將恐慌發作且必須離開。我必須經過一整排人，他們會因為我打斷電影而對我生氣。

最輕微 ←→ 最嚴重

摘自大衛・A・克拉克與亞倫・T・貝克所著的《Cognitive Therapy of Anxiety Disorders》（第 229 頁）。The Guilford Press 版權所有 2010。

在很大程度上，認知行為治療減輕焦慮的有效程度取決於暴露計畫的執行。暴露是一項強大的介入策略，所以請不要拖延。從今天開始執行你的暴露計畫吧！大多數焦慮症患者發現，預期的想法比實際暴露其中更能引發焦慮。它或許比你想像得更容易。事實上，你可以遵循以下討論的兩種策略來促進暴露的有效性。

增加你從事暴露練習的動力

有兩種方法可以增進你的暴露經驗的有效性。你可以修改你的計畫，讓它成為一種行為實驗（behavioral experiment）或一種暴露預期練習（expectancy exposure exercise）。

行為實驗是結構化且經過計畫的暴露任務，聚焦在蒐集支持或反對有關威脅和危險等焦慮信念的證據。
暴露預期是預測自己執行一項暴露任務的結果，並檢驗該預測是否正確。

行為實驗

在我們的認知行為治療版本中，我們使用以暴露為基礎的行為實驗來幫助人們評估和改正他們對於威脅的不健康信念，並重新認識焦慮的情況實際上比他們想像的更安全[31]。暴露任務是結構化的，因此，它們更能直接把焦慮思考與信念當作目標。這意味著你可以利用第六章中針對你的焦慮心理所做過的練習去制定可當作行為實驗的暴露任務。

我們可以舉傑洛德對於擁擠雜貨店的焦慮為例。他的焦慮信念是「我

將被焦慮所擊潰並且失去控制」。在蒐集支持和反對這項信念的證據後，傑洛德的治療師提到評估這項信念的最佳方式為進入一間擁擠的雜貨店，待在裡面至少三十分鐘然後記錄傑洛德的焦慮會發生什麼事。你將從以下呈現的行為實驗範例看見傑洛德是如何進行他的「超市實驗」，以及他從中學到了什麼。

介入練習：以暴露為基礎的行為實驗

　　這個練習告訴你如何把你的暴露任務轉變成一個行為實驗，而且可能改變你的焦慮思考。行為實驗表（工作單 7.12）可用於規畫並記錄你在執行暴露任務時的經驗。首先寫下你計畫透過行為實驗去檢驗的焦慮想法或信念。你可以參考傑洛德檢驗自己信念的範例，他認為自己會無法忍受焦慮，所以他必須離開超市。描述你將如何執行暴露任務，並且根據你的暴露經驗去記錄支持和反對焦慮想法／信念的證據。毫無疑問地，你的一些經驗將堅定你的焦慮信念，但也會有一些經驗與信念不符。列出支持和反對的證據後，根據你從暴露任務中得到的經驗，寫下你的替代性解釋。你將注意到傑洛德總結說自己忍受焦慮的能力比預期來得更好，而且他沒有完全失去控制。

> **TIPS｜完善你的行為實驗**
>
> 　　把一項暴露練習轉變為行為實驗，是認知行為治療中最困難的介入之一。即使是經驗豐富的認知行為治療師，也很難創建一個行為實驗去精確檢驗負面想法或信念的效力。與先前描述的傳統暴露方案相比，這是一種更具挑戰性的介入策略。這裡有一些額外的訣竅，幫助你增進行為實驗的有效性。
>
> - ✓ 確保暴露任務能直接檢驗你想要透過實驗去評估的焦慮想法或信念。當你進行暴露任務時，它應該會引發你寫在行為實驗表（工作單 7.12）中的那些焦慮想法／信念。
> - ✓ 寫下暴露任務的完整描述，這樣你就能確切知道什麼時候、和誰、在哪裡要做些什麼。
> - ✓ 確保暴露任務的困難度是中等程度，如此一來，你才能提供自己從經驗中學習的機會。
> - ✓ 結束暴露任務後，立刻寫下你對於支持和反對焦慮想法／信念的證據的觀察。你可以包含在暴露期間陪伴你的任何人的觀察結果。誠實面對真實發生的事情很重要。
> - ✓ 如果你難以想出關於親身經驗的替代性觀點，可以諮詢你的治療師、伴侶或親密朋友。他們可能會在你的暴露經驗中看到一些你看不到的東西。

　　你從你的行為實驗中學到了什麼呢？我們進行以暴露為基礎的行為實驗去獲得親身經歷，從中檢驗我們對於威脅、無助和安全的想法與信念是否被誤導了，並找到一種更現實、更有助於我們焦慮問題的替代性思考方式。

行為實驗能有效改變焦慮心理和削弱觸發因素與升高的情緒困擾之間的連結。這就是為什麼此介入如此有效的原因。如果你可以把你的暴露練習轉變為行為實驗，那麼它將成為更強大的改變動力。

傑洛德的行為實驗範例（參照工作單 7.12）

1. 與暴露任務有關的焦慮想法／信念： 如果我進入一間擁擠的雜貨店，我的焦慮將會嚴重到我無法忍受。我會因此感到挫敗、憤怒和失控。我將嚇到店裡的人們。

2. 描述暴露任務： 我將於週五下午四點進入一間大型超市中。我會和我太太一起去，而我計畫在裡面待上三十分鐘，直到我們結束日常用品的採買。我會負責推購物車，而她把需要的日用品放入裡面。我們最後會一起排隊結帳。

支持焦慮想法／信念的證據 （暴露過程中發生什麼事，證實了你的焦慮想法／信念呢？）	反對焦慮想法／信念的證據 （暴露過程中發生什麼事，反駁了你的焦慮想法／信念呢？）
1. 如預料一般，當我進入商店時，我的焦慮會變得非常糟糕，且會一直維持在很高的程度，直到我離開商店。	1. 我很驚訝，我竟然沒有恐慌發作。
2. 人們推著購物車時都如此咄咄逼人，這讓我感到非常挫折和生氣。	2. 我沒有撞任何人的購物車，我問了我的太太，她說我沒有對任何人不禮貌。
3. 收銀台的隊伍很長，我已經不耐煩了。當我們到達收銀員那裡時，我對她非常嚴厲。	3. 我完成了整個購物過程，因此我比自己預想的更好地抵禦了焦慮。
4. 我太太察覺到我很不舒服，所以她不停地問：「你還好嗎？」	4. 儘管我感覺很糟糕，但卻沒有人注意到我。每個人似乎都專注於購物或看著手機。

支持焦慮想法／信念的證據 （暴露過程中發生什麼事，證實了你的焦慮想法／信念呢？）	反對焦慮想法／信念的證據 （暴露過程中發生什麼事，反駁了你的焦慮想法／信念呢？）
5. 我感到非常焦慮和「緊張」；這幾乎和我在阿富汗徒步巡邏時一樣糟糕。	5. 老實說，我在阿富汗比在雜貨店裡感到更害怕。不同之處在於，我在超市裡的焦慮毫無道理。
6.	6. 認知調適敘述、專注於呼吸和活在當下幫助我忍受了焦慮。
7.	7. 在購物結束後，焦慮感確實有所減輕，但並沒有完全消失。

3. 與你的暴露經驗更相符的替代性思考方式是什麼呢？<u>很明顯地，我比自己所想的更能忍受焦慮，而且我比我感覺的更能控制自己。雖然我感到失去控制，但顯然我的行為並沒有失控，而且似乎沒有人注意到我的內心到底在想些什麼。</u>

暴露預期練習

一種被稱為嫌惡聯想學習（aversive associative learning）的過程對於恐懼和焦慮的形成至關重要[33]。這個名詞聽起來可能冗長且難唸，但它的意思就是，當我們透過重複的經驗學習到某些刺激（情境、不熟悉的、無預期的身體感覺或想法）會引起某些感覺（如生理警醒）和行為（如避免）時，就會產生焦慮問題。在以下的範例中，可以明顯看到嫌惡聯想學習的影子。

布莉姬的焦慮問題是對於生病的極度恐懼。她會反覆照鏡子檢查自己是否看起來臉紅，或是詢問同事他們是否認為她看起來氣色不好。布莉姬的父母也非常擔心疾病，所以小時候只要她感覺身體不舒服，他們就會大驚小怪。反覆出現胃痛、低燒等症狀，導致家人的情緒波動。經過反覆的經驗，

布莉姬學到任何無預警的疼痛都具有威脅性，因此她對於些微的不適感發展出嚴重的恐懼反應。但是布莉姬從此過程中還學到了其他事情。她開始形成類似「如果我有反胃的感覺，就代表我得到流感，而且接下來一週只能虛弱地躺在床上」的反應，我們稱這種反應為預期（expectancy）。布莉姬發展出的預期是即使只是輕微的身體不適也可能導致可怕的疾病，然而她的預期顯然是誇大的，而且為她的生活帶來極大的焦慮。

近幾年，一種被稱為抑制學習（inhibitory learning）的新版本學習理論興起，[32] 這個新理論的某些方面與我們正在描述的情況關係密切，這些方面被稱作違反預期（expectancy violation）。事情是這樣發展的：布莉姬預期身體不適可能是更嚴重疾病的症狀，因此她的焦慮程度升高。如果布莉姬更深入地思考她的焦慮經驗，她就會發現，很多時候輕微的身體症狀並不是嚴重疾病的預測。一旦她忙了一天、吃了點東西或休息後，那些症狀就消失無蹤。這些經驗與她「輕微症狀就表示自己將病得很嚴重」的預期相反。也就是說，這些經驗「違反」了布莉姬災難性的疾病預期。下個練習會顯示如何把違反預期包含在你的暴露計畫之中。

我們可以輕易地把傑洛德的行為實驗轉變為一種暴露預期。他的暴露任務維持不變（請看傑洛德的行為實驗的第二個項目）。傑洛德的負面預期是「我將被焦慮擊敗，而且五到十分鐘後就一定要離開，否則我會失去控制」。然後他會描述在超市內的三十分鐘實際發生的事情。針對暴露預期表的第三個問題，他可能會寫：「我很驚訝自己竟然待在超市中整整三十分鐘。起初焦慮很嚴重，但最後有稍微好些。我沒有失控、沒有恐慌發作，而且沒有任何人注意到我。」最後一個問題，傑洛德可能會總結：「焦慮很糟糕，但是我比自己預期得更能忍受它。或許問題在於，我儘管外表看起來尚且鎮定，但內心卻覺得自己失去了控制。我想透過練習，我可以達到

獨自去買東西的程度,雖然會感到不舒服,但不至於感到恐慌。」

介入練習:違反暴露預期練習

這項練習會以你在前面學到與暴露有關的介入為基礎。然而,這次你將修改你的暴露方案,使其能夠檢驗一種與焦慮經驗相關的特定預期或預測。使用你的暴露預期表(工作單 7.13),把違反預期融入你的暴露計畫之中。首先由描述你計劃從事的暴露任務開始。接下來,寫下當你進行暴露練習時,你預期會發生什麼事。毫無疑問地,你正預期暴露練習將不會順利,這就是為什麼你直到現在仍舊避免暴露療法的原因。你的負面預期將包含你預測自己在進行暴露任務期間會出現什麼感覺和行為。第三個問題要求你記錄在從事暴露任務期間,實際上到底發生了什麼事情。最後一個問題則是關注你從暴露練習中學到了什麼,以及它是證實還是反駁了你的負面預期。完成這個暴露練習後,你得到了什麼新的見解或體悟呢?

更健康的調適

用認知技巧轉換你的焦慮思維(第六章)和以暴露為基礎的介入策略(本章)是焦慮認知行為治療的核心療法。但在處理你的焦慮問題時,還有其他能夠幫助你的策略。不幸地是,由於頁面限制,我們無法更仔細地討論這些介入,所以我們列出其中一些供你參考。你應該只把這些策略用於幫助你忍受從事暴露任務期間所引發的嚴重焦慮。如果你把它們用在避免焦慮感,那麼它們可能會破壞暴露療法的有效性。此外,所有這些調適

策略都是習得的技巧,需要經過大量練習才能應用於急性焦慮發生的期間。

1. 放鬆（Relaxation）：如同之前提到的,生理警醒症狀是嚴重焦慮的主要組成之一。認知行為治療的治療師們通常會教導放鬆技巧,讓一個高度焦慮的人可以學會減輕焦慮的生理症狀。有一種稱為漸進式肌肉放鬆法（progressive muscle relaxation）的方法,涉及刻意繃緊再放鬆特定的肌肉群[4]。經過反覆的練習後,肌肉群的數量會減少,所以個體最終可以在幾秒內繃緊和放鬆整個身體。第二個技巧是注意身體特定部位的緊張,然後放鬆以消除它[34]。

2. 控制呼吸（Controlled breathing）：當經歷嚴重焦慮時,會不自覺地出現淺而急促的呼吸。有時候可能會極端到使個體產生過度換氣的現象,這通常發生在恐慌發作期間。腹式呼吸（diaphragmatic breathing）就是一個用來抵消淺而急促呼吸這種負面影響的技術。它涉及經由你的鼻子進行正常呼吸,吸氣四秒（從一數到四）然後吐氣四秒（從一數到四）為一次呼吸。

3. 冥想（Meditation）：有證據顯示冥想用於焦慮問題的治療是有效的[36]。注意力再訓練（Attentional retraining）被認為是冥想能減輕焦慮的重要過程。因為這個原因,冥想和正念（mindfulness）之間有顯著的重疊,因此,正念冥想（mindfulness meditation）是用於治療焦慮問題最常見的冥想類型。另一種變化為慈愛冥想（lovingkindness meditation）,這包括在冥想過程中,將注意力集中在你選擇的富有同情心之人的形像上,這個人會在你冥想時向你表達溫暖、關懷、愛和接受。

4. 正念：這是採取一種被動、不帶批判的方式,你需要成為自己的觀察者,觀察此刻自己的想法和感受,而且不會試圖改變自己的內在經驗[37]。正念是一種讓個體學會與自己的焦慮想法產生距離的技巧,無論其症狀的嚴

重程度如何。這就好像旁觀者觀看遊行一樣，只是換成你看著威脅和脆弱的想法在你的腦海中通過。

5. 生理活動：第五章中，你學到規律的生理運動在減少焦慮和增進對焦慮症狀的忍受度上來說是有效的。這就意味著維持身體健康可能是有助於適應焦慮的策略。同樣地，許多人在感到嚴重焦慮時會變得亢奮、不耐煩，並且容易沮喪。學習放慢速度，調整自己的節奏，並專注於手邊的任務是抵消嚴重焦慮螺旋式影響的有效方法。

下一章節

我們如何行動對於我們的焦慮問題有著重大的影響。如果我們無法忍受焦慮，選擇逃避／避免、尋求安全感和依賴不健康的調適策略，我們的焦慮問題將變得更糟糕。但這些情況不必發生。在本章的開頭，你回想起自己展現勇氣的那些時刻。你並沒有失去那些勇氣。也許它已經沉寂了一段時間，但現在是時候讓它再次甦醒了。只要有勇氣，你就可以採取以暴露為基礎的介入來增進你對焦慮的耐受力。隨著耐受力的重建，你將會感受到焦慮問題出現明顯改善。

我們的思考方式（第六章）和調適方法（第七章）並非促成焦慮問題的唯二因素。下一章的主題──擔憂（Worry）是增強焦慮問題的第三個因素。在第八章中，你將學到過度擔憂的有害影響，以及它如何導致所有的問題性焦慮。擔憂是種難以打破的習慣，但正如同迴避和逃避一樣，有特定的認知行為治療技巧可以提高針對擔憂心理的自我控制能力。

8
掌控你的擔憂心理

　　瑪凱拉是一名「杞人憂天大師」，或至少那是她在朋友、家人與同事間的稱號。自高中以來，她就會擔憂即將來臨的災難。現在，她擔憂所有的事情——她自己與丈夫的健康、最近財務投資的衰退和迫在眉睫的退休前景、她的工作表現、媳婦懷孕、小兒子尋找新工作、他們重新裝潢浴室的計畫等等。即使是完成家務這種日常瑣事也可能引發新一輪的擔憂。過去幾年間，她已經嘗試了多種介入方法，從抗憂鬱劑和鎮定劑到多次與各種心理健康專家進行諮商，但似乎沒有任何方式能解決她的擔憂問題。這幾年下來，她的擔憂好像只變得更加嚴重。現在瑪凱拉感覺自己被困住了，擔憂掠奪了她應享受的「我一生中最美好的時光。」

　　擔憂是廣泛性焦慮症（generalized anxiety disorder，GAD）的核心特徵，但在其他大多數的焦慮問題中也能發現它的蹤影。如果你患有嚴重的社交焦慮，你很可能會擔憂別人對你的看法。如果你曾恐慌發作，你或許會擔憂再一次發作。此外，如果你對健康感到焦慮，那麼你會擔憂自己可能罹患了尚未被檢查出的、危及性命的疾病。擔憂是多種焦慮類型的重要組成部分，因此我們稱之為跨診斷過程（transdiagnostic process）。這就是為什麼我們要用一整章來探討擔憂的原因。無論你的焦慮問題是什麼，如果你會擔憂，你可能需要花時間來閱讀本章節。

我們都曾擔憂過重要的決定、如何處理一個問題或未來可能發生的一些災難。感到擔憂相當正常。生命充滿了糟糕或危險的可能性,所以替最糟的結果做好準備是有道理的。「做最壞的打算,抱最好的希望」這句諺語抓住了擔憂的本質。擔憂就是想到未來會發生嚴重且具威脅性結果的可能性,然後制定計畫去應對它們。

擔憂是一種持續、重複且難以控制的思考鏈,主要聚焦在負面或威脅的可能性上面。它涉及演練多種問題解決方案,企圖減少因為可能的威脅而升高的不確定感。

不幸地是,有時候,擔憂會失去控制。當它持續數小時,發生的天數多過沒發生的天數,並且擴散到你生活中幾乎各個層面時,它就會變成問題。有時,即使你付出了最大的努力也無濟於事,擔憂仍會縈繞在你的心頭。你會感覺自己陷入嚴重的焦慮和絕望之中。很快地,你就發現擔憂變成一種心理習慣,一種思考方式,使人無法過健康、滿意的生活。這就是過度擔憂,也就是本章的主題。當擔憂過度時,我們會出現其他焦慮症狀,例如:

- 專注力差
- 更加煩躁不安
- 在白天時感到疲倦
- 肌肉張力升高
- 時常出現睡眠問題
- 焦躁、不安和緊張感

過去三十年間，心理健康研究人員對擔憂的瞭解增加了許多。根據他們的見解，我們提供一種特別類型的認知行為治療，主要針對導致擔憂失控的認知和行為過程。

有益的擔憂與有害的擔憂

首先會探討是什麼使擔憂有益或有害，這樣你就能發現我們所謂的擔憂「甜蜜點（the sweet spot）」。你將學習如何評估擔憂，並且使用五種量身訂製的認知行為治療介入策略，幫助你更好地控制自己的擔憂心理。

有益擔憂

當擔憂是有益的，你可能會對一個重大問題以及所有可能出錯的事情進行大量思考，但是你能夠接受自己無法確定未來。你對於問題的思考引導你相信如果它真的發生，你將能夠因應。在復原取向認知行為治療中，有益擔憂被認為是具適應性的，它表達出你更正面的思考方式。它透過讓你集中注意力在追求的珍愛目標的可控部分上，同時接受未來的不確定性來增進自尊。

瑪凱拉的先生理查，他將近六十歲、患有高血壓、體重過重，而且有心臟病的家族病史。如果瑪凱拉以有益的方式去擔憂理查的健康，她可能會思考所有她可以鼓勵並支持他努力養成更健康的生活方式的方法。同時，她理解生命的不確定性，意識到更健康的生活方式可以降低過早死亡的風險，但不能保證任何人的長壽。她無法想像沒有理查的生活，但是她也知道，就像大多數婦女一樣，有一天，她或許需要適應喪偶生活。用這種方式擔憂理查的健康，幫助瑪凱拉把她的注意力從假設的未來轉移到今天正在

發生的事情。

有害擔憂

有害或問題性擔憂所涉及的過程，會導致一個與有益擔憂截然不同的結果。在這裡，個體會反覆思考已知問題可能出現的最壞結果，並演練可能降低最壞情況發生的機率或影響的反應。所有這些反應都被認為不恰當，並且讓人留下對未來感到不確定的不適感。這類型的擔憂對於患有焦慮問題的人來說，感覺起來就像呼吸一樣自然。它是擔憂心理的產物和自我保護模式的表達。這就意味著有害擔憂完全專注於最小化威脅和危險的可能性，且不接受未來的不確定性。有害擔憂無法讓人感覺到自己可以控制什麼來達到重要目標，進而提升自尊。反之，它對嚴重焦慮的形成有重大貢獻，原因如下：

- 確保選擇性地專注於威脅和危險的想法
- 增強個人的無助感
- 由於專注於未來而增加了不確定的感覺
- 作為一種避免焦慮問題背後的核心恐懼的策略

瑪凱拉沒有利用她的擔憂去計劃如何改善理查的健康，一天當中，她反而會多次想起理查不健康的生活方式和心臟病發作的風險，並且總是想到理查心臟病發作，但無法及時醫搶救。瑪凱拉會想到得知理查死亡的消息、他的喪禮，以及之後沒有理查的生活。她想到自己曾經試過的所有方法，試圖讓他改變習慣、減肥和運動，但他就是不聽。瑪凱拉感覺自己就像住在一顆隨時可能爆炸的不定時炸彈旁邊，不斷湧現的「萬一⋯⋯怎麼辦」的

想法已經超出瑪凱拉的承受範圍。

　　瑪凱拉的有害擔憂是否聽起來很熟悉呢？如果是，要知道事情不一定非得如此，你可以把有害擔憂轉變為更有益的擔憂。

擔憂內容

　　構成我們擔憂的心理經驗的想法、觀念和記憶對每個人來說都是獨一無二的。我們稱其為擔憂內容（worry content），而你所擔憂的事情與你的人格和生活情境非常有關。不會有兩個人擔憂完全相同的內容，但有一些共同的主題可以貫穿所有擔憂。這些主題從最無關緊要的日常任務（如：在美容院的預約時間準時抵達）到非常重大的個人悲劇（得到不治之症）再到重要的國際事務（無法處理氣候變遷）。無論你是一個有益還是有害的擔憂者，花一點時間思考以下哪些擔憂主題或憂慮與你最相關。

評估練習：擔憂議題

　　工作單 8.1 列出了常見的擔憂議題。當你閱讀此清單時，請考慮每個問題是否具有個人相關性或重要性。針對那些個人相關的議題，請判斷你是否反覆以有益的方式去思考它們，從而引導出一些建設性的決定或行動。其餘的相關議題可能導致你更焦慮，因為你很難以建設性的方式去思考它們。這些就是你在本章需要關注的擔憂議題。

　　你是否擁有既有益又有害的擔憂呢？瑪凱拉就是如此。其中一些類別與有害擔憂相關，例如家人和朋友的健康和安全、財務、工作表現和次要責

任。然而,瑪凱拉也發現她以較有益的方式去擔憂一些問題,像是她的身體外觀、年齡增長和旅行。儘管她時常想到這些事情,但是她通常用可以導致一些建設性的決定或行動的方式去思考,並且接受其中可以改變或無法改變的事情。你是否驚訝地發現自己並沒有過度擔憂一切呢?是否有些問題造成你過度擔憂,但其他問題你卻置之不理,因為他們壓根不會讓你擔心呢?你是否以有益的方式去擔憂幾種個人問題呢?

你的擔憂是有益還是有害的

要更好地理解你的擔憂,首先要釐清你是傾向以有益還是有害的方式去擔憂。表 8.1 列出了有害與有益擔憂的定義特徵。

所有的擔憂都與未來及可能會發生什麼事有關。擔憂可以被認為是一種假設思維,人們企圖從中找到一種能夠對想像的可能性提供確定感或安逸感的反應。但這就是有害擔憂和有益擔憂之間唯一的相似之處了。如同先前提到的,有害擔憂過度關注於自我保護,而有益擔憂則關注於自我拓展(self-expansion)或適應和計畫以達成目標。你可以在表 8.1 列出的特徵中看到這些差異。有害擔憂聚焦在威脅的誇大可能性上,並努力追求難以實現的未來安全感和確定性。有益擔憂往往考慮當下的問題,不那麼關注最壞的結果,也不需要明確知道災難是否會發生。

表 8.1 有害與有益擔憂的特徵

有害擔憂	有益擔憂
• 專注遙遠、想像中的「萬一」場景 • 專注在我們不太能控制或無法影響的想像問題上 • 傾向專注於如果擔憂的事情真的發生，我們會感覺多麼苦惱 • 拒絕接受針對擔憂的任何解決辦法，因為它無法保證成功 • 不斷追求關於想像結果的安全與確定感 • 焦點放在非常狹窄且誇大的想像威脅或最糟情節（即災難化） • 適應擔憂情況的無助感 • 高程度的焦慮或苦惱	• 專注更立即、實際的問題 • 專注在即將到來，我們有些控制或影響力的問題上 • 主要專注在解決擔憂議題 • 願意嘗試和評估不那麼完美的解決辦法 • 願意忍受合理的風險與不確定 • 焦點放在更廣大、平衡的擔憂議題的面向上；能夠認識該情況正面、負面和良性的層面 • 對個人適應擔憂情況的能力有較大程度的自信 • 低焦慮或苦惱

根據大衛·A·克拉克與亞倫·T·貝克所著的《Cognitive Therapy of Anxiety Disorders》（The Guilford Press 版權所有 2010，p.427）。

我們一起看看瑪凱拉對於浴室裝修的擔憂，作為兩種擔憂類型的例子之一。瑪凱拉的有害擔憂經驗涉及長期陷入高度負面的想法中，像是「萬一我們雇用的承包商能力不足，做得很差怎麼辦？」、「萬一他們不照我們想要的做，我們討厭更新後的浴室怎麼辦？」、「萬一他們動工後就離開數週去做其他工作怎麼辦？」還有「萬一我們超出預算怎麼辦？」她透過心理演練各種策略去應對承包商，希望確保他們將按進度執行、做得令她滿意而且不會超出預算等等，藉此反駁自己的災難化思考。但是似乎所有方法都沒有幫助，而她最後則是感覺腸胃不適，認為整個工程將會是場災難。她藉著提醒自己這只是一次浴室裝修，一切都會沒問題，試圖讓自己停止擔憂，但她卻無法說服自己。她開始擔心由於她無法控制的擔憂，即使是最平凡的事情都會損害她的健康，導致她最終會因為種種壓力而「神經衰弱」或心

臟病發作。

如果瑪凱拉可以提醒自己整修工程幾乎從未按照計畫進行，以及「期待出乎意料的情況」，那麼她將走上有益擔憂的道路。如果她對承包商有疑問，她可以查看一份清單，提醒自己她已經做了哪些努力來保證雇用到最稱職的人（如：資歷查核、獲得一份詳細的工作報價單、簽名的合約等等）。她可以與經歷過類似整修工程的朋友們討論，並且學著與雇用承包商的風險和不確定性共存。她可以提醒自己，家裡面有許多地方她想改變，但即使是這樣，她仍舊可以生活其中，所以如果她沒有100%滿意這次的浴室裝修，她也能夠接受這一點。她可以把注意力放在任何改善都會比她多年來一直使用的舊浴室更好的這個事實上。如果承包商違背契約，她可以尋求法律管道去解決這個問題。最後，她將重新架構這個問題，並且提醒自己一個新的浴室對她的生活滿意度和意義影響不大。即使此刻她對浴室裝修感到有些擔心，但是她能夠正常化這些感覺並接受它們，明白大多數人要花一筆可觀的金錢時都會感到不安。

當涉及擔憂一個特定問題時，很難判斷自己是用有害還是有益的方式進行擔憂。通常比起自己，在其他人身上更容易看出差異。以下的小測驗提供你一個機會去練習區分有益和有害的擔憂。

小測驗：關於失業的擔憂

工作單8.2顯示兩個人對於失業存在著不同的擔憂方式。兩人都面臨了因裁員而失業的可能性。你將看到一段簡短的描述，指出兩人是如何擔心失業這件事情。利用表8.1列出的特徵，決定哪個人展現出有害，而哪個人展現出有益的擔憂。你判斷的理由是什麼呢？

你是否認為金對於失業的擔憂是有害的，而卡佳的擔憂則是較有益的

呢？當金擔心他的工作時，他進行了很多關於最壞可能結果的假設性思考。他不斷想到失業好幾個月、他在沒有工作期間會感覺多麼地糟糕，以及因為超出他控制範圍的經濟因素，他的求職之路將徒勞無功。你會發現因為他難以忍受就業狀況的不確定性，所以他的焦慮與擔憂在此情況下不斷累積。

卡佳的擔憂採取一種更實際、更能解決問題的方式去因應可能出現的失業問題。她更專注於現在而非未來。她釐清了現在能做些什麼來為不久的將來可能出現的失業做好準備。她沒有專注在自己的情緒上，也就是若失去工作她會感覺多麼糟糕。她也沒有去想最壞的情況（無聊的坐在家裡、痛苦和沮喪），而是思考如果不久後失業，自己可以做出的各種選擇。卡佳更擅於接受未知和未來的不確定性。因此，她的擔憂帶來問題解決和準備，而不是一股壓倒性的威脅和失敗感。

當你想到自己擔憂的時候，你比較接近金還是卡佳呢？擔憂會聚焦在我們認為重要的情況、問題和議題，因此，我們的擔憂會集中在幾項生活領域上面，像是健康、家庭、關係、工作／學校、安全、社區和精神／道德問題。你是否對有一個或多個生活領域感到擔憂呢？

你從你的擔憂中學到什麼呢？它是否聚焦在你生活的一或兩個領域中，像是健康或你的親密關係？或者你擔憂生命中大部分的事情呢？當你用表 8.1 去對照並評估你的擔憂時，你的擔憂是全部有益、有害還是兩者皆有呢？這個章節是關於有害擔憂。因此，如果你在工作單 8.3 中的多項擔憂都是有問題的，而且它們使你感覺焦慮，不要絕望！本章的其餘部分就是為你而寫。它將告訴你如何擺脫我們的有害擔憂並採取更有效的方式去面對不確定的未來。

> **評估練習：我在擔憂什麼**
>
> 工作單 8.3 要求你思考生活領域中的十個面向，並且判斷你是否在每個領域中擁有特定的擔憂。如果有，請指明該擔憂是有害還是有益的。

是什麼讓擔憂變成有害

如同瑪凱拉，許多人擔心很多不同的事情。如果你是其中一人，你可能會疑惑為什麼你的擔憂變得無法控制，並且使你感覺如此焦慮。

當人們在日常生活面臨更多壓力或正在經歷重大的生命困境時，就更可能經歷擔憂和廣泛性焦慮[4]。但是，比起我們的生活情境，我們如何處理擔憂的想法更能影響它是否是有害。表 8.2 呈現出多項批判性的思考過程，這些過程會把擔憂從一種有益、問題解決的方式轉變成一種極端、無法控制和有害的思考方式，從而加劇無法忍受不確定性的狀態。

你能夠發現自己對於生活議題的思考方式會如何使你的焦慮和擔憂變得更糟糕嗎？你辨識出的思考過程負責將有益擔憂轉變為有害擔憂。稍後，當我們向你介紹減少擔憂的認知行為治療策略時，將會回顧這些思考過程。這些策略主要針對表 8.2 列出的多項思考過程。

在我們討論擔憂評估和治療之前，我們必須花點時間思考一下你還需要瞭解哪些關於擔憂心理的背景知識。

表 8.2　有害擔憂的關鍵認知特徵

認知過程	解釋	範例
災難化	完全專注於極度令人不安或具威脅性的未來結果（最糟情況）的可能性上。	「萬一我五歲的孩子在學校玩耍時，頭部受傷怎麼辦？」
焦慮感上升	擔憂時會感受到焦慮的生理症狀（肌肉緊繃、不安、心神不定、噁心）。	當瑪凱拉想到媳婦懷孕時，她可以感受到她的身體越來越緊張，胃似乎也開始打結。
無法忍受不確定性	對於接受未來事件的不確定性有困難，因此努力取得可怕的事情不會發生的保證。	「我迫不及待想知道這個皮疹是不是惡性黑色素瘤。」
追求安全感	努力從自己或所愛之人遭遇威脅或危險的可能性中獲得安全、舒適或放鬆感。	反覆向你的主管確認你在新工作上表現良好。
失敗的問題解決	反覆嘗試制定有效的應對辦法，以處理可能發生的災難，但對每種可能的解決方案都不滿意。	你擔心十幾歲的兒子叛逆且惹麻煩，但是所有你想過解決這個問題的辦法似乎都會失敗。
追求完美	嘗試為可能的威脅找到完美的解決方案，以緩解擔憂和得到個人的安全感。	「如果我的配偶外遇怎麼辦，我需要以完美的方式處理這個問題，這樣才能揭露真相，但又不會破壞我們的婚姻。？」
加強心理控制力道	反覆努力停止擔憂，反而增加了擔憂的傾向	不斷告訴自己不要這麼愚蠢，並更努力嘗試去停止擔憂。
不健康的擔憂信念	擁有正面信念，那麼擔憂是有益的；但擁有負面信念，擔憂就會損害你的健康和福祉。	「擔心孩子的安全顯示我是一個有愛的母親」（正向信念）。 「如果我不停止擔心，我就會心臟病發作」（負面信念）。

> **評估練習：發現你不健康的擔憂過程**
>
> 你可以看出列於表 8.2 的思考方式會如何把你寫在工作單 8.3 中的擔憂轉變成有害且焦慮的思考方式嗎？工作單 8.4 提供你一個機會，幫助你辨識這些認知過程在產生有害擔憂方面所扮演的角色。

擔憂心理

到目前為止，我們已經區辨了有益和有害擔憂之間的差異。這種有害擔憂會使焦慮加劇，並使我們對未來感到憂慮。我們也辨識出八種會強化有害擔憂的思考過程。讓我們把所有資訊整合在一起，並檢視擔憂心理運作方式。我們將其稱為「擔憂的認知行為治療模式」，如圖 8.1 所示。

如你所見，擔憂心理包含四個主要元素：（1）接觸到與你的擔憂問題相關的觸發因素或刺激，（2）活化與擔憂相關的正面和負面信念，（3）有害擔憂的經驗，以及（4）相關焦慮的加劇。擔憂的心理就像一個回饋迴路，擔憂會導致焦慮加劇，而焦慮本身又會增加擔憂的頻率、強度和不可控性。因為我擔憂，所以焦慮；但也因為我焦慮，所以擔憂。

```
                觸發因素／刺激
    （侵入性的想法／影響／記憶；情況、環境、資訊）
                        ⬇
                  擔憂信念被活化
    （關於擔憂、威脅、不確定性和脆弱的正面與負面信念）
                        ⬇
```

追求安全感　　　　　　　　災難化

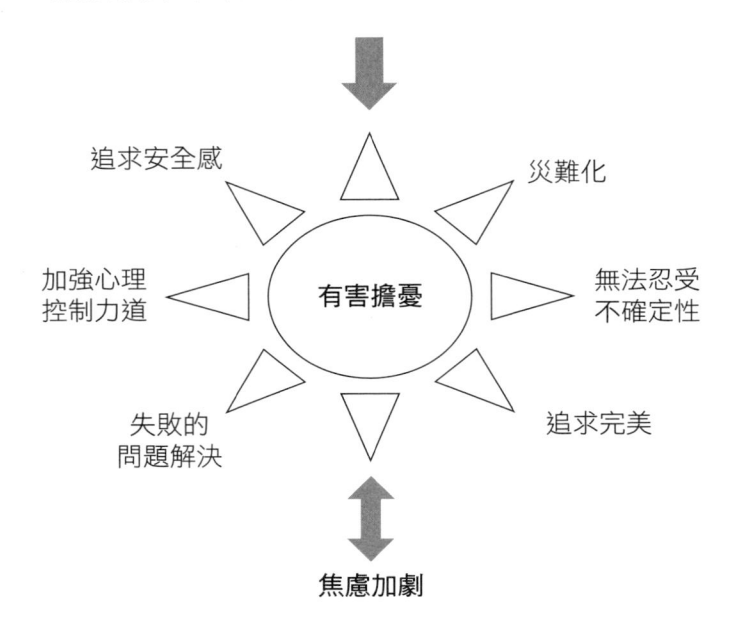

加強心理　　　　　有害擔憂　　　　無法忍受
控制力道　　　　　　　　　　　　　不確定性

　失敗的　　　　　　　　　　　　追求完美
問題解決

                    ⬆⬇
                  焦慮加劇

圖 8.1　擔憂的認知行為治療模式

1. 觸發因素和侵入性想法

　　擔憂總是因為某事而被引發；很少會無緣無故發生。觸發因素可能是一種情況、一個人、你被告知的某件事或接觸到某些資訊。通常會有一些事情啟動了擔憂過程。它通常始於一個突然出現在你的腦海中的想法、影像或記憶──我們稱之為不想要的侵入性想法。我們每天都會想到數百個，

甚至可能上千個侵入性想法，但只有其中一些想法會引發擔憂。導致擔憂的是侵入性的萬一想法，涉及一些未來威脅、危險或負面結果的可能性。一些與擔憂有關的侵入性想法範例如下：

- 想到參與下週會議時，你的報告尚未準備好。
- 想起一位朋友告訴你她看見你的先生和另一個女人在餐廳中用餐。
- 被他人提醒銀行取消了你的抵押貸款。
- 想像你的孩子在幼兒園受傷。
- 想起醫生告訴你乳癌檢驗結果為陽性。

人類的心理極具創造力，而我們的外在環境持續不斷地變動，因此，有無數侵入腦海中的想法可能引發擔憂。我們忽略或者幾乎沒有意識到其中的大部分。因此，一個侵入性想法要抓住我們的注意力並導致擔憂，它必須是：

- **與個人相關**：與我們個人的目標、價值和關心事物相關的侵入性想法更有引發擔憂的潛力。舉例來說：只有虔誠的宗教人士才會注意到自己在每日禱告時是否真誠的侵入性想法。
- **誇大的威脅**：關於災難、最糟結果的侵入性想法更可能引發擔憂。事實上，正是一些對自己或所愛之人即將發生災難的想法真正抓住了我們的注意力。
- **外在線索**：通常，與擔憂相關的侵入性想法是由我們日常活動中遇到的情況或資訊所引發。一則電視廣告、辦公室裡的一句評論、回家路上注意到的某件事……我們每天處理數百萬種可能引起侵入性想法的

線索。瑪凱拉可能因為聽見嬰兒啼哭，就想到她正懷孕的媳婦，然後開始擔心未出世孩子的健康。

2. 信念活化

我們對擔憂及其後果的觀點對擔憂過程有著重大影響。對於需要控制擔憂並最小化其對情緒健康影響的負面信念，會讓我們陷入無法控制又有害的擔憂之中。同樣地，認為擔心是有用的正面信念也可能導致無法控制的擔憂。你對擔憂抱持何種看法呢？

評估練習：我的擔憂信念

使用這項練習去發現自己是否懷抱著關於擔憂的不健康信念。工作單中包含二十條信念陳述，這些信念陳述是根據圖 8.1 中有害擔憂的六種特性所列出來的。擔憂信念檢核表（工作單 8.5）旨在提供你一個粗略的概念，使你瞭解正面和負面的擔憂信念在你的有害擔憂的經驗中所扮演的角色。

瑪凱拉擁有多種問題性的擔憂信念。當她憂慮退休時，她會堅信他們沒有足夠的金錢養老，即使她和她先生都擁有充足的退休儲蓄。她只能想到必須賣掉房子，搬進一個小公寓。依她的年紀，除了工作到七十歲，她實在想不出任何其他的解決辦法。她反覆尋求財務建議，並且不斷與先生談論他們如何能夠負擔退休生活的方法，但由於缺乏一盞明燈可以讓她感受到幸福和安全，因此沒有什麼可以減輕她對於未來的擔憂。瑪凱拉相信自己對於退休的擔憂代表她認真看待這件事，這樣其實可以防止她犯錯和過早

退休。但另一方面，這種擔憂是一股「無法阻擋的力量」，掠奪了她短暫的喜悅。累積的痛苦與焦慮皆超出擔憂的任何優點。你會看到瑪凱拉贊同許多工作單 8.5 所呈現的擔憂陳述。

3. 擔憂過程

圖 8.1 包含了六項會導致擔憂變得令人焦慮和無法控制的核心思考過程（定義於表 8.2）。

災難化

當我們專注在一個情況的最糟可能結果，並且難以考慮較不極端的可能性時，擔憂就會變得有害。我們花費如此多時間在災難上面，因而深信它是最有可能發生的結果。那些更有可能發生但不太嚴重的負面結果則會逐漸被人們所忽略。我們直接忽視那些較不嚴重的結果，認為它們只是在說服我們「洗腦」自己，讓我們相信事情或許沒有那麼糟糕。

想像你是家長，擁有一名十七歲的女兒，她與朋友外出，現在已經超過她的門禁時間兩小時了，但她還沒回到家。她沒有接手機，而且還屏蔽了她的所在位置。人們自然會想到最壞的情況：她遭到了攻擊、正在吸毒、參加狂野的派對，或者遭遇了致命的車禍。此時很難想到不那麼駭人的可能性，像是她的手機沒電了或者她玩得很開心，以至於忘了時間。你甚至可能忘了以前也曾發生過相同的情況，但她並沒有遭遇危險。你將「憂心忡忡」，因為你會不斷想到最壞的情況——她陷入困境且無法得到幫助。

> **評估練習：你的擔憂災難**
>
> 回顧你記錄在工作單 8.3 中的有害擔憂。你可以參考瑪凱拉的例子，挑選幾個你的擔憂問題，並將記錄下來。接下來，寫下一種當你擔心那個問題時，你所能想到的最糟結果或災難。（參見工作單 8.6）
>
> 瑪凱拉的有害擔憂問題：我的投資表現不太好。
> 瑪凱拉的災難性想法：我將永遠不能退休。我會一直從事這份痛苦的工作，直到我的健康垮掉為止。我將獨自困在公寓裡，無法去任何地方，直到我被強制送進安養院。

無法忍受不確定性

當面對無法預測、新奇或模稜兩可的情況時，我們會感到最不確定[38]。如果你對於不確定性的忍受度低，你將發現自己對處理新奇且無法預測的情況感到特別困難。自然的反應就是擔憂。事實上，對不確定性的忍受度低是產生有害擔憂的關鍵因素。它會觸發假設性的問題，而這是有害擔憂的一項核心特徵[39]。整個擔憂過程可被視為想要重新獲得對未來抱持確定感的一種嘗試。但其實這是一種徒勞無功的嘗試，因為我們無法預知未來。我們可以進行預測，想像可能性，但最終我們無法確定將會發生什麼。我們沒有選擇，只能活在不確定中，直到未來發生。

在之前的例子中，隨著門禁時間一分一秒地過去，你卻還無法確定女兒的下落，這可能會讓你感到難以忍受。你可能會試圖說服自己相信這樣或那樣的可能性，但沒有什麼可以消除揮之不去的不確定感。當擔憂變成

一個問題，無法忍受不確定性就不再只是偶發事件。時常經歷有害擔憂的人會尋求對未來更高程度的確定性[39]。因此，無法忍受不確定性就變成了擔憂過程的催化劑。稍後你將暸解認知行為治療的介入策略，這些策略可以提高你對不確定性的容忍度，並阻止假設性問題的持續出現。

追求完美

有些人無法停止擔憂，因為他們正在尋求針對一個問題的完美解決。由於接受標準的不切實際，所以一個接一個的可能性皆被否絕。瑕疵、錯誤或缺點是無法被容忍的。完美主義並不是造成所有有害擔憂的因素，但當它存在時，它可能是導致擔憂持續存在的重要因素。

拉托亞是一名年輕女性，她擔心自己無法找到真愛，餘生只能過得孤單且悲慘。她約會過許多次，但是每一位男性都達不到她不切實際的標準。她的親密友人不斷告訴她「你永遠無法找到完美先生」，但是拉托亞無法容忍自己注意到的最輕微缺點。你可以看見拉托亞對於戀愛關係的完美主義如何導致她對自己戀愛關係狀態上的擔憂。如果你想知道完美主義是否會對你的擔憂產生影響，可以考慮以下兩本關於這個主題的自助書籍：《只有完美還不夠》（暫譯，*When Perfection Isn't Good Enough*）[40]和《克服完美主義》（暫譯，*Overcoming Perfectionism*）[41]。

失敗的解決方法

有害擔憂涉及不斷尋找某種解決方法，來來處理預測的災難並停止擔憂的過程。在羅伯特・萊希（Robert Leahy）的《擺脫焦慮》（暫譯，*Anxiety Free*）一書中，他指出現在就需要一個答案是擔憂的重要促成因子[42]。經歷

有害擔憂的人們能夠解決問題，但是他們的方案中存在許多弱點。他們：

- 對自己問題解決的能力缺乏自信。
- 過度關注未來的威脅。
- 對問題解決的結果抱持負面期待。
- 尋找完美的解決辦法。
- 傾向關注不相關的資訊或進行強迫性的檢查以減少不確定性[42]。

最終的結果是，陷入有害擔憂循環的人們會花費大量時間「原地踏步」。他們針對害怕的結果思考了多種可能的反應，但最終卻認為每個解答都不可接受。這使得他們感到無助，無法應付充滿威脅、危險和不確定的世界。

德瑞克是一名大學生，他擔心在社交場合因為被嘲笑和拒絕而感到丟臉。如果受邀參加一個派對，他會花上好幾天在腦海中排練自己該如何應對多種尷尬的社交情形。他會搜尋網路資源，學習如何保持友善及避免令人尷尬的社交失態。然而，所有他讀過或心理演練過的資源對他都不是很管用。他無法想像自己在社交方面展現自信且有能力。他確信自己會給人留下尷尬和不真誠的印象，這會引起更多可能的不滿和尷尬。因此他很苦惱，擔心如何克服自己的焦慮和對尷尬的恐懼。

加強心理控制力道

有多少次你聽見人們說：「噢，不要擔心它」或「停止擔心」，而你想要反駁「我當然知道我應該停止擔心，但是我做不到！」呢？當陷入一個有

害擔憂的循環時，感覺上可能像是你的心智失去了控制。就在你想著「我是不是瘋了？」的那一刻，你會更加努力地試圖擺脫這種擔憂。這是基於「我無法停止擔憂，因為我還不夠努力」的信念。然而，這個推理有個問題。心理控制是一種矛盾的過程，你愈是努力嘗試不要擔憂，你就會愈擔憂。

　　哈佛心理學家丹尼爾・韋格納（Daniel Wegner）發現一種現象，稱為自我控制逆效應（ironic effects of mental control）[43]。在他的研究中，它讓受試者嘗試在幾分鐘內不要想到一隻白熊。當他們停止嘗試壓抑去想一隻白熊的念頭後，丹尼爾發現相較於沒有嘗試壓抑的受試者，這組受試者的腦中反而會浮現更多與白熊相關的侵入性想法。換句話說，試著不要想白熊比起放任這個想法更容易使人們去想到白熊。如果你感到懷疑，請試試看這個白熊實驗。

> **💡 TIPS ｜擔憂的心理控制**
>
> 　　你可以藉由反覆進行白熊實驗，來增加實驗的相關性，只不過現在把白熊換成一項你記錄於工作單 8.3 中的有害擔憂問題。遵循相同的實驗說明，只是把想到白熊和不去想白熊替換成想著你的擔憂問題。記錄各個階段思緒中斷的次數，並完成評分量表。現在，把你的結果與你第一次進行白熊實驗的結果相比較。你發現了什麼？你可能會發現，不去想你的擔憂比不去想那隻白熊更難。這是因為擔憂問題對你而言更加重要，所以就更難將注意力從它身上轉移。

評估練習：白熊實驗

這項實驗分為兩個階段。先拿好一張紙和一枝筆。按下手機上的秒錶，閉上眼睛，然後想像一隻白色的熊。盡你所能，讓那隻白熊停留在你的腦海中。如果你的思緒飄到其他想法上，請在紙上做個記號（你可能需要張開眼睛一秒鐘）來記錄思緒中斷的情形，接著再重新將注意力集中到白熊身上。兩分鐘後，實驗結束，請你計算並記錄當你想著白熊時，思緒被打斷的次數，並且使用工作單 8.7 來替你的實驗進行評分。

第二階段，再次閉上眼睛，在接下來的兩分鐘內，試著不要想到白熊。你應該用盡全力試著把注意力維持在其他任何事情上面。如果白熊侵入你的腦中，畫一個記號，表示侵入發生（你可能需要稍微睜開眼睛），然後慢慢將注意力轉移回其他想法上。同樣利用工作單 8.7 來記錄你不去想白熊的經驗。

你注意到這個實驗的哪些地方呢？你是更擅長把白熊保留在腦海中，還是阻止自己去想到白熊呢？抑制白熊出現在腦海中所需付出的心智努力是否比起刻意想到白熊還大的？如果你和大部分人一樣，那麼你會發現抑制想法（不去想到白熊）比起刻意想到白熊要困難許多。

再次重申，我們希望用白熊實驗讓讀者們意識到：你愈嘗試不要擔憂，你就會愈擔憂。如同你將在本章的後半段學到的，許多針對擔憂的認知行為治療介入都是強調「放棄直接控制擔憂的努力」。你將發現，當你不再嘗試控制擔憂，它就會變得不那麼佔主導地位，也不那麼容易引發焦慮。

追求安全感

當擔憂變得有害，我們幾乎會做任何事情來獲得一些緩解、一種安全和舒適感。透過尋求安慰是尋求緩解的常見方法。如果你擔心一些糟糕的可能性，從朋友和所愛之人那邊尋求安慰是很自然的，像是：「你認為一切都會沒問題嗎？」或是試圖說服自己：「一切都會沒事。」你可能會想出巧妙的論點來說服自己，告訴自己你已經做好了最壞的準備。然而，擔憂永遠與未來有關，因此，你的不確定感將揮之不去。你尋求安全與安全感，但它仍然難以捉摸。事實上，這種追尋本身反而會加重擔憂的經驗。

有兩個因素增加了安全尋求的衝動。第一個被稱為情緒化推理。擔憂會導致我們感覺焦慮。我們把焦慮感視為一種訊號，表示擔憂的威脅必定是真實的，而且很可能會發生。因此，感覺焦慮證明我們應該擔憂。諷刺地是，我們認為反過來也是正確的：「如果我不感覺焦慮，我就沒有什麼好擔心的。」儘管我們可以透過服用鎮靜劑來減輕焦慮，但這並不能改變未來，也不能確保我們擔心的事情不會發生。如同感覺平靜不代表不需要擔心；感覺焦慮也不代表我們應該擔憂。我們的感受無法改變未來威脅是否發生的機率。

關於為憂慮而憂慮（Worry about worry）是尋求安全和緩解擔憂的另一個強大動力。英國心理學家阿德里安・威爾斯（Adrian Wells）注意到那些長期處於焦慮狀態下的人們會因為擔憂而變得憂慮[44]。這種情況涉及了一組關於擔憂的負面信念，諸如：「除非我停止擔憂，否則我會發瘋」、「我失去了對擔憂的控制」，或是「只要我正在擔憂，我就無法從事任何具生產力的事情」。一旦我們開始擔心憂慮的負面影響，我們甚至會更迫切地去尋找針對擔憂問題的緩解或某種類型的解決方案。同樣地，這種「擔憂恐懼」

促使我們更努力地試圖停止擔憂，因而引發了心智控制的矛盾效應。

接著，避免和尋求安全變成具有急迫性的全新感受，因為我們堅信自己必須做任何事情來停止擔憂和減少焦慮。經過幾年的擔憂之後，瑪凱拉深信她的生活已經被病態擔憂破壞殆盡。她開始害怕擔憂發作，並且嘗試找出她的擔憂觸發物，如此一來，她可以避免這些情況或經驗。當然，最終這些方法都是徒勞無功，只讓她感到身陷其中與深深的絕望。

擔憂評估

你對擔憂的瞭解可以幫助你建立一個擔憂檔案，它將引導你訂定個別化的擔憂認知行為治療介入計畫。我們從另一項評估工具開始，以協助你判斷擔憂是否為你的一個問題。

評估練習：擔憂的問題

當生活中發生某些不尋常的事情時，我們大多數人會陷在有害擔憂之中。因此，你可能想知道，自己是否經歷夠多的有害擔憂，足以將其視為生活中的一個問題。杞人憂天檢核表（工作單 8.8）可以幫助你完成此評估。它包含關於擔憂經驗的十句陳述。如果你大部分項目都是圈選「是」，那麼有害擔憂對你而言很可能是個問題。

追蹤你的擔憂

到目前為止,你一直依靠記憶來完成有關擔憂的各種練習活動和工作單。為了真正瞭解你的擔憂,即時蒐集一些資料很重要。下一個練習活動提供了另一項重要的評估工具——擔憂日誌(Worry Diary)。

透過日誌,你可以從中瞭解很多關於自己擔憂的事情。你的擔憂是否有常見的觸發因素呢?你是否發現自己一再地問同樣的假設性問題呢?你是否專注於某些災難呢?你是否正在思考如何解決問題呢?你將會希望繼續利用「擔憂日誌」來記錄自己的擔憂經歷,同時使用本章的介入策略。

評估練習:擔憂的自我監控

你可以使用這張表單去記錄自己日常生活的擔憂經驗。這將提供你寶貴的資訊,讓你明白如何利用認知行為治療的介入策略去減少擔憂。擔憂日誌(工作單 8.9)在擔憂認知行為治療中扮演了一個核心角色。你將需要隨身攜帶,並儘可能在擔憂事件發生後不久便完成它。每次當你經歷嚴重擔憂時,都要將其記錄於日誌中。

你的擔憂檔案

擁有一個計畫去指引你的治療將使你的擔憂介入更有效。你可以根據到目前為止你所做過的所有評估和練習活動來創造一個計畫或擔憂檔案。擔憂檔案強調特定的思考內容、災難性想法、擔憂信念和控制反應,你將透過我們的擔憂介入策略把它們設為目標。

評估練習：創造一個擔憂檔案

你擔憂檔案（工作單 8.10）包含五個部分：三種你最常出現和最苦惱的有害擔憂；每種擔憂最常見的觸發因素，包括外在觸發因素（情況、人物、資訊）和內在觸發因素（侵入性想法、記憶、感覺）；每種擔憂可能的最糟局面（假設性問題）；你對擔憂抱持的正面和負面信念；以及你嘗試調適擔憂的方式。

檢視本章中你做過的各種工作單。這將幫助你完成此檔案。如果你跳過其中一些工作單，那麼在填寫焦慮檔案前，你可能需要先補完它們。這裡有一些其他的特別建議：

- 如果你的擔憂日誌（工作單 8.9）並沒有很多記錄，你可能需要花更多時間去監控擔憂發生的狀況。擔憂日誌提供完成此檔案大部分內容所需的寶貴資訊。

- 如果你沒有出現持續、無法控制和引發焦慮的擔憂，那麼此檔案將與你無關。填寫檔案的 A 部分時，請參考存在擔憂的生活領域（工作單 8.3）和有害擔憂的認知特徵（工作單 8.4）。

- 針對災難的可能性，列出當擔憂一個問題或議題時，你所能想到的所有壞結果。專注在所有你問自己的假設性問題上。然後選擇一種可能性，那是你擔憂時，你所能想到的最糟結果。你會發現在完成此部分時，你填寫於有害擔憂的認知特徵（工作單 8.4）中的答案可以提供幫助。

- 回顧你在擔憂信念檢核表（工作單 8.5）認同的信念陳述。選擇兩到三個反映出你擔憂經歷的陳述，並將它們寫在檔案的 D 部分。

（續）

- 你可能嘗試過許多停止擔憂的方法。包括批評擔憂的自己、向他人尋求安慰、自我安慰、告訴自己停止擔憂、反覆檢查、使自己分心、尋找解決辦法等等。
- 你應該和你的治療師或某個知道你飽受擔憂所苦的人，如伴侶、家人或朋友共同完成「擔憂檔案」。

「擔憂檔案」是你在本章中會使用到的最重要的工作單。在你開始介入擔憂之前，你必須知道自己正在治療什麼。如果你在填寫擔憂檔案上感到不確定，可以參考瑪凱拉的範例。

瑪凱拉的擔憂檔案（參照工作單 8.10）

A. 擔憂想法

1. 有害擔憂：擔心理查的健康狀況不佳和不良的健康習慣
2. 有害擔憂：擔心自己工作表現不佳，被認為不稱職
3. 有害擔憂：我們花了大筆金錢去裝修浴室，但仍然不喜歡它

B. 擔憂的觸發因素

1. 第一個擔憂的觸法因素：健康資訊，看到理查的不良飲食習慣，想到老化
2. 第二個擔憂的觸法因素：撰寫報告、做簡報、任何回饋或批評
3. 第三個擔憂的觸法因素：突然想到裝修的事情，承包商打電話來

C. 災難的可能性（最糟結果）

1. 與第一個擔憂相關的災難性想法：理查將會突然嚴重心臟病發作；他的健康狀況將會變得很糟糕，因而英年早逝，留下我一人孤單且痛苦。
2. 與第二個擔憂相關的災難性想法：上司們會對我的工作非常不滿；他們會認為我不稱職，並要求我離職。

3. 與第三個擔憂相關的災難性想法：成本將嚴重超支，工作品質將會很差，我將對裝修感到極度失望，以至於我們不得不虧本賣掉房子。

D. 擔憂信念（包含正面和負面信念）

我需要更努力地不擔心。如果我不這麼做，擔憂就會損害我的身心健康。有時候擔憂能幫助我找到解決辦法。我需要做好最壞的準備。

E. 擔憂控制

試著思考解決方法；對自己大喊「不要擔心」；安慰自己一切都會沒事。

擔憂的解決辦法

之前我們討論過有益與有害擔憂間的差異。差別是根據你的擔憂經歷，它是否幫助你解決生活中的問題，還是你被困在持續、無法控制且引發焦慮的擔憂之中。然而，還有另一種思考擔憂的方式，它是基於我們所擔心的事情。有時候，我們擔心的是日常生活中的議題或問題，而其他時候，我們則是擔心未來而非目前生活中可能發生的問題。前者我們稱為基於現實的擔憂（reality-based worry）；後者我們稱為想像性擔憂（imaginative worry）。工作單 8.1 列出的所有擔憂議題都可能涉及任一類型的擔憂。

兩種類型的擔憂

生活可以很困難，伴隨無數潛在的、出乎意料的問題、困難和不確定性，造成重大的個人痛苦。你可能會因與伴侶分離、撫養棘手或生病的孩子、失業、遭受經濟損失、被診斷出患有嚴重疾病、意外受傷或對於未來毫無頭緒而感到苦惱。擔心如何應對這些問題稱作「基於現實的擔憂」。

另一方面，人類具有高度的想像力。我們可以想像出任何可能性，從

最奇妙的，像是會飛翔的大象，到最平凡的，像是準備一頓餐點。這也就意味著我們的大腦會想像出可能永遠不會發生或幾十年後才會發生的駭人可能性。例如，想像伴侶背叛了你；你的青少年兒子會長成懶惰且沒有目標的成人；你會被解僱，或者你將死於癌症。即使目前沒有證據顯示這些事件即將發生，我們還是會擔心這些可能性。我們稱這種擔憂為「想像性擔憂」，不是因為我們擔心不太可能發生的事情，而是因為我們擔憂在目前現實中毫無根據且極糟糕的可能性。區別現實和想像性擔憂之間的差異很重要，因為針對不同類型的擔憂，我們需要使用不同的介入方式。

評估練習：現實 vs. 想像性擔憂

利用此練習活動去發現你的有害擔憂，在本質上是更偏向基於現實還是想像性擔憂。擔憂類型檢核表（工作單 8.11）分別列出兩種擔憂類型的五種核心特徵。如果你大多數都是勾選左側欄的特徵，那麼你的擔憂主要是基於現實的擔憂，反之亦然。

你發現自己最苦惱和最難控制的擔憂主要是基於現實還是想像性的呢？瑪凱拉大部分的擔憂都屬於想像性的類型。確實，理查的多項健康指標顯示他心臟病發的風險增加。但是在瑪凱拉的擔憂中，她不斷想像理查會死亡，而自己將成為年輕的寡婦。這種極端的狀況是有可能發生，但比起在輕微心臟病發作後存活下來，因而改變生活方式的可能性要小得多。同樣地，她的媳婦在懷孕過程中可能會經歷困難，甚至悲劇，但更有可能的結果是正常懷孕和順利分娩。因此，想像性擔憂並不是想像不可能發生的災難，而是想像極不可能或可能發生在遙遠未來的災難。

如果你正面對困難的生活狀況，而這正是你擔憂的焦點，那麼最好的認知行為治療介入為「問題解決」。如果你的擔憂與瑪凱拉的較相似，且它聚焦在想像的可能性上，那麼去災難化介入（decatastrophizing intervention）將會最適合你。本章中的其他策略則兩種擔憂類型皆適用。

行為介入：解決「基於現實的擔憂」的問題

數十年來，心理學家一直使用一種系統性的問題解決辦法去幫助人們克服健康、工作、家庭、居住條件、社交關係、休閒、娛樂、財務等方面的生活問題[45]。這使得它成為一種介入「基於現實的擔憂」的理想方式。我們的問題解決版本包含了六個步驟。

步驟一：個人控制評估

問題解決的第一步是釐清自己對於擔憂的結果有多大的控制力。在一些問題上，你幾乎能 100% 控制，像是汽油不足或上班經常遲到。其他問題你可能只有部分的控制權，諸如工作升遷、處理婚姻衝突、減少心臟病發作的風險，或是提高你的投資報酬率。你可能無法或幾乎無法控制某些問題，如癌症檢驗結果、伴侶的慢性疾病或近期親人的去世。

如果你誤判了自己的控制程度，你就無法有效地使用問題解決。如果你高估了自己在困難上的控制程度，那麼解決問題的努力將會徒勞無功。如果你低估了自己的控制程度，你甚至在開始前就會放棄。下個練習活動提供一種系統性的方法，幫助你更清楚瞭解自己對擔憂問題的控制程度。

介入練習：我可以控制什麼

先從擔憂類型檢核表（工作單 8.11）中選擇一項基於現實的有害擔憂開始。接著，考慮所有可能影響此擔憂問題結果的因素，像是他人的行為、你過去的行為、環境、情況，甚至是偶然發生的事情。在工作單 8.12 中列出各種因子，並且估計它對你的擔憂問題結果可能造成的影響或控制的百分比。這些估計值相當主觀，僅反映出你認為某個因素對結果的影響是大還小。你在填寫清單時需要不斷修改百分比，因為它們相加起來必須等於 100%。確保在完成所有其他因素的估計值之前，不要填寫「我目前的控制度」的百分比。使用此圓餅圖畫出每種因子的控制百分比（請參考喬恩的範例）。這將幫助你視覺化（visualization）自己對擔憂問題的控制程度。

💡 TIPS｜你是否陷入了控制困境？

你在做這個練習時遇到困難了嗎？你是否難以列出所有影響你擔憂問題的因素呢？你有沒有可能沒意識到問題的整體複雜性，因為你太專注於可以做什麼來控制結果呢？我們在因素清單中提供了十個空格，但你不必所有空格都填寫。或許與你的擔憂問題相關的因素只有二或三個；此外，你可以考慮從不同觀點看待問題的治療師或家人那邊得到一些幫助。同樣地，不要太在意估計值的準確性。這些百分比只是為了幫助你瞭解每個因素對結果的相對貢獻。有些因素對結果有很大影響（範圍介於 40～60%），有些因素是中等影響（15～39%），有些因素則影響較小（5～14%）。

喬安的控制圓餅圖（參照工作單 8.12）

A. 喬安基於現實的擔憂問題：<u>我提出的升遷申請不會成功。</u>

B. 列出所有對此問題的結果有影響／控制的因素。估計它們對問題結果的影響百分比。

影響因素	百分比	影響因素	百分比
1. 經理的建議	10%	6.	%
2. 上司的推薦信	5%	7.	%
3. 與同樣申請的同事們競爭	10%	8.	%
4. 我的員工檔案中的內容	30%	9.	%
5.	%	10. 我現在可以控制的：	45%

總和 = 100%

C. 圓餅圖

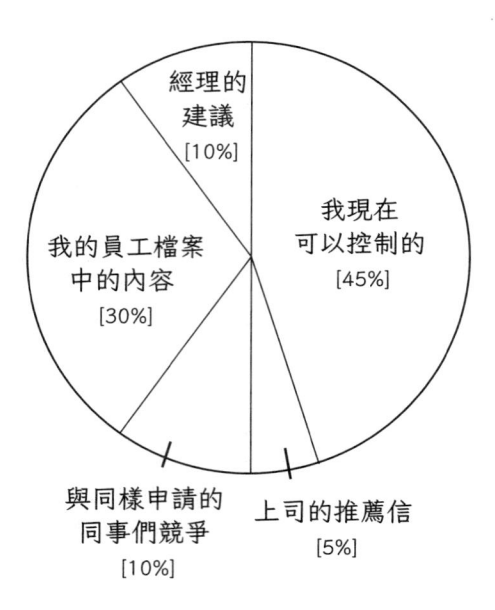

經理的建議 [10%]

我現在可以控制的 [45%]

我的員工檔案中的內容 [30%]

與同樣申請的同事們競爭 [10%]

上司的推薦信 [5%]

對於有這麼多因素會影響你所擔憂問題的結果，你是否感到驚訝呢？在從事此練習活動前，你是否認為自己對於擔憂結果有更大的控制權，因為你沒有考慮到所有會影響結果的因素呢？如果你不清楚如何填寫控制圓餅圖，請參考喬安的範例。你會注意到在是否能獲得工作晉升的這個問題上，她把自己目前的影響力估計得相當高（45％）。但她也認為申請信的品質及面試的表現對於自己能否獲得新的職位具有可觀的影響。圓餅圖表明問題解決介入方案對於處理她的升遷擔憂會有所幫助。它也讓喬安明白自己目前擔憂的焦點是錯誤的。她需要重新關注自己所面臨的具體問題，如撰寫一封優秀的申請信以及提升自己的面試技巧。

　　無論何時，當你感到擔憂的時候，重複使用圓餅圖可以幫助你瞭解可控制和不可控制之間的重要差異，這條界線常常因為引發焦慮的擔憂而變得模糊。你可能會認為自己對結果的影響很小，因此，問題解決介入對你的擔憂無效；或是藉由控制圓餅圖的練習活動可以幫助你將解決問題的重點縮小到一個特定的問題上，如同喬安關於升遷的擔憂一樣。這將帶我們進入問題解決介入方案的下一步。

步驟二：定義問題

　　找出答案始於詢問正確的問題。在解決問題時，這代表辨識出你可以控制的擔憂問題的特定部分。你的目標或期望結果必須實際且可行。儘管喬安擔心是否能夠升遷，但她無法全神貫注地去解決升遷的問題，因為這件事不完全在她的掌控之下。相反地，她需要定義的問題應該是「在升遷面試中表現得體，展現出能勝任這份工作的知識和信心」。以下是其他兩個問題定義的範例。

範例 1. 對戀愛關係破裂的現實擔憂：

不適當的問題定義：確保我們維持關係及避免分手情況。

適當的問題定義：誠實且開放地溝通我們對這段關係的承諾。

範例 2. 對房屋法拍的現實擔憂：

不適當的問題定義：確保我們保有房子。

適當的問題定義：檢視我們當前的財務狀況，並制定考慮到我們的住房需求的計畫。

在工作單 8.13 寫下一個與你的擔憂問題相關的具體問題。想想你期待的結果，還有你可以做什麼使它成真。陳述問題要具體，並專注於你可以控制的行動上。這將會是你解決問題的重點。

步驟三：腦力激盪

打破思考限制很困難！我們本能會拒絕那些不符合我們先入為主的正確或錯誤信念的想法，這使得有效的腦力激盪變得困難，腦力激盪需要我們針對一個問題列出盡可能多的反應或選擇，而不需要判斷哪些有用或無用。然而，腦力激盪卻是問題解決的核心。如果你在腦海中浮現出各種反應時就預做判斷，那麼你解決擔憂問題的方法就不會有效。腦力激盪需要「狂野創意」，在你的腦力激盪清單中，甚至要包含最可笑的想法。請參考喬安為如何準備她的升遷面試而進行的腦力激盪。

◆ 撰寫一份簡短又清楚的解釋，內容關於我過去的經歷、技能，以及我

若得到新職位將會做些什麼。
- 與幾位最近透過面試晉升的同事聊聊。
- 寫下面試可能被問到的問題並準備回答的答案。
- 與一位同事進行「模擬面試」。
- 與我的主管討論晉升面試事宜。
- 向我的丈夫吐露我對面試的焦慮。
- 請我的家庭醫生開立鎮定劑。

你可以列出所有可能的回應（選項）來解決你在步驟二中陳述的問題。像喬安一樣，列出所有你能想到的辦法，包括一些荒謬甚至可能使問題變得更糟糕的選項。（參見工作單 8.14）

步驟四：評估

在生成你的選項清單後，就是評估各種反應的時候了。你的評估應該考慮兩個問題。

- 這個反應是否可能解決問題呢？它對期望結果的貢獻有多大？
- 我是否能夠執行此反應呢？它是否在我的控制之下，我是否具備將此反應付諸行動的技能？

當喬安評估腦力激盪的反應時，她認為前四個選項是最具建設性的解決方案，並能為她的面試準備提供最大的幫助。她擁有知識和技能去執行每種選擇，而且每一種方法都能幫她做好成功的升遷面試準備。後三個選項對於面試準備的幫助不大，此外，它們可能會導致嚴重的併發症。

檢視你的腦力激盪清單，並考慮每種選擇的優缺點。你可以將這些優缺點列在一張白紙上。根據每個選擇對解決問題的潛在貢獻以及你執行該選項的能力來評估它。刪去不可行的腦力激盪反應，然後在列出最好的二或三個選項。（參見工作單 8.15）

步驟五：採取行動

　　問題解決介入的有效與否取決於把你之前做過的練習付諸行動。這涉及選擇一個或多個好的選擇並制定一個行動計畫，其中包括你將遵循的逐一步驟描述來解決擔憂問題。此計畫應該具體描述你將在哪裡、何時和如何執行計畫中的每個步驟。喬安訂定出以下的行動計畫：

> 接下來兩週，我每晚（週一到週五）將花三十分鐘用於準備升遷面試。我將從撰寫一份五頁的說明開始，介紹我過去的經驗、技能以及對新職位的願景。我會閱讀數遍以精熟如何介紹自己。我將列出可能的面試問題，其中包括一些針對履歷中「空白期間」的問題。我將詢問最近獲得升遷的賴瑞和瑪莉迪斯一些與面試過程相關的事項。我至少會在實際面試的三天前與我工作上最親密的朋友阿麗亞娜進行兩次模擬面試。我將從她那裡獲得表現回饋，然後做出必要的調整。

　　像喬安一樣，寫下你的行動計畫。確保你的計畫具體，詳細說明實施計畫所要採取的每個步驟。（參見工作單 8.16）

步驟六：評估並修改

最初，喬安認為評估行動計畫成功與否的最佳方式為她有沒有獲得升遷。但後來她意識到這不是合適的結果，因為她能影響或控制的結果只佔45%。她是否能夠晉升取決於其他候選人的資格，以及推選委員會的決定。因此，她決定以行動計畫能否減輕她在面試期間的焦慮與擔憂感作為評估它是否成功的標準。她使用擔憂日誌（工作單 8.9）來追蹤自己的焦慮程度與擔憂。在實行行動計畫後，喬安記錄到有關升遷的擔憂事件減少且她的焦慮感也減輕了。

當評估行動計畫的成功與否時，請考慮以下幾點：

- 你是否遵循此計畫的每一步。
- 此計畫的一些部分是否較其他部分困難。
- 你是堅持執行計畫還是逃避。
- 你是否感受到擔憂和焦慮的減少。
- 需要改變什麼才能使該計畫更有效地處理擔憂。

完成你的評估後，在工作單 8.17 寫下一個修訂後的行動計畫。強調你對計畫所做的修改，以便更有效地達到預期的結果，從而減少你的擔憂。首次執行此行動計畫時，若你有出現拖延和逃避的行為，可以加入提高你對計畫的投入程度的修訂。

> **TIPS｜充分利用問題解決能力**
>
> 　　如果你嘗試了問題解決介入方案，但它對你的焦慮和基於現實的擔憂沒有產生幫助，請確保下列任一項潛藏因素不會破壞了你的努力。
>
> - ✓ 尋求完美的解決辦法：拒絕針對問題的每個反應，因為它無法提供完美的解決辦法。
> - ✓ 高估了你的控制力：當你對於結果只擁有部分控制或影響力時，認為自己能夠確保期望的結果。
> - ✓ 不切實際的期待：問題解決只能減少擔憂和焦慮；它無法完全消除它們。
> - ✓ 模糊的行動計畫：關於你的行動計畫，你必須非常具體：做什麼、如何做和何時做。
> - ✓ 腦力激盪不夠：在開始排除不合適的選項之前，很重要的是先列出一張關於問題的多個選項清單。
> - ✓ 高度「想像的」威脅：問題解決不能處理模糊、遙遠和與現實只有些許連結的高度想像或假設性的威脅，比如「萬一我英年早逝怎麼辦？」或「萬一沒有人喜歡我怎麼辦？」或是「萬一我這一生永遠不會成功怎麼辦？」

認知介入──去災難化

任何類型的擔憂，無論是基於現實或想像的擔憂都涉及某些程度的災難化。想像性擔憂尤其如此，最糟的可能結果與你目前的情況並沒有什麼關聯，想像的結果通常不會發生，或是可能發生在遙遠的未來。災難化的基礎是關於威脅和無助等誇大信念的活化，擔憂則受災難性思維的餵養！如果你停止災難化，你將切斷擔憂的生命供應鏈。然而，說比做來得容易，畢竟災難化是有害擔憂的第二天性。但我們發現教導長期擔憂者「如何戒除災難化的習慣」可以幫助他們緩解焦慮和無法控制的擔憂。

我們很容易被災難化思維所「欺騙」。當瑪凱拉擔心理查的健康時，想像理查會發生危及生命的心臟病發作，比想像他需要進行單冠狀動脈繞道手術（single-artery coronary bypass surgery）這種相較之下比較可怕的事情要容易得多。去災難化（decatastrophizing）是刪除最糟情節的強大可信度的過程，以便你可以用更寬廣的角度去思考一系列不那麼可怕且更有可能發生的結果。去災難化無法說服你災難不會發生，這是不可能的任務，因為未來是不確定的，而且真正可怕的事情的確會發生在人們身上。相反地，去災難化的目標是重建你對於未來的平衡看法，透過採取一種更客觀、以證據為基礎的方式來看待可能發生的事情。

擔憂的去災難化介入治療包含了四個部分。

首先，從回顧你列在擔憂檔案（工作單 8.10）中的有害擔憂和災難可能性開始。在提供的空間處列出這些災難可能性，以及你在擔心時傾向想到的任何其他較不嚴重的負面結果。在最災難性且當你想到該結果會使你的擔憂最無法控制的可能性旁邊打上星號。我們將把去災難化的介入重點

放在處理這個可能性上面。（參見工作單 8.18）

去災難化的第二部分包含把令你擔憂的災難化情節進行更詳細的描述。不要刻意透過平衡或合理的描述去包裝你的災難化情節，而是需要描述出災難性思維所有極端和誇張的性質。它必須是當你陷入無法控制的擔憂時，你會如何思考的描述。在你的描述中包括你認為什麼情況會使這種最糟結果更有可能發生、它會如何影響你、它對你和所愛之人的生活會造成什麼後果，以及你如何努力地去應對它。

在工作單 8.19 寫下你認為最糟結果的災難可能性的描述。關於理查的健康狀況，瑪凱拉災難性思維的描述能夠提供給各位讀者當作範例。

> **瑪凱拉的最糟結果**：我一直試圖讓理查減重、更常運動和吃更健康的食物，但是他不聽我的話。他只是會生氣，然後說我嘮叨。有天晚上，我們坐著一起觀看電影，理查突然捂住自己的胸口並痛苦地尖叫。他立刻癱倒在地，我跳起來撥打 119。感覺像是過了一世紀那麼長，但或許十五分鐘內醫護人員就抵達了。他們檢查了理查的生命徵象，並開始迅速工作。他們使用電擊器進行心臟復律，但為時已晚。我目睹他心跳停止。我震驚、悲痛且難以置信。理查走了，只剩我孤單一人。我應該做更多來阻止這可怕的一天的到來。

去災難化的第三部分與你在第六章練習過的認知介入有關。有什麼證據顯示你高估了最糟情況發生的可能性呢？你是否也誇大了結果的嚴重性及其對你的影響呢？研究人員發現我們 85% 的擔憂並不會如我們想的一樣糟糕，此外，大多數人在面對真實發生的擔憂結果時，都應對的比自己想像得更好 [46]。你是否認為，如果你把注意力集中在最糟糕的情況上，你就能更好地處理擔憂呢？

> **介入練習：評估災難化情節**
>
> 使用第六章的空白工作單去評估你的災難性思維。可以使用證據蒐集表單（工作單 6.5）去判斷你是否誇大了最糟可能結果會發生的可能性。考量與你的災難性思維相關的成本與效益（工作單 6.6）。你的災難化思考存在著哪些思考錯誤呢（參見表 6.2）？你將需要這些工作單來幫助你發展出一種比最糟情節更有可能發生，而且更不極端的替代可能性。

去災難化的最後一部分是創造一個替代性的敘述，當你經歷有害擔憂時，這個敘述會比你自動想到的最糟情況更有可能發生，而且不那麼嚴重。災難性思維是對可能發生的事情的一種預測，但這意味著花時間預測可能永遠不會發生的事情，而且只會讓你感到更加焦慮和擔憂。為了使你的擔憂去災難化，你將需要想像另一種結果的可能性，這個結果是更有可能發生且符合現實情況的。即使結果仍然會是負面的，而且可能與你最期望的結果相去甚遠，但你會希望想出一個介於你最期望的結果和災難性結果之間的替代方案。

在工作單 8.20 寫下一個比你的最糟情節更現實且更有可能發生的替代可能性。在你的描述中應包括導致替代結果的事件順序、它對你和你所愛之人的影響、你如何應對它，以及你如何接受它突然且意外的發生。你可能會發現替代性觀點表（工作單 6.7）有助於撰寫你的替代性敘述。

瑪凱拉的替代性結果：理查有慢性疾病，所以增加了他因為心臟病發而死亡的風險。但是數百萬擁有此疾病的美國人都活得長壽且具生產力。雖然

理查心臟病發作的風險提升，但在任何時刻，他生存的機率遠遠超過死亡的機率。許多醫療介入、藥物和生活習慣的改變都可以有效降低（非消除）理查心臟病發作的風險。即使理查改變他的生活習慣，也無法保證他的心臟在他九十多歲時仍能維持健康。我沒有選擇，只能與生命和死亡的不確定性共存。誰知道呢？我們其中一人也可能死於其他未知的悲劇，例如車禍。因此，我的替代性想法是接受一個事實：我的丈夫發生冠狀動脈疾病的風險較高，他可能會出現許多心臟方面的問題，這些需要某種形式的醫療介入。

> **TIPS｜協助去災難化**
>
> 　　如果去災難化不能減少你的擔憂，那麼你可能會錯誤地使用它來向自己保證最糟的情況不會發生。請確保你利用此介入策略去改正自己習慣關注最糟可能結果的傾向。切記，你無法預測未來，而壞事可能會發生（理查可能會死於心臟病發）。即使你提醒自己駁斥災難的證據，你也不會自動停止擔憂。你將需要練習用更符合現實的替代性敘述取代災難性情節，並且思考為什麼替代結果是更有可能發生的原因。如果你反覆進行練習，你會發現將注意力從災難中轉移會變得更容易。當這種情況出現後，你會經歷到焦慮和擔憂的逐漸減少。參考以下瑪凱拉對於理查很可能發生心血管事件的替代性看法。

行為介入：直接擔憂暴露（Worry exposure）

　　災難性思維有兩個面向。當我們擔心時，我們會想像威脅和危險的誇大可能性，卻渴望避免面對我們最糟的恐懼。湯瑪士・博科維奇（Thomas

Borkovec）是擔憂研究的先驅，他提出我們擔憂是為了避免一些可怕的未來威脅或危險[47]，例如：一位父親可能會擔心為什麼他的青少年兒子週末晚回家，而非聯想到他遭遇了嚴重車禍。一個人可能會擔心醫學檢查的診斷結果，但不是想著與癌症共存。或者一個人可能擔心自己是否冒犯了一位親密朋友，而非想到失去這段友誼。換句話說，擔憂通常是一種嘗試，避免自己去思考最害怕的事情，像是死亡、不被人所愛、活得沒有意義、沒有價值、被拋棄等等。問題在於擔憂並非有效的避免策略，而且是有害擔憂持續的理由之一。所以與逃避相反，面對你最糟的恐懼變成是擔憂認知行為治療的一個重要部分。

為了進行下一個練習，你需要使用去災難化介入中所設想的最糟情況。回顧你的擔憂並在工作單 8.21 寫下關於這個災難性結果，你最害怕的是什麼。通常這些恐懼聚焦在生活中的一個基本面向，如死亡、意義、價值獲尊重、被愛、離棄、缺少自由或控制等等，請參考瑪拉凱的例子。

瑪凱拉最恐懼的：離棄——理查會死亡，留下我孤獨而痛苦地度過餘生。

你是否每天刻意從事擔憂暴露至少兩週呢？在這段期間內，你注意到自己的焦慮程度有什麼變化嗎？有研究證據顯示，光是反覆進行擔憂暴露就能減輕焦慮[48]。可以預期隨著反覆的擔憂暴露練習，你的擔憂頻率和強度將會下降，相關的焦慮也會減少。你甚至可能開始感覺擔憂時間很無聊。這是因為你正在掌控自己的擔憂，並且用一種更符合現實、不那麼令人痛苦的替代性想法取代了你最害怕的可能性。

介入練習：刻意擔憂暴露

這項練習活動包括透過安排有系統、有計畫的擔憂時間來控制擔憂。首先準備好災難性或最糟情況的描述。每天設定三十分鐘在一個安靜且不會被打擾的場所，進行想像的擔憂時間。在這段時間內，盡情想像災難性的情境，深入思考情境的各個層面，特別是你最擔心的可能性。請使用以下指引來建構你的暴露時間。

1. 先進行五分鐘控制且放鬆的呼吸。
2. 想像災難性場景，專注於每個細節，諸如是什麼導致災難、你扮演什麼角色，以及它對你和所愛之人造成的影響。
3. 當你想像災難性的結果時，盡可能地專注於你最害怕此災難性情境的原因，無論是死亡、失去愛，還是缺乏目標或價值。
4. 在擔憂暴露期間，要特別注意任何焦慮或痛苦的感覺。留意當你繼續想像災難性的情況時，你是否會變得更加焦慮。
5. 用你的替代結果取代災難情境。深入思考這種替代方案，包括它對你的影響、你如何應對它，以及它為什麼比災難性情境更有可能發生。
6. 花五分鐘思考災難性情境，然後再花五分鐘思考替代性方案。在剩下的擔憂時間內重複進行幾輪。
7. 你可能會驚訝地發現，過程中你的思緒會飄忽不定。當這種情況發生時，請將你的注意力慢慢轉回災難性情境或替代方案上。
8. 三十分鐘後，停止擔憂。再進行五分鐘的控制呼吸作為結束。在擔憂暴露表（工作單 8.22）上記錄你的經驗。之後，從事需要一定程度的專注力和體力的正常日常活動。

> **TIPS｜什麼時候擔憂暴露會造成更大痛苦**
>
> 如果你進行擔憂暴露幾次後，你反而感覺更焦慮或你認為災難性想法變得更加可信的話，請立刻停止這種介入。有許多原因可能導致擔憂暴露這種介入不適合你。
>
> ✓ 你可能使用了不是你最害怕的負面可能性。你必須想像「最糟的可能結果」以達到明顯的擔憂減少。
> ✓ 你想像的災難性結果必須是極端的。如果你減輕想像的結果，使其變得不那麼可怕或容易引起焦慮，將不會帶來幫助。
> ✓ 寫下你的擔憂、最糟情況及其替代結果是非常重要的。你不能只依賴自己的記憶力。此外，你在暴露時間內，必須反覆大聲地讀出兩種（最糟與替代性）情況。
> ✓ 暴露擔憂必須不斷以系統化的方式執行。反覆練習是關鍵！許多人嘗試一、兩次後，就下了「它不管用」的結論。如果你只有進行幾次，那麼擔憂暴露將不會有效；你必須經常這樣做，直到你開始感到無聊和失去興趣。
> ✓ 如果你發現自己有以上任一情形，請調整你的暴露練習，然後重新開始進行介入。另一方面，如果你更相信災難性情境而非替代性的結果，請停止進行想像的擔憂暴露練習。因為這將會使你感覺更糟。本章還會介紹其他你可以用來治療有害擔憂的介入方式。

行為介入：延遲擔憂（Worry Postponement）

這項介入會搭配擔憂暴露一起使用。當你開始進行擔憂暴露時間的練習時，你的擔憂在一天當中仍會持續被引發，你將繼續經歷有害擔憂。因

此，為了不要陷入擔憂，你必須承認自己內心存在著擔憂的想法，然後告訴自己現在先延遲擔憂，將其留到預定好的擔憂暴露時間去練習。如果你的腦海中出跳了一些關於擔憂的新想法或觀點，請將其寫下來，並將這個新想法融入你為擔憂暴露而創造的災難性描述中。

想像你是一名五十五歲的中階經理，你聽到公司正要裁員的傳聞。鑒於你的年紀和職位，你失去工作的風險很高。隨著時間一天天過去，不確定性也隨之增加。失業的想法充斥在你的腦海，而且你經常陷入有害擔憂之中。你的工作效率下降，而且你在家中變得煩躁不安。你決定將「五十五歲失業，失去家人和朋友的所有尊重」作為你擔憂暴露練習的災難性敘述。然而，在上班時，你仍不斷出現擔心失業的侵入性想法。因此，你決定在工作時使用擔憂延遲策略。當突然想到失業的念頭時，你會承認它的存在。你告訴自己，在這種情況下，出現這種想法是正常的。你提醒自己今晚將花時間更深入地去思考失去工作這件事。如果突然想到關於失業的新觀點或想法，你會寫在一本筆記本或輸入到智慧型手機的記事本中。如此一來，你就會記得把它加入到你的災難性敘述中，然後在預定的擔憂暴露時間內進行深入地思考。一旦你記下後，就可以馬上返回工作任務。如果擔憂的想法不斷反覆出現，你就重申稍後會再思考它的打算。

認知介入：建立對不確定性的忍受度

我們之前提到無法忍受不確定性是有害擔憂的核心過程。它是在面對新奇、模糊或不可預測的情況所產生一種負面情緒或恐懼[49]。對於擔憂的人來說，不確定性感覺就像是壓力和威脅，因此他們會透過從自己或他人那裡獲得保證以對結果感到確定。由於我們無法知道未來會如何，所以這會是不

確定性的焦點。我們期望明天的事情能夠以可預期的方式發生，但我們無法確定。對不確定性忍受度低的人來說，他們寧可知道某些壞事將要發生，也不願意對未來進行猜測。

以路易斯為例，他擔心自己有機化學的期末考試。他不斷思考失敗的可能性，努力說服自己這個情況不會發生。卡翠娜擔心賣房子的事，不斷地思考自己能否找到一名買家。莎曼珊擔心她的丈夫可能有外遇，並且花費許多時間試圖說服自己他很忠誠而且不會離開她。在以上每種例子中，擔憂過程都是受期望「知道未來」以減少不確定性所驅動。

「需要知道」的問題在於我們永遠無法百分之百確定未來會如何。你正在尋求的是一種知道的感覺；一種確定某件事的感覺，而不只是「知道自己知道」[50]。擔憂是一種讓我們對未來放心的企圖，一種減少生命的不確定性，將「萬一」自我們生活中消除的企圖。但是研究發現這種從不確定中緩解且知道的感覺其實具有相反效果；它使我們更焦慮和擔心未來。學習接受風險與不確定性將減少擔憂和廣泛性焦慮[49]。再者部分，我們會介紹兩種介入方式，幫助你建立對於不確定性的忍受度。

你能否記錄多種不確定性的經驗呢？你所記錄的內容只是你每天所做的許多涉及一定程度的不確定性的決定或行動中的一小部分。當情況與引發焦慮問題無關時，你可以接受不確定性。事實上，你在一整天的時間中，經常容忍不確定性。最令人畏懼的不確定性之一是生育。如果你想一下在子宮內、分娩時、新生兒出生後的頭幾個月以及整個童年和青春期可能發生的所有問題，為什麼還有人要生孩子呢？我們在養育孩子的過程中所忍受的不確定性實在令人驚訝。或許沒有任何事可以比得上把孩子帶來這個世界更不確定的了，然而，我們卻做了。如果你能夠容忍這種不確定性，你就已經擁有接受擔憂不確定性的「力量」。

> ### 介入練習：忍受每天生活中的不確定性
>
> 　　日常生活需要容忍相當大的風險和不確定性。當涉及不會引起焦慮的情況時，你對不確定性的忍受度會比你意識到的更大。這項練習活動的目的是提高你對自己在日常生活中已經忍受多少不確定性的認識。利用日常不確定性記錄（工作單 8.23）寫下你在不知道明確結果的情況下就採取一些行動或決定的經驗。此工作單以瑪凱拉日常生活中的兩個不確定性的例子開始。

　　你是否感到好奇為什麼在這些情況下你能夠忍受不確定性，但當情況涉及你的擔憂時卻無法呢？你寫在第二欄中的內容會提供你忍受不確定性的線索。如果你是瑪凱拉，忍受不確定性包含了兩個主要議題：

- 你相信自己能夠管理情況，即使某件事出了差錯。
- 你確信結果將不可怕；它將不會是個災難。

　　在第一個例子中，瑪凱拉忍受自己對於新髮型師的不確定，因為她認為如果發生問題是可以解決的。在第二個例子中，她相信沒有鎖的門不會是個災難。你是否使用了相同的思考方式去容忍不確定性呢？

　　在最後一欄中，你從真實的結果中學到了什麼呢？毫無疑問地，你會發現大多數時候接受不確定性並沒有任何代價或不利之處。我們的決定或行動不總是最好的，但是，我們擔心和無法忍受不確定性的可怕結果通常不會實現。這項練習透露了你忍受不確定性的基準線。你在不擔憂情況下使

用的容忍策略，同樣也可以應用於你的擔憂問題。也就是專注在你處理擔憂情況的方式，結果可能不盡理想，但也不會是最糟糕的。現在讓我們來討論第二種用於增強不確定性容忍度的介入策略。

> ### 介入練習：建立不確定性忍受度
>
> 　　你可以把此活動想成是不確定性忍受度的訓練運動。概念是察覺自己試圖減少某種擔憂的不確定性，然後練習做完全相反的事情，也就是接受與擔憂相關的不確定性感，並以此方式採取行動。從記錄一次讓你有明顯不確定感的擔憂經驗開始。使用不確定性忍受度適應表（工作單8.24）去記錄這項經驗。接下來想想你希望看到的最佳結果，以及如何說服自己它將會發生。毫無疑問地，你試圖尋求安慰，或試圖說服自己你所擔心的事情最終將會順利度過。在確定自己為了減少不確定性而做的努力之後，考慮一個完全相反的應對反應；該反應能接受或承受較負面的結果可能會發生。接下來，每當你開始擔心工作單上記錄的擔憂時，請練習這種相反的調適方式。經歷多次不確定性忍受度的練習後，記錄你的擔憂問題發生了什麼改變。如果你不確定如何進行此練習活動，可以參考工作單上前兩列的例子。

> **TIPS｜更多關於提高不確定性忍受度的資訊**
>
> 　　提高對不確定性的忍受度可能很困難，因為它似乎是一種非常抽象的概念。以下是一些關於提高這項技能的額外建議。
>
> - 當我們擔心時，不僅會發生可怕的災難，也會發生期望的結果。舉例來說，當填寫「我的忍受度適應表」第二欄時，從列出多項與擔憂相關的「更好」結果開始。然後從中挑選一個你最喜歡的結果。
> - 接著，思考所有你試圖說服自己「最佳結果」比最糟結果更可能發生的方式。在第二欄寫下這些策略。這些也是用來減少不確定感的策略。
> - 第三欄需要一些創意思考。根據你寫在第二欄的內容，相反的行為或想法是什麼呢？這些相反的反應會讓你的心中產生不確定感。你並非試圖減少不確定性或避免它；相反地，你承認它，然後繼續你的日常活動。
> - 練習進行你寫在第三欄的反應是非常重要的。每次當你焦慮時，你就應該練習第三欄的相反反應。這是你增強自己「不確定性忍受度能力」的唯一方法。

　　這個活動你會想要反覆練習以增強自己對於不確定性的接受度。它需要你忍住為了說服自己期望的結果將會發生而採取的安全尋求反應。安全尋求反應，像是尋求再保證或試圖說服自己害怕的結果不會發生，都是意圖減少不確定性的感覺。但只有你在第三欄內描述的相反反應，才能增進你對於不確定性的忍受度。重要的是不能只是寫下來，你會需要在每一次擔憂時，一再練習第三欄的反應。最終，你將更能忍受與你的擔憂問題相關的不確定

性。當這種情況發生時，你就不會再過度擔心。相反地，你將接受這些「擔憂」問題的不確定性，正如你接受日常生活中許多其他面向的不確定性一樣（請參閱你寫在工作單 8.23 的內容）。

認知介入：超然擔憂

在第七章中，我們介紹了一種健康的焦慮調適策略——正念。這個方法對於處理擔憂特別有幫助。超然擔憂（detached worry）是根據正念發展出的介入方式。它涉及採取有距離的觀察者視角來看待你的擔憂想法。你注意到了自己心中的擔憂想法，但你卻將其視為不需要評估、不需要回應、不需要努力控制的想法。你被動且不帶評斷地去觀察擔憂想法，讓它自然且無須努力地從你的腦海中消退。採取超然擔憂這種介入時，你只是自己想法的觀察者。

超脫非情緒化的想法相對來說是容易的，而讓自己超脫出那些你認為對個人而言很重要的高度情緒化想法則要困難許多。當你出現「我的房子失火了」的想法，那就不是適合進行超然意識的時候。然而，擔憂是關於想像最糟的情況，像是「如果我的房子失火了怎麼辦？」在這種情況下，超然正念（mindful detachment）的介入就非常適合。

視覺化是我們用來幫助人們以客觀、疏離的方式對待諸如擔憂之類的情緒想法的一種策略。這個想法就是想像你的擔憂想法就像是在你的視野中移動的物體。你這位觀察者靜止不動地站著，並且觀看這些「想法物體」通過你的心靈之眼。你不會追逐在擔憂想法的後面，也不會試圖捕捉它並將其緊緊抱在身邊。相反地，你看著擔憂想法從你身邊經過。有幾種圖像場景可以被使用[34]：

- 你可以想像你的擔憂想法就像是遊行隊伍中的花車。你站在場邊，看著你的想法從視野中消失不見。你可以往下看著街道上那些即將從你身邊掠過的新想法，也可以抬起頭看著街道，回顧那些已經過你視野的舊想法。有些花車上有你擔憂的想法，但其他花車上卻沒有你所擔心的內容。
- 你可以想像你的擔憂想法像是天空中飄過的雲。每一朵雲都是不同的想法，其中一些雲朵攜帶著你的擔憂想法。
- 你可以想像你的思緒像是漂流在一條淺溪上的葉片。把你的想法放在葉片上，然後看著它順流而下，消失在視野之中。然後再把另一個想法置於葉片上並看著它流走[51]。
- 斯特凡・霍夫曼（Stefan Hofmann）在《*The Anxiety Skills Workbook*》[34]中提供了一種超然擔憂的有趣想像腳本。想像你正站在一個火車月台上，而你的想法就是過站不停的列車。你的想法中有一些是正面且有幫助的，所以你可能想要跳上這些火車；有些則是負面的想法，像是擔憂，所以你繼續站在月台上，然後看著這些火車通過。

當你開始能把超然擔憂變成處理擔憂的一種策略時，它會最為有效，但它並非面對擔憂時的自然反應。因此，你首先必須練習超然擔憂。我們建議你在安排的練習時段內刻意讓自己擔憂，然後使用你的超然擔憂腳本去做反應。就像是進行直接擔憂暴露一樣，只不過現在你是努力讓自己更熟練地運用正念方法去應對擔憂。

> **介入練習：練習超然擔憂**
>
> 寫下你的超然擔憂腳本。你可以使用我們提供的視覺化場景，或創造你自己的版本。它應該包括一句擔憂想法的陳述，以及你將如何以超然擔憂的方式去視覺化這些掠過你腦海中的想法。（參見工作單 8.25）

下一章節

擔憂會擴大焦慮。這意味著任何針對焦慮的認知行為治療計畫都必須包含過度擔憂的介入策略。但擔憂是我們用來處理生活問題的一個正常過程，因此，我們需要先區分自己正常擔憂和過度擔憂的經驗。本章提供了指引和評估工具，用於確定擔憂何時會變得有害或有問題。我們提供了一種認知行為治療配方，可以引導你的擔憂治療計畫；我們也提供了六種可以直接治療過度擔憂的認知行為治療介入策略。無論你的焦慮問題是什麼，你都需要將這些介入策略納入你的認知行為治療計畫之中。

擔憂是焦慮的認知面向。當過度擔憂很明顯時，生理症狀的影響就較小。然而，許多人是以完全不同的方式去經歷焦慮，對他們來說，焦慮的生理症狀最為惱人。生理焦慮最極端的表達方式，也就是恐慌發作，將是我們下一章節的主題。就像擔憂一樣，任何類型的問題性焦慮都可能發生恐慌發作。

9
擊敗對恐慌的恐懼

在父親從嚴重心臟病發恢復後六個月，露西亞經歷了第一次的恐慌發作。父親的心臟病發作讓全家人措手不及——她的父親沒有心臟病風險因子，平時健康情況非常良好，而且還規律運動。父親生病的那段日子露西亞向公司請假，也減少照顧三個孩子的時間，然後全心全意幫助父親回復正常生活。恐慌發作的那一天，她正在上班，她之後把那天描述成「我人生中最糟糕的一天」。那是壓力特別大的一天，充滿了緊迫的最後期限和無數的干擾，使她的進度愈來愈落後。

突然，露西亞感到胸部一陣劇痛、心跳加速、渾身燥熱、臉色通紅，而且似乎無法獲得足夠的空氣。她鬆開襯衫上衣，注意到自己的手在顫抖。她試圖從椅子上站起來，但卻感到全身無力。她的膝蓋開始彎曲，她必須扶住桌子才不會摔倒。她感到頭暈且好像失去了方向感。她所能想到的只有她父親的心臟病發作。她是否正在經歷相同的事情呢？她想著：「這就是心臟病發作的感覺嗎？」儘管幾分鐘後這些症狀開始平息，但感覺卻像持續了好長的時間。

露西亞最後還是走到了洗手間，她用冷水洗了洗臉。然而，她的胸口仍然感到沉重，似乎很難呼吸到足夠的空氣。她回到桌前，但她實在太擔心了，因而無法專心工作。她告訴主管自己感覺不太舒服，然後提早下班。

她沒有直接開車回家，而是前往當地醫院的急診室。經過一連串的檢查，沒有發現任何可以解釋她症狀的原因。急診室醫生推斷露西亞經歷了一次恐慌發作。他開了一些抗焦慮的藥物，並且請她去看自己的家庭醫生。

那是三年前的事。從那時候開始，露西亞的世界有了天翻地覆的改變。現在她幾乎不間斷地感到焦慮。她擔心自己會再次恐慌發作。以前曾經充滿活力、稱職的母親和機智的員工現在減少了許多活動，幾乎只把自己侷限於工作和家裡。她拒絕前往所住城市以外的地方旅行、避免公共場所、無法穿越橋梁，而且害怕晚上獨自一人在家。她全神貫注於自己的生理狀態，並且害怕自己會發展出嚴重的精神疾病。她試過各種藥物，但唯一有用的似乎是鎮定劑，但是也只能讓她平靜幾個鐘頭。她已經好久無法安穩地睡覺。

露西亞明白她需要協助，所以她尋求認知行為治療師的幫助。過去三年來，她感覺自己被害怕恐慌發作的心情所挾持，她已經準備好重獲自由。你可能也有相同的感覺，特別是如果你已經嘗試了前面幾章提供的練習活動，但是仍然因為害怕再次恐慌發作而完全避免參與你的生活的時候。本章我們將教你如何針對恐慌和害怕恐慌去客製化前面章節學過的介入方法。正如你在上一章創作的擔憂檔案，在這裡你也會創作一份恐慌檔案。你將會學到五種關於恐慌的認知行為治療介入：再評估、重寫、歸納、暴露和移除反應。

什麼是恐慌發作？

毫無疑問地，有時候你會驚呼「我感到恐慌」。這些時候，你感覺到自己時間不夠，無法滿足當下所有要求。你感到壓力和不知所措，並且想

要逃跑,但這並非我們所謂的恐慌。恐慌發作一詞擁有更技術層面的意義。如果你曾經歷過一次真正的恐慌發作,你將明白自己將永遠記得;這與其他壓力或焦慮的經驗不同。

有時候人們會收到恐慌即將來襲的警告,可能只是有點緊張或較不冷靜,然後突然間一陣強烈的焦慮向你襲來。其他時候恐慌可能會在你完全沒有預料的時候突然出現。我們稱這些情況為自發性恐慌發作(spontaneous panic attack),感覺就像是一種突然且令人恐懼的失控感,同時焦慮也席捲了你身體的每一吋。或許你的焦慮感飆升並沒有那麼強烈,這種情況我們就會稱焦慮發作(anxiety attacks)或症狀有限的恐慌發作(limited-symptom panic attacks)。全面恐慌發作有一個具體的定義。

恐慌發作是在一段特定時間內,出現強烈害怕或不適的感受,而且這些感受是突然出現、短時間內達到頂點,並且以至少四種不想要的、無法解釋的生理感覺和令人恐懼的認知為特徵。典型恐慌發作的持續時間介於五到二十分鐘之間。

全面恐慌發作是焦慮的強烈生理表現。它的主要特徵是突然多種生理感覺的過度警醒,如心率加快、呼吸急促、出汗、腹部不適、顫抖、虛弱、頭暈、熱潮紅或刺痛感。也可能出現令人恐懼的認知,如對無法控制或死亡的恐懼,或是脫離現實的感覺。這些突如其來的生理過度警醒與個人的核心恐懼有關,而這些恐懼包括擔心自己心臟病發作、窒息、罹患癲癇或腦瘤,或是發瘋。

反覆經歷恐慌發作後,核心恐懼可能會具體化為害怕再次恐慌發作。對恐慌發作的恐懼或擔憂會持續數週或數月,並常常導致行為改變,包括

逃避認為會增加恐慌發作風險的場所或活動。公共場所的例子包括大型商店或購物商場、人群、大型集會或社交場合、不熟悉的地點、旅行和工作場所。某些活動，像是運動，可能會因生理喚醒度的提高而被避免。另外，恐慌症患者通常會確保自己靠近出口，以免被困住。獨自一人或遠離醫院時也可能使恐慌症患者的焦慮上升，因為他們相信萬一發生意外，自己會需要醫療救助。對恐慌的恐懼可以導致生活品質的急遽下降，這被稱為特定場所畏懼症。在極端情況下，人們可能會足不出戶，不敢走出自己的家門，因為擔心恐慌發作的風險。

介入練習：你最糟的恐慌發作

請回想自己最嚴重的恐慌發作經驗。這應該是焦慮突然激增，並於五到十分鐘內達到頂點，但焦慮感可能需要幾個小時才會完全平息。在工作單 9.1 中，說明焦慮發作的地點、加劇的生理症狀以及這次發作時你最害怕什麼，例如心臟病發、死亡、焦慮不會停止或再次恐慌發作。（焦慮的典型症狀清單，可以參考工作單 5.3）。

以露西亞最糟的恐慌發作為例：

情況： 我正在買東西。超市裡異常擁擠。我才剛開始進行採買，突然間我感覺自己被困住了，無法呼吸。

生理症狀： 呼吸急促、窒息感、心悸、顫抖、感覺頭暈，因為熱潮紅導致出汗，膝蓋無力，好像快要跪在地上一樣。

核心恐懼： 我正在失去控制而且將會昏倒。這實在非常丟臉，因為救護人員

會前來,然後我會當眾出糗。每個人都會納悶我怎麼了。他們會把我載去急診室,然後打電話叫我的先生來接我。這將是我展現軟弱、可悲狀態的另一個例子。

剖析對恐慌的恐懼

恐慌發作比你所想得更常見。總人口中有 13% 到 33% 的人報告過去一年至少曾經歷過一次恐慌發作[52,53]。如果恐慌發作是如此常見,為什麼有些人會發展出恐慌問題而其他人卻不會呢?答案在於對恐慌的恐懼。當我們發展出對恐慌發作的恐懼後,這會促使我們經歷更頻繁的恐慌,因為恐慌經歷及其觸發因素變成我們試圖避免的威脅。如同先前討論過的,一旦我們的焦慮心理鎖定在特定的威脅上時(如:擔心一次恐慌發作),我們就會高度敏感於任何與威脅有關的線索。因為我們焦慮心理時刻警戒著任何可能引起恐慌的跡象,反而增加了恐慌發生的可能性。

同樣地,每當我們離開我們的「安全區」時,我們就會害怕恐慌。這意味著我們迴避和逃避的反應與恐慌的恐懼更有關係,而不是恐慌本身。大多數有恐慌發作史的人在焦慮的最初跡象出現時就會離開現場,因為他們害怕即將發生的恐慌發作。因為對恐慌的恐懼在問題性恐慌中扮演了如此重要的角色,所以這個過程會是針對恐慌的認知行為治療的目標。有四種現象會引發人們對恐慌的恐懼。

恐慌觸發因素

最常見的恐慌問題是始於一或兩次預想不到的發作,這些發作完全出乎意料,發生在你完全沒有預期會恐慌發作的情況下。最初幾次的發作後,

大多數人都會瞭解是什麼引發了他們的恐慌，並且會避免這些情況，因為害怕另一次的發作。露西亞學到不熟悉的情況會升高她的焦慮與恐慌發作的風險，因此，她愈來愈把自己的活動範圍限制在住家和工作地點。

評估練習：是什麼引發了你的恐慌？

你擔心哪些狀況會引起恐慌發作呢？因為害怕恐慌，你多常避免這些情況呢？在工作單 9.2 列出你害怕最有可能引起恐慌發作的情況。在每一個情況旁邊，註記你是否總是避免這種情況，或者只是有時避免這種情況。

在先前的章節中，你已經完成了很多區辨焦慮觸發因素的練習。許多這些情況、想法和感覺可能也與恐慌相關。回顧你在這些工作單上記錄的內容。這些觸發因素中的任何一個是否也導致了你的恐慌呢？

症狀過敏

對恐慌的恐懼可以讓你對於身體發生的事情過度敏感。你可能會進行身體掃描，尋找任何意料之外的生理感覺。因為恐懼心臟病發作，露西亞變得全神貫注於胸部的任何疼痛、緊繃和壓力。她甚至開始定時測量脈搏以確保自己沒有心悸。她似乎對自己的心血管系統失去了所有的信心，擔心它會出現問題，導致心臟的不規律跳動。

> **評估練習：認識你的恐慌症狀**
>
> 你最害怕什麼生理症狀呢？你是否傾向於監控某些身體感覺，害怕它們預示著即將發生的恐慌發作呢？在工作單 9.3 寫下你傾向尋找的二或三種身體感覺，因為它們象徵著恐慌發作的可能性。考慮你在本章中的第一個練習所列出的生理症狀。

關於恐慌的災難性想法

多年來，我們已經治療過許多患有問題性恐慌的人們。人們一次又一次地告訴我們，恐慌已經嚴重主宰了他們的生活。他們花費大量時間在恐慌上面，並且擔心另一次發作即將到來。他們的生活往往因為逃避而變得十分受限，甚至連日常生活中最基本的面向都令他們感到畏懼。當恐慌以這種方式掌控了生活，它就正式變成一種災難。恐慌中的災難性想法最常見的包含：

- 害怕死於心臟病發作、窒息、腦瘤等等。
- 害怕自己失控、「發瘋」或造成極大尷尬。
- 害怕更頻繁、強烈和不可控的恐慌發作。

這並不一定代表你相信自己正在心臟病發作或發瘋。災難性想法會以問句的形式自動出現，如：「萬一吸不到足夠空氣的感覺愈來愈糟，而我無法呼吸怎麼辦？」此外，災難性想發通常會與特定身體感覺有關，像是胸悶

和心臟病發、噁心及無法控制的嘔吐，或是頭暈、失控或發瘋。個人如何解釋他們的身體感覺決定了他們是否會發展出對恐慌的恐懼。

恐慌認知行為治療的關鍵核心是言明對身體感覺的災難性誤解才是反覆恐慌發作的核心問題[4,54,55]。

露西亞把胸悶和心悸與她的恐慌發作連結在一起。無論何時，當她感到胸口出現一些無法解釋的壓力時，她就會不自主地想到：「我的胸口出了什麼問題嗎？我感覺不太對。我是否感到焦慮或壓力太大呢？這樣會給我的心臟帶來太多壓力嗎？我該如何知道自己是否正心臟病發作呢？萬一這種感覺導致在這麼多人面前出現全面恐慌發作怎麼辦？」

> **露西亞的災難性誤解**：當我感到胸悶且心率加快時，我想知道這是否是壓力和焦慮所引起的。萬一我給心臟施加了額外的壓力，增加了心臟病發作的幾率怎麼辦呢？我知道這些是恐慌症的最初症狀，所以我最害怕的是我會再次發作，然而心臟病發作的恐懼仍然縈繞在我的腦海裡。

評估練習：你的災難性誤解

無論何時，當你經歷與恐慌相關的不愉快身體感覺時，你害怕的最糟可能結果（災難）是什麼？寫下當你感到恐慌時，最常縈繞在你的腦海中的災難性誤解（最糟的可能結果）。思考你的誤解是否涉及多種恐懼，諸如：「我將經歷有史以來最強烈的恐慌發作，我將在公共場所令自己難堪，而且因為我給心臟施加了過多壓力，這會導致它功能衰弱。」

（參見工作單 9.4）

你誤解的生理症狀是什麼呢？你認為的災難是再次恐慌發作還是更糟糕的情況，像是心臟病發作、窒息甚至死亡呢？無論你的災難性誤解的具體性質是什麼，恐慌認知行為治療聚焦在對你感知到的這些生理感覺去災難化，以及減輕你的恐懼和恐慌經驗。

不健康的恐慌預防策略

恐慌發作是如此令人害怕，以至於人們開始依賴少數的調適策略來平息自己對恐慌的恐懼和降低再次發作的風險。人們努力追求安全和舒適的感覺，因為他們相信這是預防恐慌的最佳防禦手段。最主要的調適反應為逃避、避免和安全尋求。不幸的是，這些策略具有意想不到的後果。它們或許短期內能緩解人們對恐慌的恐懼，但也導致了恐慌問題的持續存在。

露西亞會避免使自己感覺更焦慮的地點。如果她要從事一種「高風險」活動，她總會隨身攜帶藥物以備不時之需，而且只有在丈夫陪伴的情況下她才會去某些地方。第七章中的幾張工作單評估了典型認知和行為安全尋求反應。許多這些策略都與處理恐慌和對恐慌的恐懼有關。如果你需要提醒自己通常是如何嘗試避免引發恐慌的因素，請回顧一下先前完成的練習（如工作單 7.2 和 7.4）。

評估練習：避免恐慌，尋求安全

當你害怕自己可能恐慌發作時，你會做什麼來維持一種安全感和舒適感呢？檢視你填寫在工作單 7.5 和 7.6 關於焦慮的不健康調適和安全尋求的反應，其中一些策略可能與你如何處理對恐慌的恐懼有關。接著，在工作單 9.5 寫出你最常出現的三種反應。

9 擊敗對恐慌的恐懼 249

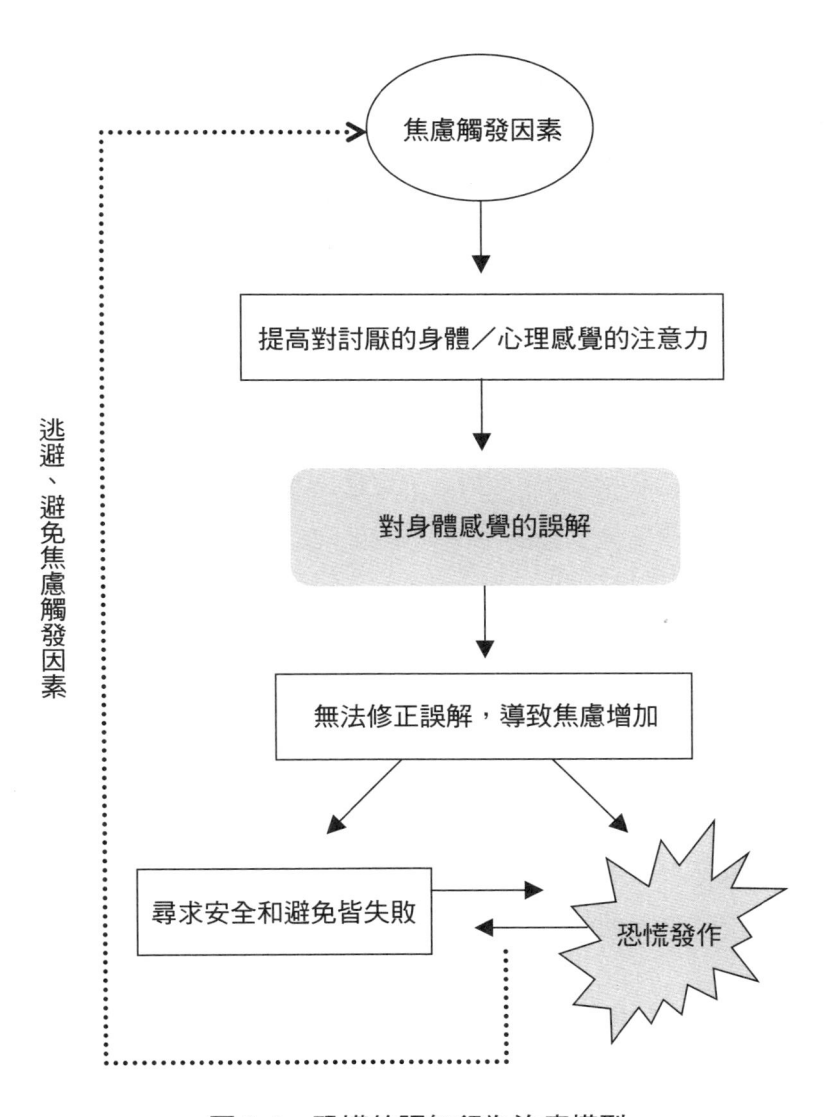

```
                    ┌─────────────┐
                    │  焦慮觸發因素  │
                    └──────┬──────┘
                           ↓
              ┌────────────────────────┐
              │ 提高對討厭的身體／心理感覺的注意力 │
              └────────────┬───────────┘
                           ↓
              ┌────────────────────────┐
              │      對身體感覺的誤解      │
              └────────────┬───────────┘
                           ↓
              ┌────────────────────────┐
              │   無法修正誤解，導致焦慮增加   │
              └──────┬─────────┬───────┘
                     ↓         ↓
           ┌──────────────┐  ┌────────┐
           │ 尋求安全和避免皆失敗 │←─│ 恐慌發作 │
           └──────────────┘  └────────┘
```

逃避、避免焦慮觸發因素

圖 9.1　恐慌的認知行為治療模型

驚慌失措的心理

露西亞知道當她感覺胸口有壓力和胸悶時自己並沒有心臟病發作。她明白這可能只是焦慮或壓力。但她似乎無法停止去思考假設性的情況：「萬一這次的胸悶是因為我的心臟問題怎麼辦？」、「萬一症狀持續並發展成一次全面恐慌發作怎麼辦？」、「萬一我完全失控且症狀沒有消失怎麼辦？」儘管露西亞現在已經歷過數十次焦慮的生理症狀，而最糟的情況只有焦慮感加劇，但她還是忍不住想到這些最糟的可能結果。由於反覆的焦慮和恐慌，露西亞對自己的心臟功能愈來愈擔心，這意味著她對於意外出現的心臟感覺會自動想到一些具有威脅性的解釋。這些「萬一」是她腦中首先跳出的想法，她試著提醒自己這僅僅是焦慮或壓力。但這些最初的憂慮想法很強大，它們總是集中在一些精神、情緒或健康災難上。露西亞發展出一種慣性恐慌的心理，而正是這種思考方式導致她持續恐慌發作。

對焦慮症狀的災難性誤解是恐慌發作發生和持續的關鍵原因。認知行為治療專注於修正驚慌失措的心理，以消除對焦慮敏感的恐懼，因此能減少恐慌發作的頻率和強度。圖 9.1 說明了恐慌發作的認知行為治療模式。此模式中包含四個引導治療的組成部分。

過度警覺（Hypervigilance）

如同圖 9.1，當你頻繁遭受恐慌發作的攻擊時，你會全神貫注於自己的生理狀態，不時注意討厭或無法解釋的生理感覺以監控自己的身體功能。也就是說，你發展出一種「聚焦症狀過度警覺（symptom-focused hypervigilance）」的狀態。只要一種生理症狀，像是胸悶、呼吸困難、頭暈或噁心的出現是可以被解釋或意料中的（我剛走了一段樓梯，所以當然會呼

吸急促），那麼你的感覺就會好些，雖然最糟情節的可能性很小，但是仍然會盤旋在你的心裡。如果生理感覺是非預期且無法解釋時（我只是坐在座位上；我不應該感覺像是吸不到空氣），憂慮就會立刻浮現，然後你會開始想到災難的可能性。你會心想：「這不正常」、「為什麼我會有這種感覺」或「我一定有哪裡不對勁」。此外，你將變得過度注意令人不安的生理感覺，這反過來又會增加焦慮感。這種過度監控自己生理狀態並過度關注確實發生的生理症狀的傾向，就是恐慌認知行為治療的目標，因為這些過程會強化與恐慌相關的焦慮。

舉露西亞為例，她變得對她的心肺功能高度警覺；她一心一意專注在自己胸口和心跳速率的任何感覺上，以及自己是否有適當呼吸。她甚至在一天裡面會經常測量自己的脈搏，以確定心跳速率沒有上升。無論何時，當她察覺到討厭的生理感覺時，她會立刻變得憂慮並且納悶「自己出了什麼毛病」？

災難性誤解

之前我們說過，對不明原因的身體感覺進行災難性的錯誤解釋是恐慌發作的核心，這就是為什麼這個元素被強調在圖示的中心：它是創造出恐慌的關鍵過程。過度警覺可能會立即、自動地產生一種最糟情節的想法：「萬一我是心臟病發作怎麼辦？萬一我失去控制，然後全面恐慌發作怎麼辦？萬一我發瘋了怎麼辦？」在恐慌中，災難性思考涉及最糟可能結果的誇大可能性和嚴重度，如：高估了心悸代表潛在心臟問題的機率。

當談到胸悶，露西亞完全高估了其與心臟功能障礙有關的次數。某些生理感覺往往導致特定的錯誤解釋。表 9.1 列出了對身體感覺的典型錯誤解釋。當你感到焦慮時，曾經用過這些方式去思考你的生理感覺嗎？

災難性誤解通常會隨著反覆的恐慌發作而逐漸變弱。你可能會明白這種生理症狀不代表嚴重的心臟病發作、窒息或腦瘤。然而，你仍然把這些症狀誤解為一種威脅。現在的恐懼是生理症狀可能會發展成另一次的恐慌發作，甚至只是另一次的嚴重焦慮。這種「較輕微」的誤解形式足以引發恐慌問題的避免和持續。認知行為治療教導你如何抵銷這種生理感覺的災難性誤解，如此一來，焦慮感就不會升級為恐慌。

失敗的修正

我們都曾經歷過意料之外、自發性的生理感覺，而且甚至可能偶爾賦予它災難性的解釋（這可能代表某種嚴重的疾病嗎？），但是大多數人傾向修正這種最初的焦慮想法，把身體感覺重新評估為一種隨機、良性和不重要的事件，而這種能力對經常恐慌發作的人來說是非常困難的。這種情況就好像是你的第一個自動焦慮想法（我一定哪裡出了大問題）自行起飛一樣，也像是火車失控，無法接受更理性思考的束縛。自動焦慮想法如此可信的主要原因之一是當我們焦慮時，都會傾向進行情緒化推理。情況大致如下：「我正感到焦慮；所以一定將發生某件可怕的事情。」因此，當露西亞感覺胸口有壓力或緊繃時，她就會變得焦慮，而在焦慮的過程中，壞事即將發生的想法就變得更加可信。她試著告訴自己：「哦，這沒什麼，可能只是消化不良」或「這只是一種隨機的生理感覺」，但是她無法完全相信這些替代性解釋。

表 9.1　對身體感覺進行災難性誤解的範例

內在感覺	災難化性誤解
胸悶、疼痛、心悸	• 我的心臟一定哪裡出錯了。 • 可能是心臟病發作嗎？ • 我給心臟太多壓力了嗎？
呼吸急促、窒息感、呼吸不規律	• 我吸不到足夠的空氣。 • 萬一我窒息怎麼辦？ • 我呼吸得不夠深。
頭暈、頭暈目眩、昏倒	• 我正在失去控制。 • 我要發瘋了嗎？ • 這可能是腦瘤的一種症狀嗎？
噁心、腹部絞痛	• 萬一我真的生病且開始嘔吐怎麼辦？
麻痺，四肢刺痛	• 我中風了嗎？ • 我失去控制且發瘋了嗎？
坐立不安、緊張、煩亂	• 這是全面性恐慌發作的開始嗎？ • 我完全失去對情緒地控制了嗎？ • 我壓力太大了。
感覺發抖、顫動	• 如之前症狀的解釋
健忘、不專心、喪失專注力	• 我對我的心智功能失去控制。 • 我一定出了大問題。 • 萬一我嚴重喪失智力能力怎麼辦？
不真實的感覺、喪失自我感	• 這可能發展成癲癇嗎？ • 這是否為我即將發瘋的徵兆，我神經衰弱了嗎？

根據《Understanding and Treating Panic Disorder（Wiley, 2000）》，史蒂芬·泰勒（Steven Taylor）所著。經許可使用。

我們每天都會經歷因應身體需求的改變而產生的呼吸、心跳、胃腸道、神經感覺和肌肉痠痛的波動。有鑑於生活的壓力和緊張，期待我們的身體完美運作是不切實際的。對於什麼原因可能導致一種特定的生理感覺，你傾向於太過倉促地妄下結論（一種認知錯誤）嗎？以下列出在健康的人們

身上常見的一些替代性、更良性的引起生理感覺的原因。將這些原因與表 9.1 的災難性誤解相比較，並且問問自己針對你反覆經歷到的身體感覺，哪種解釋更加可信。

- 生理活動、運動的增加
- 晚上沒睡好，導致疲倦或缺乏能量
- 攝取或減少咖啡因等興奮劑的攝入
- 攝取或減少酒精或是處方藥物的攝入
- 因時間壓力、工作量過大、不切實際的要求等而感到壓力
- 平衡突然受到干擾
- 周圍環境的改變，如照明、溫度、濕度或其他方面的變化
- 對個人生理狀態的過度在意或監控
- 從他人身上觀察或聽到相關的生理症狀
- 消化不良、胃酸逆流或其他進食後的消化反應
- 排便不順、腸道蠕動或收縮
- 過敏反應
- 感覺挫折、心煩、憤怒
- 經前症候群
- 節食、感覺飢餓
- 身體功能的隨機波動
- 變得過度專注於一種特定的生理感覺

本章的認知行為治療介入將強化你重新評估的能力，所以你可以修正自己對災難化的傾向。

尋求安全

「往壞處想」的自然後果是你會持續感到失控。隨著生理症狀增強，你會變得愈來愈焦慮，似乎就像完全失去了對心理和身體的控制。你會開始堅信自己無法忍受這種情況，一定必須做某件事才行。所以自然地，你會尋求取回控制、逃離情境、平靜自己和尋找一個安全的地方。

正如第七章所討論的，逃避、避免和尋求安全變成是焦慮心理的一貫手法。在恐慌中，這將包括任何有助於你放鬆以減輕可怕生理感覺的策略，如飲酒、服藥、冥想等等。被認為會引發焦慮的情境必須避免，而通常你會學到在第一個焦慮徵兆出現時就逃跑。這就是為什麼特定場所畏懼症通常是頻繁且嚴重恐慌的發作併發症。露西亞逐漸意識到雜貨店、商場和電影院等公共場所會提高她的焦慮程度，因而增加恐慌發作的風險，所以她開始避免這些場所。幾個月內，她發現自己幾乎足不出戶。

安全尋求、迴避和逃避是焦慮和恐慌持續的主要因素，這就是為什麼消除避免和安全尋求的反應對於恐慌認知行為治療如此重要的原因。在之前的章節中，你已經進行了許多關於避免和尋求安全以應對焦慮的練習。下一個練習活動提供你蒐集所有資訊的機會，並將其應用到你對恐慌的避免和安全尋求的反應上。

或許你為了焦慮而蒐集的避免與安全尋求資訊並不能完全涵蓋你害怕恐慌的反應。但你很快就會學到如何使用「每週恐慌日誌」來監控你的恐慌發作。你可以將「每週恐慌日誌」中蒐集到的新的避免和安全尋求資訊加入工作單 9.6 中。認知行為治療會教導你透過採取更積極的方式應對焦慮和恐慌的生理表現，並放棄尋求控制和安全的無效努力。

> **評估練習：恐慌中的避免和尋求安全**
>
> 這項練習活動尤其針對逃避、避免和用來減少對恐慌的恐懼的應對反應。從檢視你完成的避免檔案（工作單 7.5）和行為改變清單（工作單 7.6）開始。挑選出你因為害怕它們會導致你恐慌發作而主要避免的觸發因素，並將其列於工作單 9.6。用相同的方式，選出你用來控制或最小化害怕的生理感覺的應對反應與安全尋求策略。

恐慌評估

大部分患有問題性焦慮的人都曾經歷過恐慌發作。如果你患有社交焦慮，那麼你可能曾在社交場合中恐慌發作；如果你的問題是廣泛性焦慮，你可能因為經歷一段非常強烈、無法控制的擔憂時期，以至於引發恐慌；如果問題是關於健康焦慮，你可能會因為出現意料之外的生理症狀而恐慌。由於恐慌和對恐慌的恐懼在不同類型的焦慮問題中很常見，你可能會想知道你的恐慌是否已經變成一個問題，並且需要針對恐慌進行特定的介入。

如果你被診斷為恐慌症（panic disorder），你將需要花大量時間在本章以及第五章的症狀忍受度上面。然而，若對恐慌的恐懼在你的焦慮問題（無論哪種焦慮類型）上扮演了主要角色，那麼你可能仍然需要進行這些章節中的練習活動。至少，我們建議你完成此部分的評估練習，以確定認知行為治療介入對恐慌的有效程度。

> ### 評估練習：問題性恐慌
>
> 讓我們從一份檢核表開始評估，幫助你判斷恐慌發作是否已經變成了一個問題，而且是否可以從針對恐慌的介入策略中受益。這份檢核表並非用於診斷恐慌症，但它可能有助於你評估恐慌的嚴重度，以及決定是否該採取進一步行動。閱讀工作單 9.7 的每句陳述並決定是否與你的情況相符。如果你大部分的陳述都回答「是」，那麼恐慌發作很可能對你來說就是一項嚴重的臨床問題。

恐慌發作有各種不同的形式與嚴重程度。很多患有問題性恐慌的人會在半夜因為恐慌發作而醒來，又稱為夜間恐慌發作（nocturnal panic attacks）。此外，大多數有恐慌經驗的人會不時經歷有限症狀的恐慌，又稱為小發作（mini-attacks），這種恐慌只會涉及一或三種生理症狀，但卻造成顯著的憂慮與避免。本章介紹的特定介入策略對所有這些形式的恐慌皆有幫助。它們的目標是使恐慌經驗正常化──減少它的頻率、嚴重度和持續時間，如此一來，恐慌發作在你生活中所佔的分量，將不會比數百萬只有偶爾經歷「非臨床」恐慌發作的人們來得大。

恐慌日誌

「每週恐慌日誌」是認知行為治療針對恐慌發作的一項重要工具。我們發現頻繁恐慌發作的人們只要持續撰寫恐慌日誌，其恐慌發作的頻率就能顯著降低。監控恐慌發作可以帶來療效有多種原因。

- 你將學會放慢速度，並捕捉會導致恐慌發作的生理症狀的自動災難性誤解。
- 隨著你學到愈多關於焦慮的事情，焦慮就變得不那麼令你驚訝和無法預期。
- 你愈瞭解焦慮驅動恐慌和害怕恐慌的過程，你愈對自己的焦慮有更強的個人控制感。
- 它為你提供機會去記錄反駁自己自動災難性誤解的證據。

評估練習：使用每週恐慌日誌

工作單 9.8 是一份每週工作日誌。你應該在其中記錄全面恐慌發作、有限症狀或部分發作，以及當你害怕恐慌發作，但並沒有發生的情況。在一次恐慌發作後盡快且盡可能正確地完成記錄。持續寫日誌，直到你記錄一定次數的恐慌發作，足以提供你資訊完成你的恐慌檔案。你蒐集愈多關於自己恐慌發作的資訊並記錄在恐慌日誌上，這份日誌的療效就愈好。我們建議患者在整個治療期間都維持撰寫恐慌日誌的習慣。

> **TIPS｜自我監控恐慌症狀**
>
> 　　當人們開始記錄恐慌日誌後，有時候在捕捉自己對生理感覺的災難性誤解上會有困難。如果發生這種情況，請回顧第六章你所做過關於焦慮心理的練習、表 6.1 關於災難性焦慮想法，以及你的焦慮心智圖（工作單 6.4），以上工具都將提供你一些與恐慌相關誤解的發現。有些人不願意完成恐慌日誌，因為他們認為這會引起自己對恐慌的注意，反而使情況變得更糟糕。但根據我們的經驗，事實上是相反的，完成恐慌日誌幫助人們瞭解自己的恐慌過程，因此減少了恐慌症狀。記住，當涉及打敗恐慌時「知識就是力量」，所以不要放棄完成你的恐慌日誌。

你的恐慌檔案

　　當你在每週恐慌日誌中記錄了多次的恐慌經驗後，你就準備好制定你的恐慌檔案了。你也將發現，在完成檔案的過程中，先前於本章完成的練習活動，以及恐慌避免和安全尋求記錄（工作單 9.6）皆會有所幫助。

> **評估練習：恐慌檔案**
>
> 　　完成此流程圖的各個部分（工作單 9.9）。寫下所有令你焦慮的情況；令你不舒服的討厭生理感覺；你害怕的最糟結果、你的安全尋求反應，以及任何你用來避免或最小化恐慌風險的策略。這份檔案也與你持續對恐慌感到恐懼有關。

你擁有足夠的資訊去完成你的恐慌檔案嗎？恐慌檔案是恐慌認知行為治療的一個關鍵部分。它透過強調導致你害怕恐慌的核心過程來指引對抗恐慌的治療策略。使用恐慌檔案，你將能夠客製化你的認知行為治療以解決你本身恐慌經驗的獨特特徵。我們根據露西亞的焦慮經驗提供了一份恐慌檔案的範例。

露西亞的恐慌檔案（參照工作單 9.9）

與恐慌相關的主要焦慮觸發因素
（情況、想法、感受、預期）

1. 超市
2. 離醫院不近；距離超過十五分鐘
3. 多車道、高海拔的大型橋梁
4. 晚上獨自一人在家

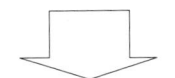

⬇

生理感覺

胸悶、心跳速率增加、手掌出汗、感覺頭暈、雙腿感覺無力，好像快要站不穩、呼吸變得更快且輕淺（感覺好像是我無法獲得足夠的空氣）。

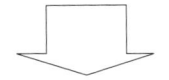

⬇

對生理感覺的誤解

第一個焦慮想法：我的焦慮失控了；我將會恐慌發作；我無法忍受這種感覺，它實在是令人難以忍受。

災難性結果，你害怕什麼：（兩種災難性主題）（1）我正給我的心臟帶來壓力，最終我將心臟病發作；可能我現在就是。（2）我將經歷生命中最糟糕的恐慌發作；我一定會被送去醫院。

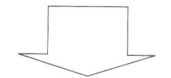

> **避免和安全尋求**
>
> 你如何試圖減少對恐慌的恐懼或恐慌發作的風險：<u>我盡可能地避免焦慮的情況；我還隨身攜帶藥物以備不時之需；我常跟在先生身邊，因為和他在一起我覺得比較安全；我想像自己正在前往我的安全地點。</u>

認知介入：恐慌再評估

　　檢視你的恐慌日誌和恐慌檔案時，你可能會想：「為什麼我如此輕易就陷入這些生理症狀的災難性誤解呢？」這是露西亞花了幾週監控自己的焦慮和恐慌發作後的反應。當她平靜後，她可以輕易地看出自己的胸悶是一種良性的感覺，可能是壓力的徵兆或隨機的生理事件。但在恐慌當下，她無法撼動最初的災難性想法：「萬一我心臟病發怎麼辦？」學會修正她的最初誤解是露西亞恐慌治療的一個重要部分。

　　修正這種妄下災難性結論的傾向的最佳方式之一為針對不喜歡的身體感覺和反應發展出一套更實際的替代性解釋。我們稱此為恐慌再評估，因為它涉及以一種更平衡、更符合現實的方式去再評估你焦慮的生理症狀。在認知行為治療的模式中，正是這種災難性誤解會把焦慮轉變成恐慌。因此，以不那麼災難性的方式去重新解釋自己的生理症狀會是一種有效的介入，可以防止你的焦慮演變為恐慌。

介入練習：抗恐慌解釋

接下來幾週，使用抗恐慌症狀解釋記錄（工作單 9.10）去生成與你的恐慌相關的討厭和不舒服的生理、心理或情緒感受的替代性解釋。回顧第 254 頁有關生理感覺的替代性解釋，如果你需要幫助來提出其他替代性解釋，請選擇兩到三種可能性。此外，在一張白紙上，寫下曾有過的具體經驗，也就是支持替代性解釋的證據。將你的證據附加在工作單 9.10 上，這樣可以提醒自己支持替代性生理感覺解釋的經驗。根據露西亞的恐慌經驗，工作單的第一列提供了一個重新解釋的範例。

介入練習：抗恐慌字卡

檢視你的每週恐慌日誌（工作單 9.8）和抗恐慌症狀解釋記錄（工作單 9.10）。挑選出與你的恐慌發作最緊密相關的主要生理、心理或情緒症狀。接下來，針對每種你列於工作單 9.10 的生理症狀選出最可性的替代性解釋。說明為什麼你認為這些替代性解釋比災難性解釋更好的原因。現在將替代性解釋寫在 3×5 的索引卡上，或輸入到手機的記事本中。它將變成你的抗恐慌字卡。

遵循以下步驟，以最有效的方式運用這份字卡。

1. 在進入一種引發焦慮的情況之前，花兩到三分鐘去反思你寫在字卡上的內容。提醒自己，你很可能會經歷一些生理症狀。想想是什麼造成那些生理感覺，以及為什麼你的替代性解釋是更正確的。

2. 此外，思考一下在即將面對的情境中你將如何應對這些生理症狀。

（續）

3. 離開引發焦慮的情況後，替你的經驗留下記錄。發生什麼事證明了替代性解釋是正確的呢？有發生任何事表明替代性解釋需要改變嗎？替你的字卡進行必要的修訂。

抗恐慌字卡是一種讓你即時對焦慮和恐慌進行恐慌再評估的方式。如果你只是在面對困難情況前大致讀一遍，那麼將不會有效。相反地，你必須深入思考為什麼替代性解釋比起導致恐慌的災難性誤解更能解釋你的生理症狀。你可能可以從露西亞的範例中獲得書寫有效字卡的其他想法。

露西亞的抗恐慌字卡：當面對讓我對恐慌產生恐懼的情況時，我將經歷胸悶、心悸和虛弱等生理症狀。我知道這些症狀是我感到焦慮和壓力的跡象，也知道它們在我身上造成的反應比起大多數人更強烈，因為我是如此關注它們。我只要專注於自己的心率，就能感覺到心臟不舒服。我經常感受到這些生理症狀，而大多時候我控制得還可以。我現在也能做同樣的事情，理解它們是由於壓力和我傾向過度在意我的身體所導致。

認知介入：恐慌重寫

在第八章我們介紹了一種稱為超然擔憂的認知行為治療介入。經過一些調整，相同類型的治療策略就可以用於治療恐慌發作。基本概念就是利用想像去刻意面對自己對恐慌的恐懼。目的是在真實面對這種恐懼之前先將其減少。反覆經歷恐慌發作的人們會變得非常害怕恐慌發作，甚至只要想著恐慌發作就能令他們感到焦慮。重寫你想像中的恐慌包含三個要素。

- 詳細描述恐慌發作時的災難性情境。
- 接下來，重新編寫或改寫情境，並加入你對生理症狀的替代性解釋。
- 每天練習，安排時間去想像自己暴露於恐慌發作時的情境。

介入練習：恐慌重寫

步驟一：首先寫下一次你最嚴重的恐慌發作經驗。描述它在哪裡發生、誰在現場、你感覺如何、你的生理症狀／感覺、與這次發作有關的景象和聲音（甚至氣味），以及你如何應對這次的經驗。你的敘述應該包括當時你想到什麼，包含災難性誤解：我是否要心臟病發作、發瘋、垂死等等？你的敘述應該使用第一人稱和現在進行式書寫（我開始發抖……）。無助和失控感應該被包含在此副本中。

步驟二：接下來，重寫你的恐慌情境，這樣你可以經歷所有描述於步驟一的生理感覺與焦慮。但現在你會對自己的生理症狀／感覺進行替代性解釋。你不會試圖停止恐慌、逃避或冷靜。當你處於恐慌狀態時，你讓生理症狀隨之起伏。你想像自己在應對這些感覺、專注於與情況有關的任務（若你處在擁擠的超市裡，則專心購物）。你始終專注於想像自己去應對、處理恐慌，並任其自然發展。

步驟三：每天安排二十到三十分鐘，在這段時間內，你需要反覆想像恐慌發作（步驟一），然後重寫它（步驟二）。每個時段中，你將進行十到十二次的想像重寫。當你開始感覺無聊，且想像你的嚴重恐慌發作不會再引發焦慮時，就可以停止每天的練習。

在工作單 9.11 寫下你的恐慌重寫敘述。如果你需要額外空間，請使用其他紙張。以下是露西亞對她在工作中第一次意外恐慌發作情境的重寫範例。

露西亞的重寫敘述

步驟一、災難性場景：我對那天記憶深刻，那是我人生中最糟的一天。我正坐在我的座位上，為了當天晚些時候要做的高階經理人報告做準備。我還沒準備好；我進度落後了，而我不斷接到電話和被干擾，以至於無法準備報告。現在已經中午了，我感到恐慌。我大概剩下三小時的工作量，但再一小時就要報告了。我在想我將會讓自己出醜。我開始感到非常熱且出汗。然後突然感覺整個房間在旋轉。我立刻感覺到我的心臟在耳邊怦怦跳動，我開始不受控地顫抖。我不知道自己發生了什麼事。感覺就像是某種無法控制的身體反應。我立刻想到了我的父親。這就是他所經歷的嗎？我是否心臟病發作了呢？我會死嗎？我鬆開襯衫、喝了一些水，在廁所對我的臉潑了更多的水，但是這些感覺依舊沒有消失。我無法再忍受它。我告訴主管我感到身體不適，他們必須把會議延後幾天，然後我離開公司並回家。

步驟二、重寫情境：（情境第二部分的開頭被重寫為「我正心臟病發作了嗎？」）我告訴自己我沒有心臟病發作。我是對報告的壓力產生了嚴重的反應。每當我感到不知所措並開始想到我將會看來愚蠢或無能時，這種情況就會發生。我將花十五分鐘讓症狀平靜下來；我將離開辦公室，稍微走動一下。之後，我會去當地的三明治店買點東西，同時思考報告中缺少了哪些重要內容。接著，我會回到座位上，忽略電子郵件、電話鈴聲，以及那類令人分心的事物。如果有人來聊天，我將告訴他們我必須完成等下的報告。我做了所有以上的調整，並且感覺症狀減輕了。它們並沒有完全消失，但是變得可以忍受。我上台進行報告，過程還算順利，而我很高興看到這困難的一天終於結束了。

行為介入：恐慌誘發

第五章中，我們介紹了一種認知行為治療的介入策略，稱為症狀激發（symptom provocation）。它包括用可控的方式去刻意刺激出焦慮症狀，然後讓症狀自然消失。你不是試圖最小化或控制焦慮，反而從一種被動，有點超然的角度去觀察你當下的感覺，這使你反覆暴露於焦慮症狀，如此一來，你將不再害怕它們。這是一種旨在提高你對焦慮忍受度的介入策略。

你可以使用相同的介入，經過一些調整，也可以有效地治療恐慌和對恐慌的恐懼。首先考慮你在恐慌檔案（工作單 9.9）中列出的生理症狀。這些是你透過此介入策略所要針對的症狀。遵循介入練習（刻意症狀暴露）中概述的步驟進行（請參閱第五章，第 111 頁），把焦慮症狀用恐慌症狀取代。在步驟 2 中，當你害怕恐慌發作時，你將區辨出最困擾你的主要生理恐慌症狀。舉例來說，可能是胸痛、心悸、呼吸短促、噁心或頭暈。這是你將利用列於表 5.1「症狀激發技術」去刻意刺激出的生理症狀。遵循步驟 5 到步驟 10 去安排每日的恐慌誘發練習時間，如此一來，你就可以在可控的情況下感受到你最害怕的恐慌生理症狀。使用症狀激發記錄（工作單 5.11）寫下你的恐慌誘發結果。

許多恐慌的生理症狀可能是由於過度換氣所引起。因為這個原因，過度呼吸是認知行為療法治療恐慌最常使用的症狀激發技術。下一個練習活動概述了如何進行過度換氣恐慌誘發，不過你可以使用表 5.1 中列出的任何其他激發技術。如同所有症狀激發一樣，你會希望在治療師的幫助下進行第一次的過度換氣。如果你沒有接受治療，首次過度換氣請與你的伴侶、親密朋友或信任的家庭成員一起進行。之後你就可以獨自進行誘發練習。

介入練習：誘發過度換氣

1. 知曉原理：你刻意透過兩分鐘的過度換氣來產生恐慌的生理症狀。雖然它不完全與恐慌發作相像，但生理感覺將夠相似到足以產生暴露效果。過度換氣不會帶來傷害，但你可以預期感到不舒服。

2. 確保醫療許可：事先詢問你的家庭醫生，你是否存在任何不應該進行兩分鐘過度換氣的理由。如果你有呼吸道疾病、心血管疾病、肥胖、癲癇、懷孕或其他一些醫療狀況，那麼你不應該進行過度換氣。你可能可以使用其他列於表 5.1 的激發技術。

3. 練習控制呼吸：花五分鐘練習控制呼吸。這涉及更深層、緩慢，每分鐘進行約八到十二回的腹式呼吸。在這段時間內，全神貫注於緩慢、深沉但正常呼吸的感覺上。

4. 記錄誘發前的生理感覺：在一張白紙上寫下任何你目前感受到的生理感覺。用 1 到 10 來替它們評分（1 ＝ 幾乎沒有感覺；10 ＝ 強烈，我難以忍受這個症狀／感覺）。

5. 兩分鐘的過度呼吸：使用手機上的碼錶功能，進行過度呼吸兩分鐘或直到你無法忍受為止，切記，持續時間不要超過兩分鐘。過度呼吸或過度換氣需要坐在一張椅子上，盡可能深而快速地呼吸，通常是經由張嘴呼吸來進行。留意當你過度換氣時出現的生理症狀。

6. 記錄誘發後症狀：停止過度換氣後，寫下三或四種你所感受到的最明顯的生理症狀。使用 0 到 10 分去評估症狀的強烈度。注意自己是否正在經歷與恐慌發作時相同的身體症狀。

7. 練習控制呼吸：記錄你的症狀後，開始控制呼吸兩分鐘。之後評估你的生理症狀。在工作單 5.11 上，記錄你進行過度換氣練習活動的結果。

症狀誘發練習活動（如過度換氣）能提供許多益處，因而使它們成為恐慌發作的有效療法。

- 你將發現反覆暴露在與恐慌相關的生理症狀之中，可以減少你對恐慌的恐懼。
- 你將透過刻意產生症狀去挑戰對生理症狀的災難性誤解。
- 你會發現，過度呼吸或過度換氣可能是導致恐慌症發作的原因之一。
- 你將發現藉由進行呼吸控制，恐慌的生理症狀會被削弱。

行為介入：恐慌暴露

大部分曾經歷恐慌發作的人們都意識到，某些情況會引發造成恐慌的生理症狀。舉例來說：你可能會避免飛行或坐在電影院中間的位置，因為這會讓你產生被困住的感覺，並可能導致某些生理感受，像是熱或臉紅、頭暈或與身體和周圍環境分離的感覺。這些症狀使你害怕，因為它們象徵觸發恐慌發作的可能性。因此，你避免飛機或電影院；事實上，你避免任何可能引發恐慌的事情或情境。問題在於避免情況的清單會隨著時間擴增，所以許多恐慌患者會發展成全面特定場所畏懼症。這就是針對避免情況進行系統化暴露為何是恐慌認知行為治療的一個重要部分的原因。

第七章討論了如何訂定一份暴露計畫。你需要將恐慌暴露的重點放在恐慌檔案（工作單 9.9）第一部分所列出的觸發因素上。此外，列在恐慌避免和安全尋求記錄（工作單 9.6）中的避免情況將幫助你建構一份暴露計畫。接下來，針對恐慌完成復原取向暴露任務（工作單 7.10），把表格中的焦慮用恐慌取代。舉例而言，在 A 部分，寫下如果你對恐慌沒有恐懼，你會想

做什麼事情（你的恐慌恢復目標）。在 B 部分，考慮幫助你忍受恐懼恐慌的健康反應；在 C 部分，思考你用來減少恐慌風險的安全尋求行為。其他唯一的調整為確保你的暴露重點是放在會引發對恐慌產生恐懼的情況。再次重申，關鍵要素為：（1）逐步增加暴露練習的困難度；（2）確保每次暴露練習時段都有持續到你的焦慮程度降至一半以上；（3）從事暴露期間，練習改正有關威脅和危險的自動想法。

介入練習：恐慌的情境暴露

要建構一個與恐慌相關的觸發因素的層級，從你經常會避免的中度痛苦情況開始，最後則是你總是避免以防恐慌發生的情況。使用暴露層級（工作單 7.8）去引導你的恐慌暴露治療。從令你中度痛苦的情況開始，然後一週內反覆從事多次的情境暴露練習。持續把自己暴露在一個情境中，直到與剛開始相比，你能夠以減少一半的焦慮度去完成它。之後移動到層級的下個情境。當你不再避免層級中的情境時，暴露練習就算完成。

💡 TIPS │ 助進行恐慌暴露

如果你很難遵循一項暴露計畫，請回顧你在第七章完成的練習活動。這將幫助你回憶起你可以用來克服暴露障礙的策略。如果避免特定場所畏懼症是你的恐慌的顯著問題，情境式暴露將在你的治療策略中扮演一個更大的角色。經由暴露來減少避免是降低全面和有限症狀恐慌發作的頻率與嚴重度的關鍵要素。

情境式暴露是一種核心介入策略，它包括在任何針對恐慌的認知行為治療計畫中。當與恐慌再評估、恐慌誘發和恐慌反應移除（panic response removal，見下文）共同使用時，它尤其有效。事實上，如果你持續避免恐慌觸發因素，那麼其他介入策略將無法發揮效果。因此，在治療你的恐慌恐懼時，系統性暴露於恐慌的觸發因素中是至關重要的部分。

行為介入：移除恐慌反應

當恐慌頻繁發作且使人衰弱時，安全尋求和其他旨在控制恐慌恐懼及減少恐慌發作風險的反應將很顯著。重要的是需意識到你的安全尋求概況，並在你進行恐慌誘發和暴露時努力消除這些反應。你已經使用每週恐慌日誌（工作單 9.8）蒐集了安全尋求的相關資訊，並且將這些資訊融入了你的恐慌檔案（工作單 9.9）。你也可以檢視安全尋求反應表（工作單 7.4）中你所記錄的反應。上述記錄中的許多策略都與害怕恐慌有關。

迴避和逃避是露西亞害怕恐慌發作時的首選反應。有許多外在情境會引發她對恐慌的恐懼，因此，她建立了一個層級去引導自己從事情境暴露。她決定從商店購物開始，因為這個情境位在她層級的中間。必須依賴他人進行採買也大大限制了她的自由、獨立性和滿足日常生活基本需求的能力。她從在非尖峰時段前往較小型的雜貨店開始，裡面只有少數顧客。她的安全反應之一是堅持讓先生陪她一起去購物。她同意前面幾次先生可以待在車裡等待，之後她獨自開車前往商店。這是漸進式移除安全尋求反應，同時針對恐慌恐懼進行情境式暴露的範例。她決定當察覺到出現焦慮症狀時，不再考慮一個安全的地點。相反地，她讓症狀自行消退，並將注意力集中在購物上面。她也持續提醒自己慢慢走，不要在走道裡匆忙行動。一旦她

能夠在這家較小型的雜貨店採買而不感到恐慌和依賴安全尋求反應後，她就可以進階到一家更擁擠的大型商店。

> ### 介入練習：移除安全尋求
>
> 列出一張當你害怕恐慌發作時，最常使用的安全尋求策略清單。一些策略，像是攜帶抗焦慮藥物或需要朋友陪伴等，甚至可以在你開始從事暴露練習前就被消除。其他諸如想像自己在一個安全場所、自我安慰或嘗試放鬆等，都必須透過暴露練習才能被阻止和消除。當進行暴露練習時，請訓練自己把注意力放在該情境安全的一面，如：「儘管我感覺非常焦慮，但有什麼證據能夠代表我現在站在商場裡其實是安全的呢？」並且學習去忍受，甚至接受這種感覺焦慮的狀態。這將幫助你挑戰自己的災難性誤解，同時強化你賦予恐慌的生理症狀的替代性解釋的信任度。

下一章節

恐慌發作和擔憂皆為焦慮的跨診斷（transdiagnostic）特徵，兩者都可能出現在任何焦慮問題中，也可能是需要治療的主要症狀。出現自發且令人衰弱的恐慌發作是那些被診斷為恐慌症患者的主要症狀。但無論恐慌或害怕恐慌是唯一的症狀，還是更嚴重的焦慮問題的一部分，對特定生理症狀的災難性誤解都會導致焦慮加重為恐慌。針對恐慌的認知行為治療專注於透過症狀再評估去矯正災難性誤解，它也使用症狀誘發、情境暴露和抑制安全尋求反應來克服對恐慌的恐懼。

讓我們花些時間回顧你在閱讀這章的過程中完成了哪些練習。恐慌是

一種非常難以克服的焦慮形式，因為發作時的強度可能會相當劇烈。全面性的恐慌發作可能讓你有自己即將死亡的感覺。因此，如果你患有恐慌發作，而已經完成了本章的介入練習活動，我們肯定你的勇氣與決心。恐慌誘發和暴露對個人的要求很高。如果你有練習並獲得一些成功，那麼你已經取得了很大的成就。毫無疑問地，你將發現其他焦慮的認知和行為介入相較起來容易許多。但現在我們要離開恐慌發作的世界，前往在各種焦慮問題中常見的另一個問題——社交焦慮的痛苦。

10
戰勝社交焦慮

人類的經驗深植於社會互動之中。實際上我們所做的每件事都涉及與他人互動。我們在社區中生活與工作；我們的家庭和親戚網絡塑造出我們是誰；我們最喜歡的休閒和娛樂活動都是和朋友與家人一起共度。我們和重要的生命角色，如親密伴侶、父母與良師益友都存在著深厚關係。我們依賴關係在這個不斷變動的世界中學習與適應。此外，經由人際關係，我們獲得了最深的意義感、精神的滋養和生活的滿足。鑒於社交互動在人類經驗中的重要性，難怪社交情境成為我們一些最大的恐懼和焦慮的來源。

我們可以用兩種方式去思考社交情境的焦慮。第一種是社交評估焦慮（social-evaluative anxiety），這是指一個人只關心他人對自己的負面評價。第二種是表現評估焦慮（performance-evaluative anxiety），在意的是在他人面前犯錯或失敗。此外，還有一些人在社交場合表現得相當好，但在考試、面試或在觀眾面前表演等評估情境中卻會經歷嚴重的焦慮。下面的範例中，安東尼奧飽受社交評估和表現評估焦慮所苦。

安東尼奧的恐懼

安東尼奧極度害羞，或至少一直以來他是這麼看待自己的。即使是個

孩子時，他也總是感覺緊張，特別是在其他孩子周圍更是如此。他記得那時候相當寂寞，只有一個親近的朋友，而且總是害怕班上同學會注意到自己。現在安東尼奧三十三歲了，單身，在一間軟體公司上班，他仍然感覺孤單和被隔離。幾年前，他為了新工作必須搬到離家數小時車程的地方，那次的調整是一次困難的經驗。過去半年間，他開始感到非常沮喪，對他喜愛的事物失去興趣，他大部分時候都感到疲倦，而且開始失眠。他的醫生說他得了憂鬱症，並開了抗憂鬱藥物給他，藥物的確讓他感覺好了一點，但是深刻的孤獨感、無聊感與不滿仍然徘徊不散。

安東尼奧一直讓自己忙於工作並選擇在家上班。最初同事們試著拉他加入對話並邀請他在工作後去喝杯飲料。但是安東尼奧總是拒絕他們。他在他人周圍會感覺緊張、笨拙和不自在，而且似乎不知道該如何進行普通的對話。當他開始焦慮，他會臉紅、開始顫抖、心跳加快、感覺熱和冒汗，而且還會感覺自己好像無法適當呼吸。他確信其他人會注意到他的焦慮並且想著：「他怎麼了？」、「他為什麼這麼緊張？」和「他是不是有精神疾病？」在這種強烈焦慮的狀態下，安東尼奧深信其他人一定會盯著他看，並且對他的行為舉止產生各種負面的結論，另外，當其他人注意到他的那刻起，安東尼奧的自我意識就開始高漲。

當他偶爾試著述說一件事，但是說出來的話並不恰當時，他會感覺非常羞愧和丟臉。有時候他會在心裡覆誦要對人們說的話，但是這樣做似乎只是讓情況變得更糟糕，因為當大聲說出來時，這些話顯得既刻板又不真誠。當安東尼奧被告知參與工作會議的時間後，他的焦慮程度會隨著時間愈接近而愈提高，直到這種預期性焦慮變得無法忍受。他可能會有數天晚上無法入睡，擔心著自己該如何面對即將到來的社交場合。儘管事件過後他的焦慮感能夠得到些許緩解，但是時間總是很短暫，因為他會開始在腦海中重新

排練該事件與人們可能看待他的方式。這種不斷重播過去社交互動的傾向稱為事件後處理（postevent processing），這麼做通常會導致他相信自己又再次丟臉，因而只會使他更堅信自己在他人面前毫無希望。

安東尼奧應對自己強烈社交焦慮的主要策略為避免。他避免多種人際互動情境，諸如預約、參與社交聚會或邀請朋友來晚餐、起始對話和發表意見、約會及接電話，以及許多表現的場合，像是在會議中發言、在眾人面前進食／飲酒、在人多的商店中採買、走在一群人前面和在聽眾面前表演等。如果他無法避免社交情境，安東尼奧就會盡可能少說話並且盡快離開那個情境。安東尼奧發現如果他喝了幾杯酒或隨身攜帶鎮定劑時，他的焦慮狀況會有一點改善

安東尼奧有社交焦慮的問題，這是最常見的焦慮形式之一，每年約影響一千四百八十萬名美國成年人（7.1%）[56]。

社交焦慮問題通常始於兒童期或青春期早期，然後它可能變成持續數十年的慢性疾病。它可以造成終身的沮喪、孤獨和痛苦，而且通常與其他疾病相關，像是重度憂鬱症（major depression）、廣泛性焦慮和酒精濫用[4]。較輕微的社交焦慮甚至在一般人口中更為普遍，而在社交情境中，焦慮感會上升是各種焦慮症患者不時反應的問題。

社交焦慮是在大多數社交或表現情境中出現持續存在的緊張或焦慮感，因為害怕他人對自己的負面評價，或害怕自己做出愚蠢、令人尷尬的行為。社交焦慮的人對於受到他人的監督尤其敏感，而且害怕他人注意到自己的焦慮。患者們會帶著強烈焦慮感去避免或忍受社交互動，特別是與陌生人互動的時候。

儘管在之前的章節中你的焦慮情況已經取得了進步，你仍然可能出現社交焦慮，即使這只是你焦慮問題的一小部分，但它並沒有得到妥善地處理。在這個章節中，我們會重點關注社交焦慮，並且會討論特別設計的介入策略，幫助你減輕升高的社交與評價焦慮。針對社交焦慮的認知行為治療是根據第六章和第七章的認知與行為介入策略，不過有修改它們以解決在社交場合中的獨特焦慮面向。

人們會怎麼想？

社交焦慮的核心是高度在乎他人的想法。當然每個人都希望別人對自己有好印象。希望被他人喜歡、得到他人贊同、接受，甚至是受他人欽佩都是非常自然的。來自我們生命中重要他人的恭維、讚美和正向回饋可以令我們感覺良好；反之批評、拒絕、不同意和負向回饋則會令我們心煩意亂。丟臉、困窘是所有人感覺最不舒服的情緒之一，所以我們當然會盡最大的努力去避免給人負面的印象。我們必須承認大家都喜歡融入群體、感覺自己被接受。在人群中顯得突出和引人注目會讓人感覺不舒服。

因此，當我們發現自己處在一個陌生的社交場合或必須介紹自己、與他人對話或表達意見，同時必須表現出放鬆、自信、參與，甚至是機智的反應時，感覺些許緊張是非常自然的情緒狀態。每個人都會不時想到：「我表現得如何？」、「不知道他們是如何看我的」、「我希望自己沒有說出什麼蠢話」、「我真的感到不自在」或「我等不及要離開這裡」。我們會從他人身上尋找自己表現得還可以和我們有融入的跡象；如果我們發現他人對我們感到無聊、沒有興趣，或更糟的是被我們打擾，我們可能會感覺心神不安，甚至是困窘。離開這些尷尬的社交互動後，我們會在心裡重新複習那晚的

事件──我們的「表現」如何、其他人對我們的反應，試圖就「我是不是出醜了？」這個問題得出一些答案。

如果你患有社交焦慮，我們剛才所描述的每件事，對你而言可能感覺都像放大了一千倍。處在社交情境中的恐懼可能使你麻痺，一直害怕給予他人負面印象。使自己丟臉的可能性似乎像是你無法冒險承受的災難。你是如此堅信自己看起來既笨拙又不恰當，所以你開始監控自己說的每句話和每個姿勢，努力給人好印象。但是隨著時間過去，你似乎輸了這場戰爭：你愈是努力融入，感知到的結果就愈糟糕。你變得堅信自己使自己丟臉了，所以你用羞愧的眼光檢視那些社交互動，只記得它們是你生命中最糟糕的經驗。最終，你決定無法再忍受這種折磨；所以最好盡可能避免他人，勝過忍受如此羞辱。因此，你開始隔離自己、縮回自我的保護殼中、將自己與其餘人類隔絕。但這會導致巨大的代價；你時常感到孤單，伴隨強烈的不滿足和生活品質的降低。另一個巨大代價是你變得更少練習「社交會話的藝術」，因此會感覺在社交情境中愈來愈笨拙。你將陷入一個似乎無法逃離的惡性循環！

你是否背負著社交或表現焦慮的重擔呢？你是否太過在意他人對你的想法呢？在工作單 10.1 列出社交焦慮造成的個人代價。因為你在他人身邊會感到焦慮，所以你的生命中錯過了什麼呢？考慮社交焦慮的負面影響，現在是解決這個問題的時候嗎？

如果你已完成先前章節的任務，那麼你等於建立了焦慮認知行為治療的穩固基礎。我們將告訴你如何把你學會的認知行為治療技巧聚焦在社交焦慮的具體特徵上，這樣你與他人的關係就不會再受到阻礙。

社交焦慮的 ABC

我（大衛・克拉克）最近和一名年長的寡婦談話，她告訴我自己感覺無聊、被隔絕和孤單。我建議她一些可以去的地方、可以和誰聯絡，以及各種年長者可以參與的活動和聚會。突然間，她打斷我：「噢，老天，我無法獨自一人去任何地方。我會感覺很不舒服，我永遠不會享受這種感覺。我已經這麼大年紀了，為什麼要強迫自己做一些我不喜歡的事情呢？」這名婦女的社交焦慮並不嚴重，但還是顯著影響了她的生活。

為了瞭解人們為什麼選擇一種較狹隘的生活，考慮使社交焦慮產生如此強大影響的三個過程是很重要的：

1. **害怕負面評價**：害怕被他人負面評價和受到他們的嘲笑與鄙視；害怕他人認為你很愚蠢、軟弱、無能，甚至瘋狂。
2. **自我聚焦（self-focus）的提高**：極度注意自己的社交表現、在幾乎聽不見人們說話的地方，想像他人如何看待自己。矛盾的是，你愈試圖控制和評估每句言論、臉部表情和手勢，你在社交互動上就愈顯笨拙。你之所以會如此強烈地關注自己，是因為你害怕別人會注意到你的焦慮，或是你給別人留下不好的印象，使自己尷尬、丟臉，甚至可能導致被拒絕。
3. **迴避和逃避**：盡可能躲避人群，當被強迫社交時會在第一時間逃離。透過將社交接觸限縮在安全和熟悉的人群中，患有社交焦慮的人們會變得無法熟練應對新的和不熟悉的社交場合。

安東尼奧被恐懼牢牢抓住，以至於其他人都可以注意到他在社交情境

中的焦慮。他深信他們會注意到他泛紅的臉頰、顫抖的雙手和猶豫的言論，然後納悶他到底有什麼毛病。他告訴自己他們可能會想：「這個人好可憐──他看起來好焦慮」、「真是個軟弱、可悲的人，竟然無法與他人互動」或是「他可能患有嚴重的心理疾病」。這些高度的負面觀點使他更不自在，導致他的焦慮感增加，也使他擔心自己缺乏對話技巧的這件事成真，因為他發現自己難以專注聆聽別人正跟他說的話。最後焦慮變得如此巨大，使得安東尼奧會盡快離開這些社交場合。逃避帶給他立即又令人難以置信的緩解。每次他都會對自己發誓絕對不要再次承受那種折磨。

我們很難不欽佩那些善於交際的人，他們可以在他人面前充滿魅力、機智、自在和自信。他們大膽且充滿活力的人格特質主宰了我們的文化風氣，設定了對大多數人來說不切實際的社交表現標準。在現實生活中，我們知道非常善於社交的人，他們的存在可以帶動整個房間的氣氛，並贏得其他人的認同。這很容易成為社交焦慮者的社交表現標準。然而，這是不符現實的標準、完美主義的產物，只會放大我們在他人身邊的焦慮。有社交焦慮的人因此產生了這兩種傾向：對負面評價的恐懼，和不切實際的社交表現標準。

你可以把對負面評價的恐懼和完美主義的社交標準視為把你拉入社交焦慮的雙重過程。安東尼奧害怕的最負面印象，是當與不熟悉的人們互動時，他會顯得焦慮又可憐。同時，他又夢想以冷靜、自信和機智的方式讓人留下深刻印象。然而，在現實中，安東尼奧知道自己更有可能給他人留下負面印象。這兩種截然相反的期待使安東尼奧盡可能避免使自己感到不舒服的社交場合。

> **評估練習：對自己和他人的社交期待**
>
> 　　我們對自己和他人最好和最糟的期待將對我們在社交場合中的焦慮程度影響深遠。在工作單 10.2 描述你希望自己在社交表現上達到怎樣的標準，你可以用希望給別人留下的最正面印象來思考此標準。你希望帶給人友善、自信、放鬆、機智、聰明或其他特質嗎？
>
> 　　接下來，記錄你害怕自己會留給他人的最負面印象。你最恐懼的負面評價是什麼呢？舉例來說：你是否害怕他人將你視為愚蠢、軟弱、缺乏安全感、可悲、不穩定或存在其他人格缺陷呢？

社交焦慮心理

　　透過一個循環的回饋迴路，社交焦慮變成一種普遍的生活問題。起初，你預期社交會伴隨某種程度的不安，然後你發現自己在社交場合中經歷到無助的想法與行為，它們驅動了你的焦慮，之後你重新處理和沉思這次的社交互動，結果只是放大了你對下次社交互動的恐懼。認知行為治療模式與這三個階段被描繪在圖 10.1 中。

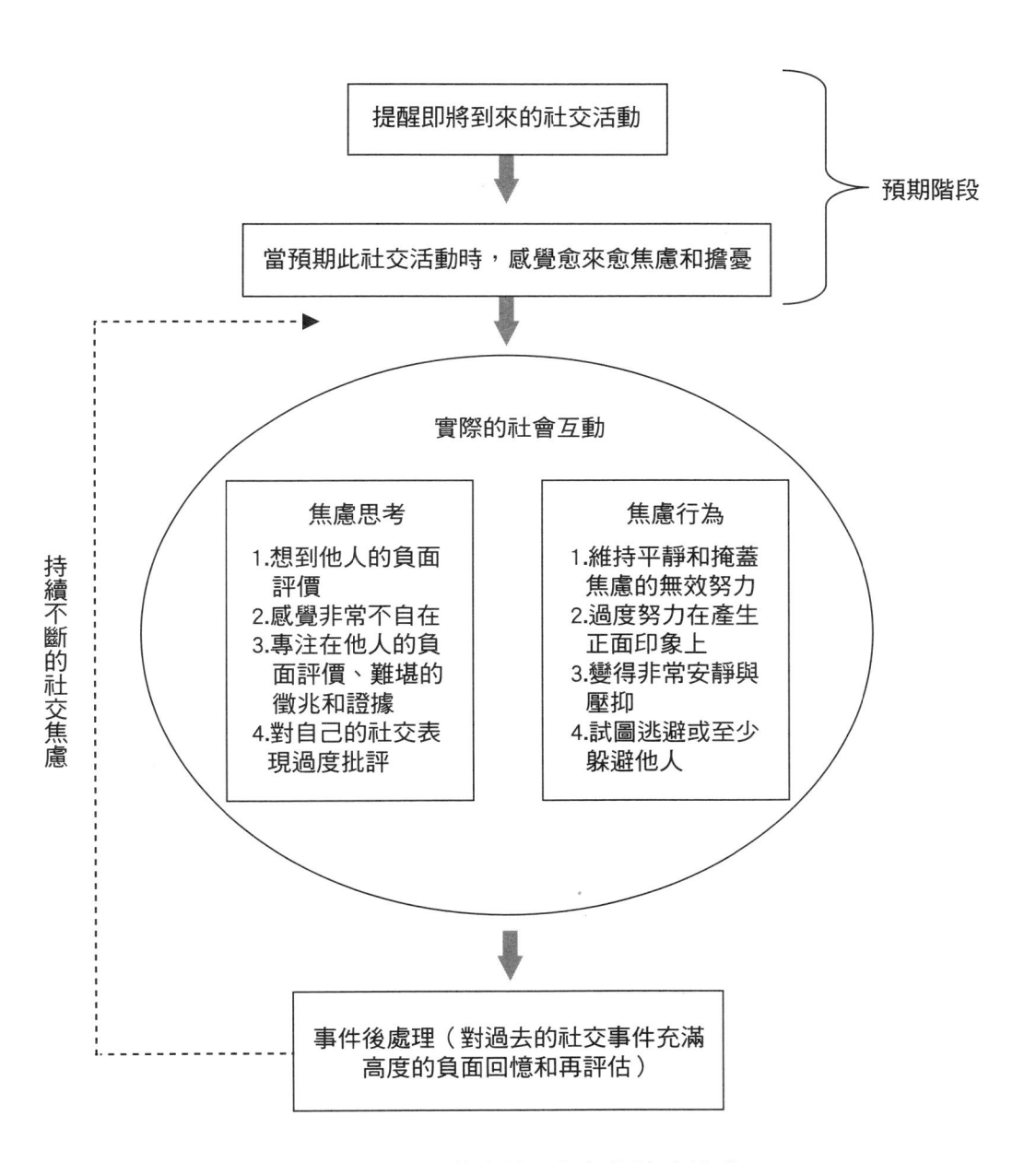

```
┌─────────────────────┐
│ 提醒即將到來的社交活動 │ ┐
└──────────┬──────────┘ │
           ▼            │ 預期階段
┌─────────────────────┐ │
│當預期此社交活動時，感  │ │
│覺愈來愈焦慮和擔憂     │ ┘
└──────────┬──────────┘
           ▼
       實際的社會互動

   焦慮思考              焦慮行為
   1.想到他人的負面      1.維持平靜和掩蓋
     評價                  焦慮的無效努力
   2.感覺非常不自在      2.過度努力在產生
   3.專注在他人的負        正面印象上
     面評價、難堪的      3.變得非常安靜與
     徵兆和證據            壓抑
   4.對自己的社交表      4.試圖逃避或至少
     現過度批評            躲避他人

           ▼
┌──────────────────────────┐
│事件後處理（對過去的社交事件充滿│
│高度的負面回憶和再評估）       │
└──────────────────────────┘
```

持續不斷的社交焦慮

圖 10.1　社交焦慮的認知行為治療模式

根據大衛・A・克拉克與亞倫・T・貝克所著的《Cognitive Therapy of Anxiety Disorders》（第 349 頁）。
The Guilford Press 版權所有 2010。

階段一：預期

雖然社交互動會無預警地發生（如：你在採買時遇到工作上的同事），但是大部分的會議、面試和派對都是我們會事先知道的。這就代表在此預期階段，我們有許多時間去思考那些未來的社交事件。根據不同的情況，在一段預期的時間內，焦慮可以急遽累積。舉例來說：假使你的主管要求你在星期五的部門會議上進行簡短的報告，預期性焦慮將比你只是單純出席高上許多。許多人表示，他們的焦慮在預期性階段通常比實際暴露在該事件中更強烈。有兩件事會影響到你經歷預期性焦慮的程度：

- **距離該事件的時間有多久**：隨著時間愈接近你害怕的社交事件，你的焦慮感會愈強烈，因為焦慮會在預期性階段不斷增長。這就是心理學家約翰・里斯金德（John Riskind）所稱的「逼近」（looming），而現在它已知在焦慮中扮演了一個重要角色。[57]
- **關於威脅的誇大思考**：關於社交事件的災難化，想著你可能會令自己丟臉，或是可能會恐慌發作，並且根據過去社交事件的記憶，預測自己將表現得很差，種種原因都將使你的焦慮程度上升。

預期性焦慮的問題在於它為強烈的焦慮感做好了準備，甚至在你尚未面對社交場合之前。它使你在還沒開始前就感覺被打敗！無論何時，當安東尼奧必須與陌生人互動時，他就會感到強烈的預期性焦慮。上禮拜的一個早晨，一位同事突然出現在安東尼奧的辦公室並且邀請他與幾位其他同事一同午餐，其中包括一名部門的新進同事。安東尼奧覺得自己不能拒絕，但是接著就擔心了整個早上：「我該說什麼？我很不會閒聊！」、「萬一我

變得非常緊張和不自在呢？」、「其他人會不會注意到我的焦慮並納悶我怎麼了？」、「上次我與同事一起出去，我感覺自己像個呆子，只能坐在那裡一句話都說不出口，而其他所有人都在聊天和大笑。」那次事件後，安東尼奧接連多天在面對同事時都感覺非常尷尬。現在，他的焦慮思考變得如此糟糕，以至於他幾乎無法工作。等到午餐時間，他已經感到極度焦慮。

我們甚至在一個社交事件發生前，就可以讓自己陷入高焦慮的狀態。認知行為治療透過提供工具以改正你的焦慮誘發期待（anxiety-inducing expectations）來減輕預期性焦慮。

階段二：社交互動

時間到了，你發現自己身處在可怕的社交活動中。這是你接觸到他人的時刻，對於社交焦慮的症患者來說是一次決定性的經驗。從圖 10.1 中間的圓圈部分可以看出，數個認知和行為過程會加劇社交焦慮。

1. 負面的社交信念

當你面對人際互動的情況時，第一件很可能會發生的事情為關於自己和他人的根本負面信念被啟動了。社交焦慮患者常見的一些信念列於表 10.1。如果有任一信念與你個人相關，請寫下來。它們將變成你的認知行為治療計畫的一個重點。（參見工作單 10.3）

安東尼奧的多種信念增加了他在他人身邊的焦慮。他深信自己非常乏味和無趣，但又感覺應該努力讓自己變得有吸引力、有趣，又能顯得輕鬆與自信。因此，他認為盡可能隱藏自己的焦慮是非常重要的一件事——不僅是因為如果其他人注意到他的緊張會嚴厲地批評他，還有感覺使自己丟臉似

乎是會發生在他身上最糟糕的事。安東尼奧相信「最好盡可能地避免人們，好過冒險使自己丟臉或困窘」。

2. 負面評價的想法

如果你患有社交焦慮，你會自然而然地認為其他人正在注意你的焦慮並且對你的行為產生負面的評斷，同時納悶你有什麼毛病。你可能會想像他們正在想：「她有什麼毛病？」、「為什麼她如此焦慮？」、「她一定有情緒上的困擾。」、「說出那件事很不恰當。」、「她的言論如此不適當，我希望她保持安靜或消失。」

表 10.1　社交焦慮的常見信念

信念類型	具體的信念範例
關於自己的信念	・「我很無趣、不友善，其他人對我沒興趣。」 ・「人們往往不喜歡我。」 ・「我在社交上很笨拙；我無法融入。」
關於他人的信念	・「人們往往非常愛批評。」 ・「在社交情境中，人們總是會評斷、細看他人、找尋他們的缺點與弱點。」 ・「我無法忍受對質。」
關於不贊同的信念	・「當人們不贊同我時感覺很糟。」 ・「如果其他人認為我很軟弱或無能是多麼可怕啊！」 ・「在他人面前讓自己丟臉將是一次個人的災難。」 ・「人們不想包括我；他們希望將我排除在他們的社交活動之外。」

信念類型	具體的信念範例
關於表現的信念	• 「在他人身旁不要顯現出任何軟弱或失去控制的跡象很重要。」 • 「我在所有社交互動中都必須展現出自信和適當的人際互動。」 • 「我必須總是給予他人聰明、有趣或風趣的印象。」
關於焦慮的信念	• 「焦慮是一種軟弱和失控的徵兆。」 • 「與他人在一起時，不要展現出任何焦慮的跡象很重要。」 • 「如果人們看見我臉紅、出汗、發抖等等，他們會納悶我有什麼問題。」 • 「如果我很焦慮，我就無法在社交情境中正常表現。」 • 「我無法忍受在人們身邊時感覺焦慮。」

根據大衛‧A‧克拉克與亞倫‧T‧貝克所著的《Cognitive Therapy of Anxiety Disorders》（第 350 頁）。The Guilford Press 版權所有 2010。

就如其他的焦慮想法一樣，這些對負面評價的認知在焦慮升高的狀態下會自動顯現且相當具說服力。事實上，它們可能會以討厭的侵入性想法出現。也就是說，負面想法似乎是自動自發地突然浮現在你的腦海中，而且，一旦你意識到它們，它們就揮之不去。你會發現自己難以專注在自己表現出的壞印象以外的任何事情，社交焦慮讓你好像只剩下單一思維：人們對我的評價很差。

你之後會有機會持續記錄自己對於負面評價的想法，但現在，請寫下你在過去經歷社交焦慮時產生的一些更強烈的負面想法。（參見工作單 10.4）

安東尼奧對負面社交評價想法：人們正注視著我。他們可以看出我的緊張。我渾身發抖，而我的聲音聽起來虛弱且顫抖。他們或許正在想：「他有什麼毛病啊？」、「他在我們身邊為什麼這麼焦慮？他真可悲。」

3. 對威脅的注意力偏誤（Biased Attention）

當我們在一個社交情況中感到焦慮時，我們的注意力也會變得扭曲。首先，我們會完全自我聚焦（self-focused）。實驗室研究已經證實社交焦慮的個體會過度自我監控，並且以一種負面的方式去錯誤解釋自己的生理及情緒感受，以至於使焦慮增加[4]。你可能會變得全神貫注於自己是否臉紅、手是否顫抖、對話是否有意義、演說是否流暢還是結結巴巴。當然，這種自我意識的提高具有負面的影響：

- 它放大了焦慮的症狀與失去控制的感覺。
- 它使你完全自我聚焦，因此你無法適當地注意其他人如何回應你。
- 它損害你的社交能力。

第二，當我們處在社交焦慮的狀態時，我們的注意力會變得狹窄，只聚焦在威脅、丟臉和負面評價等內在與外在的徵兆上面。假設你正緊張地試圖發表評論，此時你的注意力變得專注於查看手機或看向其他方向的人們身上。你立刻把這些線索解釋為對你的話語感到無聊和無趣的徵兆。你已經感覺焦慮了，所以你的注意力會開始具高度選擇性，你會傾向鎖定任何一種可能暗示負面評價的面部表情、行為或手勢，因而沒有注意到贊同你或對你有興趣的指標。你面對自己的內在經驗也是如此，當注意到臉紅的感覺

時，你將其解釋為過度焦慮的指標，但卻忽略了你的演說是如此條理清楚且流暢。在認知行為治療中，我們教導人們如何改正他們的注意力偏誤，如此一來，他們可以降低而不是刺激自己的社交焦慮。花點時間思考，當你感到社交焦慮時，你內心關注的是什麼，以及當你的焦慮在社交場合爆發時，你會關注他人（你的聽眾）什麼。（參見工作單 10.5）

4. 自我批判的想法

當你極度專注在自己的表現上時，你將快速地妄下你給人印象很差或經歷公開丟臉的結論。你可能會對自己的社交表現進行一次現場講評，斷定自己悲慘的失敗。安東尼奧尤其在意自己與他人說話時是否臉紅。他變得會敏銳意識到自己感覺熱或臉紅，而他臉紅的第一個跡象會使他分心正在進行的對話。他認為自己的臉紅比起從前更明顯且更容易引起他人注意，這也會使他與人交談的能力變得不連貫和更笨拙。他很快假設自己留給他人一個糟糕透頂的印象，而且使自己在他人面前丟臉。認知行為治療將幫助你停止對自己的表現進行內在的自我批判、停止對自己表現的不滿，以及停止得出「自己肯定令人尷尬」的結論。寫下你在社交情境中最關鍵的自我對話。（參見工作單 10.6）

5. 努力隱藏

你可能嘗試過多種策略去隱藏你的焦慮或至少最小化最明顯的症狀。可能你會迴避眼神接觸、手臂或雙腿用力以控制發抖、穿著過多的衣服以隱藏流汗、化濃妝來隱藏臉紅或是背誦在社交聚會上該說的話[58]。不幸的是，

一些這種安全行為實際上會替你吸引到更多的注意力而不是更少。

一名女性相信誇張地控制呼吸可以令自己平靜，但是她的呼吸聲是如此大聲且不自然，其他人在幾呎外都可以聽見，反而引起別人的注意，人們可能會猜想她是否氣喘發作或有其他緊急醫療的需要。回憶一些你過去社交焦慮的經驗。你如何試圖隱藏自己的焦慮，或如何減輕他人可能會注意到的較明顯症狀呢？（參見工作單 10.7）

6. 表現過頭

為了解決已知的社交技巧缺陷和給人正面的印象，你是否曾經注意到自己矯枉過正呢？你可能偶爾會非常努力地試圖表現出有趣、機智或友善的形象，結果反而弄巧成拙，造成不好的印象。當安東尼奧發現自己與他人說話時往往會看著地面後，他試圖透過注視人們去改正這個習慣，但是因為盯得太認真，反而讓其他人感到不舒服。

朋友或家人是否曾經提過你在社交場合中有任何表現過頭的行為（例如：笑得太大聲或不適當；講話講太多或太快；盯著人看；站得太靠近別人；時常打斷他人談話）呢？請在工作單 10.8 列出一些你矯枉過正的行為。

7. 社會抑制（social inhibition）與逃避

預期自己會丟臉自然會讓你在別人面前感到拘謹。你是否曾認為自己在社交互動中過於僵硬或死板呢？你可能會說話結巴或努力尋找合適的字詞去表達自己的想法。如果你曾有過這種經驗，你會知道這就好像自己最害怕的事情正在發生一樣。當這種情況實際發生時，也難怪你有逃離的衝動。因為安東尼奧感覺自己試著講述的每件事似乎都是錯的，所以當他無法避免

社交場合時,他下定決心要獨自待在一旁或至少盡可能地少說話。

努力嘗試保持冷靜、試圖隱藏焦慮、嘗試彌補社交上的笨拙與廣泛性抑制皆可能迎來你最害怕的事情:負面評價與丟臉。針對社交焦慮的復原取向認知行為治療強調改變你的調適策略,如此一來,你的人際行為將有助於建立更好的社會關係,而不是充滿恐懼和焦慮的關係。

當你處在社交場合中感到焦慮情緒襲來時,你的社會抑制是什麼呢?你是否會變得啞口無言、中斷眼神接觸、腦袋一片空白、遠離他人和看著手機呢?回想一些最近的社交經驗,並在工作單 10.9 列出幾項發生在你身上的典型社會抑制反應。

階段三:事件後處理

在許多方面,社交焦慮都是一種「源源不絕的禮物。」儘管在離開一個引發焦慮的社交情境後你會感到緩解,但是這種緩解通常很短暫。很快你會發現自己又開始重複思索並過度分析某次的社交互動,像是:「我表現得如何?」與:「我有說出什麼愚蠢、無理或令人尷尬的話嗎?」同時嘗試回憶人們那時說了些什麼以決定自己留下了好印象還是壞印象。但是這種事後檢討往往非常具選擇性:你不斷詢問自己那次的社交互動是否是一場丟臉的災難,你愈是反思這個問題,往往愈能挖掘出更多用來回答「是」的證據。根據事件的重要性,這種事件後處理(postevent processing)可以持續數小時,甚至是數天。這種重複思索大部分都是發生在你的腦海中,但是有時候你可能會反覆詢問親密朋友或家人的回饋。典型的社交焦慮是不管別人說了什麼,你最後都會堅信:「沒錯,那是一次可怕的經驗,我完全丟盡自己的臉,而且每個人可能都認為我是個百分百的失敗者。」最終結果是什麼呢?你的社交焦慮得到強化和更加劇烈。

事件後處理是安東尼奧社交焦慮的一個顯著問題。他可以花上數天重新分析自己說了什麼話以及其他人如何反應。他愈是思索，愈是相信自己充分展現出焦慮，而且他的對話是如此沒有條理，一定讓其他人感到困惑。在某些情況下，他會試圖避免遇見一名工作上的同事，他覺得每次遇見該同事氣氛都很尷尬。安東尼奧甚至不時會想，那名同事可能會跟其他人八卦自己與他曾有過的奇怪對話。

在社交焦慮中，以選擇性和高度偏見的方式「重溫」你認為過去令人尷尬的社交互動是很普遍的，這樣會導致對羞恥和尷尬的誇大感受。因為這種事件後過程是社交焦慮的關鍵促成因素，所以它變成是認知行為治療中的一個重要改變目標。

事件後處理在你的社交焦慮中扮演了一個角色嗎？在工作單 10.10 中描述一次最近的事件後處理經歷。簡單描述一下當你在腦海中演練最近的社交焦慮經驗時你的想法。你是否分析社交事件以確定自己有沒有給他人留下一個壞印象呢？你是否最在意自己可能說了某些不適當或愚蠢的話呢？你是否試圖分析當時某個令人費解的評論背後的含義呢？

社交焦慮評估

我們都經歷過社交焦慮的時刻。可能是參加一場大型聚會，而你不認識裡面的任何人；與重要客戶共進商務晚餐；面試一份工作，或是必須在觀眾面前表演。我們之中有些人在大部分的社交場合中都會感到焦慮，而其他人則只會在少數幾種場合感到焦慮。有些人會經歷嚴重焦慮，其他人則只是輕微的不自在。此外，許多人天生就害羞、內向。

一項調查顯示，有 40% 的人認為自己長期害羞[59]，而在另一份整體人

群的研究中，7.5% 的成年人有明顯社交焦慮的症狀[60]。如果你恰巧發現自己在一場幾乎不認識任何人的雞尾酒派對上感到不自在，請看看你的周圍。如果派對上有五十人，那麼很可能其中二十人至少感覺有些不自在，而且有五個人可能正處在高度焦慮的時刻。

考慮到所有這些因素，即使社交焦慮對你來說不是一個明顯且持續的問題，你仍然很有可能有時會產生預期焦慮或經歷事件後處理的過程。你到目前為止所做過的練習將有助於緩解各種社交焦慮。這部分提供了一些工具，你可以用來評估你所經歷的問題性社交焦慮的程度，以及你可以如何從之後的介入策略中獲益。

評估練習：社交焦慮檢核表

根據社交焦慮心理的特徵，回答工作單 10.11 中關於社交焦慮不同面向的問題。

如果你的「社交焦慮檢核表」有許多項目上都勾選「是」，也不用感到沮喪。本章所討論的認知行為治療策略將特別與你相關，因為它們是被設計給患有輕度到嚴重社交焦慮的患者。

社交價值觀、目標和理想

我們假設你得出結論：社交焦慮是一個你想要解決的問題。下一步是決定你想要改變哪些與他人互動的能力。在復原取向的認知行為治療中，我們關注的並非減少社交焦慮，即使這是你的主要目標。我們也強調正向

理想和價值觀的追求。你希望在社交場合中表現得如何？你需要如何思考、感覺和行動，如此一來，可以把你的社交互動轉變成一個正向經驗、一種提升自尊的來源呢？

如果你一直在社交焦慮中掙扎，那麼你可能從未考慮過困難的社交互動可以提升你的自我價值並豐富你的生活。在治療社交焦慮時，重要的是不能只顧到減少焦慮，而是要著眼於自己想要成為的人。這就意味著發現自己的社交價值觀和理想，然後創造出相關的目標。

評估練習：社交價值觀和理想

工作單 10.12 是常見的社交價值觀和理想清單，請勾選適用於你的選項。這些都是你在人際關係中渴求的價值觀。你也可以將這些價值觀／理想視為你希望在社交互動中留給他人的正面印象。你希望給人什麼樣的印象呢？清單最後有三格空白，你可以填上自己抱持著但未包含在清單中的任何獨特的社交價值觀／理想。

一旦你識別出自己的社交價值觀和理想，下一步是訂定一些具體目標，這些目標會符合你希望在社交關係中的表現方式。

你能否針對三或四種會引發中度到嚴重社交焦慮的社交情境訂定一些社交表現的目標呢？暴露療法在引發社交焦慮的情境中是社交焦慮認知行為治療的一個主要組成部分。你可以使用寫在工作單 10.13 的目標，作為你在這些特定的社交情境中執行暴露練習的指引方針。當遇到第一欄中的社交情況時，把目標想成「你希望怎麼做」的描述。

> **評估練習：社交改變的目標**
>
> 　　從工作單 10.13 開始，思考三或四種會帶給你中度到嚴重焦慮但又對你的生活品質至關重要的社交情境。然後考慮你希望在每種情況中如何表現，且此目標與你的理想一致，又能減少你的焦慮。關於你希望在每種情況中如何思考、感覺和行動，請試著盡可能愈具體愈好。當你練習本章之後的介入策略時，這些可能會變成你努力的目標。

社交焦慮的自我監控

　　焦慮的準確評估取決於蒐集真實生活的經驗。在本書中，我們一直強調記錄每週焦慮日誌的重要性，對於社交焦慮來說也一樣。對你的社交焦慮進行系統性的描述，且記錄的時間盡可能愈接近焦慮發作當下愈好，如此一來，能為你的社交焦慮問題提供最好的見解。你如何看待自己、他人，以及你的焦慮將決定你所經歷的焦慮程度。在實際社交經驗中發現自己的想法很重要。

評估練習：維持記錄每週社交焦慮日誌

當你努力從事本章的認知行為治療介入時，請持續記錄你的社交互動。「我的社交焦慮日誌」（工作單 10.14）特別聚焦於你處在三個社交焦慮階段（預期、互動和事件後處理）的想法。你如何調適焦慮也很重要，但此日誌的焦點是放在你的認知，因為它們是最難以識別的。第一欄要求你簡短描述引發焦慮的預期社交情境。當你經歷社交活動的每個階段後，應盡快完成接下來的三欄。透過維持記錄一份自我監控單，你將訓練自己識別出令你的焦慮變得更糟糕，且阻止你實現你的社交目標的思考方式。

TIPS｜完成社交焦慮日誌

如果你難以維持記錄一份社交焦慮日誌，可以考慮以下方法：

- ✓ 確保你正在記錄會引發中等到嚴重焦慮的情境。如果你只是輕微焦慮，你就不會產生不健康的焦慮思維，而這正是問題性社交焦慮的典型特徵。
- ✓ 寫下你認為在社交情境中會發生或確實發生的最糟結果。毫無疑問地，你在每個階段的焦慮思維都與你賦予別人的印象、他們對你的看法以及你表現出的行為有關。
- ✓ 你的焦慮思維可能集中在對丟臉的恐懼上。你認為什麼表現可能會讓自己感到難堪呢？當你回想社交互動時，你會不會反思自己是否説了一些令人尷尬的話呢？

安東尼奧覺得自己可以在典型的一週內填滿多張社交焦慮日誌。工作上有許多社交互動的例子，工作以外的日常生活也同樣使他焦慮。他其中一份社交焦慮日誌的內容涉及退回在五金行購買的不良品。在第一欄中，他寫下：「我需要退回兩週前購買的一台十八伏特無線電鑽的瑕疵品。它價值125美元，所以拿回我的錢是很重要的。我發現這個品牌的電鑽其性能評比很差。」

在預期階段的欄位中，他寫道：「客服人員將會刁難我。他們會聲稱是我把電鑽用壞的。我必須堅持自己的立場，但我討厭與人對質。我會變得非常焦慮，我將無法堅持己見。」在離開五金行之後，安東尼奧立刻在暴露欄位中寫下：「這實在是太可怕了，我是如此焦慮。我滿臉通紅、我在發抖、我的聲音顫抖，而我可以確定店員很納悶為什麼我看來如此焦慮。我或許嚇到她了，而她懷疑我是否會失控。我的確拿回了退款，但我的表現讓我感到非常丟臉。」

接下來幾天，安東尼奧一直無法忘記這次經驗。在事件後欄位，他寫道：「我不斷想著自己是如此害怕那位年輕的女士。我表現得不好，而這不是她的錯。她其實相當和善，而且只是在盡她的工作責任。我確信路過的其他顧客一定會注意到櫃檯前的我，並且猜想：『這個人是怎麼了？』我可能嚇到很多人。我顯然無法處理對質的情況。」

社交焦慮檔案

根據你到目前為止所學的，是時候結合你的知識和見解，並且創造你專屬的社交焦慮檔案了。跟其他章節一樣，社交焦慮檔案是一份指引，重點放在透過認知行為治療介入去解決你在社交場合中與焦慮相關的重要面向。

這份檔案的結構是根據圖 10.1 的社交焦慮認知行為治療模式。接下來的五個步驟將向你展示如何建構你的社交焦慮檔案。

步驟一：認識你的社交觸發因素

回顧你的社交焦慮日誌（工作單 10.14）的第一欄，產生一份引發中等到嚴重社交焦慮的情境清單。寫出約二十種會讓你感到焦慮的社交情況。你或許在社交焦慮日誌上沒有記錄那麼多種情況，所以你需要思考各式各樣可能會令你焦慮的社交活動。你應該把引起你中度到嚴重不適的各種焦慮程度的情況都考慮進去。確保你將可能引發焦慮的社交經驗的想法或回憶納入其中。此外，也要選擇一些每天都會發生的觸發因素、多種每週會發生的觸發因素以及幾種較少發生的觸發因素。例如：演講可能是你能夠想到最會引發焦慮的情況，但是除非你的工作需要公開演講，否則你很少有機會發表演說，因此應該將此情況排除在你的清單之外。

完成你的情境清單後，將這些情境依序從最不會到最會引發焦慮的層級進行排序。你可以使用工作單 7.8 去創造你的社交焦慮暴露層級。稍後我們將回來檢視這些情境。

步驟二：發現你的預期性焦慮

我們討論過為什麼在社交焦慮的過程中，對於社交事件的預期會如此重要。儘管它很重要，但患有社交焦慮症的人往往也最不理解這一點。即使你在社交焦慮日誌中蒐集了有關預期性想法的資訊，但你可能需要做些額外的工作來完成檔案的這個部分。

> **評估練習：預期性焦慮分析**
>
> 預期性社交焦慮表單（工作單 10.15）被設計用來在預期性階段期間，替你的社交焦慮想法提供一個更完整的評估。利用此工作單在一次社交事件前幾小時、前幾天，甚至前幾週記錄你的焦慮程度。記錄的內容也需要陳述隨著事件發生時間愈來愈接近，你的焦慮是否變得更嚴重，以及關於這個即將來臨的事件，你的想法是什麼。你擔心會發生什麼事嗎？擔心其他人可能如何回應你，或你可能會有什麼感覺和行動嗎？你擔心自己在此社交情境中的表現嗎？以及你是否正思考著相似的過去事件，還是你擔心可能面臨的尷尬？

安東尼奧來自一個大家族，每年家裡都會舉辦一場盛大的夏日派對，很多阿姨、叔叔和遠房親戚都會前來。他預計會出席，但這件事卻讓他心生恐懼。這是他記錄在工作單 10.15 的社交事件之一。只要想到此事件就足以令他相當焦慮，這個事件的焦慮程度他評為 6/10。隨著時間愈來愈接近這場令人恐懼的活動，他的焦慮程度高漲到 9/10 分。他預期的威脅是「我將與幾乎不認識的人們見面。他們會問我為什麼還是單身。一些較年輕的表弟妹們將認為我是個不折不扣的書呆子。他們會希望我閒聊個幾句，但我卻非常不擅長。我將感覺極度不自在，但因為我的父母，所以我無法離開。我必須忍受痛苦直到最後。」

工作單 10.15 的最後一欄，安東尼奧寫下對於去年家族聚會的記憶，當時他是唯一一位單身的年輕人。他被期待加入其他同齡已婚男人的閒聊，而那些人只談論房屋裝修和體育運動。安東尼奧對這兩個話題都沒有任何

興趣。最後,他只能玩自己手機上的遊戲。後來他聽聞一些親戚認為他既冷漠又疏離。

步驟三:辨識焦慮的社交思維

到目前為止,你已經做了很多練習來辨識自己社交焦慮核心的負面想法。之前,你寫下關於你可能帶給他人的最負面印象,以及你對一些較明顯的負面社交評價的想法。你也在社交焦慮日誌(工作單 10.14)上記錄了你在社交場合中出現的焦慮想法。現在是時候匯整所有這些資訊,以便你能夠清楚且準確地瞭解自己的社交焦慮思維。

步驟四:注意不健康的調適和避免反應

當我們在一個社交情境中感覺非常焦慮時,我們很少會什麼都不做。我們的首要任務是採取行動以緩解情緒上的不安和苦惱。在第七章中,我們詳盡討論了尋求安全、逃避／避免與不健康的調適方式對問題性焦慮持續存在的影響。該討論與人們在感到社交焦慮時的應對方式高度相關。回顧你完成的安全尋求反應表(工作單 7.4)、發現我的避免檔案(工作單 7.5)和行為改變清單(工作單 7.6)。判斷哪些答案或記錄也描述了你應對社交焦慮的方式,並將它們歸類到以下練習活動中的適當類別。

步驟五:進行事件後分析

你的社交焦慮檔案的最後一部分將專注於一次社交經驗後的時間。重點是判斷你對過去社交經驗進行反思的本質與程度。我們已經解釋過事件後處理作為社交焦慮關鍵三組成之一的重要性。你可能需要回顧一次關於自己近期事件後處理經驗的記錄。在這裡,我們將更深入探討這個主題,

以便你更好地理解自己的事件後思維有哪些部分需要改變，以去除它對你的社交焦慮所造成的影響。

你是否認同事件後分析單中的多項項目呢？當你之後致力於消除負面的事件後處理時，你將會想要改變這些事件後想法的特徵。安東尼奧注意到自己勾選了數個有關丟臉的項目，證實這點是他最大的恐懼之一。他會花費大量時間去重演某次的社交互動，並試圖釐清是否有讓自己丟臉。

評估練習：負面的社交評價思維

在工作單 10.16 列出當身處社交場合時，你的腦海中最頻繁出現的負面想法。這些可能包括對負面評價的想法，像是害怕他人的觀點或評斷、引起你注意的任何社會威脅的線索（看似負面的臉部表情、他們是否看起來很無聊等等）、你內心關注的事物（我臉紅了嗎？我說話太快了嗎？）、任何自我批評的想法（我剛才說了愚蠢的話嗎？）或是擔心別人注意到你很焦慮。

評估練習：安全與避免方案

工作單 10.17 是關於社交焦慮的安全尋求、避免和不健康調適的四種類別。根據你第七章的練習與記錄，列出當你在社交情境中感到焦慮時，往往會採取的策略。檢視你的社交焦慮日誌以幫助你回憶自己在引起焦慮的社交場合中做出的其他反應。

> **評估練習：負面事件後思維**
>
> 檢視你的社交焦慮日誌（工作單 10.14）最後一欄的內容。閱讀你在社交焦慮事件後處理階段所記錄的焦慮想法。接下來，根據你在社交焦慮日誌的內容完成事件後分析單（工作單 10.18）。

> 💡 **TIPS｜更深入探討社交調適反應**
>
> 當我們處在社交焦慮的狀態下，一些反應可能很難辨識出來，因為它們是自動化的。對於印象管理和行為抑制尤其如此。如果你不確定自己是否準確記錄了你的安全尋求和調適反應，請在接下來兩週監控自己在社交情境中的行為。你可以製作一張類似社交焦慮日誌的表格，其中將你的反應分為尋求安全、努力留下好印象、行為抑制和逃避／避免。每次當你經歷社交經驗後，請寫下你在四個類別中的表現。你也可以要求信任的朋友、家庭成員或伴侶去觀察你在社交場合中的表現，並記錄他們注意到的地方。有時，一些人會用發表意見的方式，該意見反映出你正在以某種方式進行應對，例如「對不起，你能大聲說出來嗎？」或「我注意到你一人站在門邊。」前者表明抑制行為（輕聲細語）；後者則表明逃避／避免（靠進出口，以便迅速逃離）。

步驟六：構成檔案

現在是時候將所有這些資訊匯整到一張圖表中，以顯示你解決問題性社交焦慮的途徑。這份檔案將作為我們介入策略的指導方針，並指出你在

社交焦慮的三個階段（預期、社交互動和事件後處理）中有哪些方面需要進行改變。

如果你在完成社交焦慮檔案時遇到困難，可以參考安東尼奧的範例。他在三個階段的思考方式和對社交焦慮的反應，對於患有問題性社交焦慮的人來說相當典型。如果你跳過了本章節中的一些練習活動和工作單，那麼在你可以建構一份準確的社交焦慮檔案之前，你可能需要回頭完成它們。我們強烈建議在你尚未完成社交焦慮檔案前，不要繼續閱讀本章剩餘的認知行為治療介入策略。社交焦慮檔案是你使用認知行為治療策略去克服社交焦慮經驗的路線圖。我們在檔案中圍繞著社交焦慮的四大組成部分去建構我們的認知行為治療介入策略。

評估練習：你的社交焦慮檔案

你的社交焦慮檔案中大部分的資訊皆可由社交焦慮日誌（工作單 10.14）獲得。工作單 10.19 有指導你完成此檔案的完整說明。

安東尼奧的社交焦慮檔案（參照工作單 10.19）

A. 與中等到嚴重焦慮有關的社交情境

1. 與同事閒聊
2. 參與部門會議
3. 接聽電話
4. 與不熟悉的人（陌生人）講話
5. 進行工作上的正式演講
6. 獨自一人在餐廳吃飯
7. 陳述自己的意見或觀點
8. 與一位有魅力的女人交談
9. 面對憤怒或對質
10. 與權威人士交談

B. 預期性焦慮階段

焦慮想法

1. 會變得極度焦慮；我會無法忍受。

2. 我將表現得笨拙，人們會認為我一定是哪裡有毛病。

3. 我必須隱藏我的焦慮；保持它在我的掌控之下。

4. 我不知道自己是否可以避免這場社交事件。

安全尋求／避免／調適反應

1. 我試圖說服自己情況不會那麼糟糕；我可能不會感覺焦慮。

2. 我試著不要去想關於這場社交事件的事情。

3. 我使自己分心；我嘗試保持忙碌。

4. 當我感覺焦慮且無法停止思考此事件時，我會服用鎮定劑。

C. 社交互動階段

負面評價想法／信念

1. 我感覺熱、流汗，且我在臉紅；每個人都可以看出我很焦慮。

2. 他們會納悶我有什麼問題，認為我既軟弱又可悲。

3. 我的腦海一片空白，而且我什麼都說不出來；他們一定認為我很蠢。

4. 我正在失去控制；我無法忍受這種焦慮。

5. 其他每個人都看起來如此平靜；我到底是怎麼了？

安全尋求／避免／調適反應

1. 我嘗試放鬆呼吸，但沒有效果。

2. 我去洗手間，往臉上潑了點水，但並沒有降溫。

3. 我坐在房間後面，一言不發。

4. 我無法集中注意力，所以我懷疑自己是否盯得太久了；我試著表現出感興趣的樣子，但可能看起來很蠢。

5. 焦慮變得太嚴重；我找了個藉口離開；今天剩餘的工作時間我請假回家。

D. 事件後處理階段

社交事件的負面回憶

1. 我不斷地在心裡想著我的焦慮是否被別人察覺了。

2. 我被問了幾個問題，我一直在思考我的答案；不知道它們聽起來是否愚蠢。

3. 我試著回想人們的反應，是否有證據顯示他們對我的印象不佳。

4. 我一直在想我如何能表現得更冷靜和更能幹。

5. 我不禁猜想人們是否會發現我是因為焦慮而請假。

6. 我會在腦海裡重播對話來釐清我是否冒犯了任何人。

7. 當我認為自己受到批評，我會想像自己可以採取哪些不同的方式去回應和替自己辯護，而不是什麼也不說。

8. 如果有人對我說了一些模稜兩可或令我意外的話，我會一遍又一遍地分析它，努力發現它的真正意義。

9.

10.

預期性社交焦慮的認知行為治療

我們如何思考一個逐漸逼近的社交事件，將決定我們會感到嚴重還是輕微的預期性焦慮。關於一個未來社交情境的災難化思考，只會使事情變得更加惡化，導致你的強烈焦慮，甚至在你開始前就感覺被它所打敗。

我們提出三種認知行為治療的介入方法，你可以用來減少預期性社交焦慮並增強自己在社交情境中的自信心。它們是以你在第六章學過的認知技巧為基礎，特別是證據蒐集和產生替代性解釋。在預期階段，我們會感

到焦慮是由於我們對即將發生的社交事件的思考方式所造成。因為如此，此階段的介入重點會放在改變我們的思考模式。

認知介入：調整你的社交期待

當我們想像即將發生的社交互動可能出錯和導致我們感到尷尬甚至羞恥時，預期性焦慮就會增加。對社交事件做出災難性預測的解決辦法是想像最有可能發生的結果，做出更符合現實的預測。

介入練習：保持實際

使用社交預期表（工作單 10.20）去辨識和評估與即將發生的社交事件有關的不同期待。從你過去幾天一直在思考的一個有意義的社交活動開始，然後遵循指示填完其餘的工作單。

當你寫下你在預測事件時所想到的最糟結果，請確定包含一些會令你感到丟臉的他人的負面評價。為了想出最好的可能結果，一定要允許自己作夢。你也可以回顧你的社交改變目標（工作單 10.13）去尋找靈感。在工作單 10.20 的 D 部分，你的答案需要一些創意。你希望根據你的社交經驗，想出最可能發生的結果，而它不會是最棒或最糟的。最後，當你反思最糟結果不太可能發生，以及符合現實的預期更可能發生的理由時，你可以包括來自過去社交經驗的證據。

安東尼奧在每月團隊會議前幾天就會開始感到擔憂。他的最糟預期是被主管提問，他因此緊張不安，然後恐慌發作。他的最佳預期是感覺正面且放鬆地參與會議。面對提問，他能給出簡潔、有洞察力的答案，使用他

的知識和才智讓人留下深刻的印象。然而，實際上，安東尼奧從經驗中知道最有可能發生的結果是他感覺相當焦慮。他不會說太多話；他會坐在會議室的後面，並且面對問題只會提供簡短且不完整的答案。

行為介入：實際可行的表現

一旦你發現了更符合現實的預測，無論什麼時候，只要你開始對即將到來的社交事件感到焦慮，就把此預測付諸實踐是很重要的步驟。你可以透過繼續添加符合現實的預期是更有可能發生的原因／證據清單來實現這一點。此外，反覆練習想像在社交互動期間該現實結果的發生。這麼做，相較於想像災難性結果，將能夠減少你的預期性焦慮。

建立更符合現實預期的下一步是制定一個計畫，以便在社交場合中將其付諸行動。所以首先要接受你會焦慮的這個事實，然後思考一些可以改善社交功能的小方法，這些方法必須與你對預期的社交情境的現實預測一致。

介入練習：主動接受

在工作單 10.21 列出你可能可以在情境中改善自己社交功能的三種方法，但要確保這些改變是你可以執行的（考慮你的焦慮程度）。它們是調適焦慮的方法，同時與你更符合現實的預期一致。

安東尼奧實際改變的範例：

安東尼奧的現實預期：我會感覺相當焦慮－很少說話、坐在會議室的後面，並且針對問題提供簡短且不完整的答案。

把安東尼奧的現實預期付諸實踐的三種改變：

1. 我可以坐到前面一點，這樣更多人會看到我。這是我可以接受自己的焦慮，不試圖隱瞞的方法。
2. 當我被問到一個問題時，我會請對方重複一遍，而不是假裝我清楚知道他提出了什麼問題（因為焦慮，其實我並沒有聽清楚）。
3. 當其他人被問問題時，我會注意他們。其中有人看起來不自在嗎？

你是否能看出安東尼奧這些行為上的小改變有助於他更接受自己的焦慮，並且以一種符合他現實預期的方式去行動嗎？透過制定一個計畫去改變你在預期情境中社交行為的某些方面，你就能將焦點從「那將會多麼糟糕」的想像，轉變成「在這種情境下，我知道自己會感到焦慮，而我能做些什麼不同的事情嗎」？

行為介入：自我教導訓練

你在之前的練習活動中，已經評估過災難性和符合現實的預期，並且接受了後者。你開始透過對調適行為作出一些小改變去把這種新觀點付諸實踐。最後一步是更全面地把你的觀點從以情感為中心轉變為以問題為中心。如果你持續思考災難發生的可能性，以及你將感到多麼焦慮，那麼你的預期性焦慮就會很高。如果你把焦點轉換到發展一個你在社交情境中可以如何行動的更詳細計畫，你就更能夠以問題解決為導向。這樣一來預期性焦慮將會減少，因為你思考的是「我可以做什麼」而不是「我可能有什麼感覺」。

> **介入練習：社交焦慮字卡**
>
> 　　如同第八章的抗恐慌字卡一樣，針對每種你遇到的社交情境創造一份社交焦慮字卡。這些字卡是在預期階段發展出來的，目的是建立一種以問題為中心的方式去處理你的預期性焦慮。字卡上應該提供在社交情境中如何行動和溝通的明確指示。它應該可以隨身攜帶，這樣你可以在進入社交情境前有個即時參考。你可以利用工作單 10.22 去編寫社交焦慮字卡，然後將其抄寫到一張 3×5 尺寸的索引卡上，或者存入你的手機應用程式中。

　　根據安東尼奧要在工作上進行簡短報告的任務，我們提供了一則社交焦慮字卡的範例。

安東尼奧的社交焦慮字卡：*我必須針對我們向公司員工引進的新型行動裝置同步程序進行十分鐘的報告。我將感到中度焦慮，這對其他人來說會是顯而易見的。我的報告不會很精采，但我能夠向同事們傳達出重點。每個人都知道我報告時會感到焦慮，但這並不會改變我們之間的關係。過去除了感覺強烈焦慮外，我從未做過任何使自己丟臉或不恰當的事情。我可以寫出自己將要說什麼、練習演講，還有學習當感覺緊張時仍能順利報告的技巧。所以底線是報告時我將會感覺焦慮，但是這次的社交事件不會造成任何持久的影響。*

> **💡 TIPS｜發現符合現實的預期**
>
> 　　有些人即使改正了他們對於未來社交事件的誇大焦慮想法，但在預期階段仍然難以用較有助益的方式去進行思考。詢問一名親密友人或家人當他們對未來事件（如：工作面試或參與都是陌生賓客的晚宴）感到緊張時，他們是如何思考的，這樣可能可以提供你一些想法。此外，替代、正常化的思考方式必須包括你在該事件中將會感覺焦慮的這個事實。嘗試說服自己在預期一個社交事件時不感到焦慮是沒有幫助的，因為這不是一個符合現實的期待。

　　總而言之，減少預期性焦慮的認知行為治療方案涉及三個目標：

1. 拋棄預期社交經驗的災難性預測。
2. 接受一種更符合現實的預測，並承認自己將會出現社交焦慮。
3. 在社交互動期間，採取以問題為中心的方式去改善某些部分的社交功能。

社交暴露的認知行為治療

　　暴露是社交焦慮認知行為治療最重要的一環。你的社交焦慮無法達到顯著改善，除非你經常、持續地暴露於困難且需要避免的社交情境。

　　如同你在本章學到的，社交焦慮會持續存在是因為負面的社交評價思維和對社交威脅及脆弱的不健康信念。基於暴露的練習活動可提供現實生活的關鍵證據，用來挑戰這種不健康的思考方式並且為你提供基石，讓你能夠

以較不焦慮的方式與他人相處。因此，我們鼓勵你花大量時間在這部分的介入上面。你需要慢慢來，對自己有耐心，並以勇氣和決心來完成這些練習。

行為介入：建構和執行一項暴露計畫

執行具體的步驟去克服你的社交焦慮，包括勇敢地把自己暴露於焦慮來源之中──你在他人周圍所經歷的恐懼。我們怎麼強調都不為過，把第七章的行為策略應用在你害怕的社交場合中，是社交焦慮認知行為治療的必要組成部分。

建立一份暴露計畫後，重要的是立刻執行。你會希望不斷反覆從事暴露練習，直到你感覺焦慮顯著減少。一旦實現一個目標後，你就可以進展到暴露層級中的下一個社交情境。替那個情境也制定一份社交暴露計畫，然後反覆實行，直到你感覺不那麼焦慮為止。以這種方式持續進行，直到你克服了暴露層級中所有的社交情境。

介入練習：分級社交暴露

在本章前面，你發展了你的社交情境暴露層級（請參閱工作單 10.19 的 A 部分）。從層級底部往上三或四個項目，挑選出一種社交情況─它會導致你中度焦慮，且每週至少發生二到三次。接著，使用工作單 10.23 為該情境建構一份暴露計畫。你可能需要多準備幾份空白的工作單，因為層級中的每個社交情境都需要有自己的暴露計畫。

> **TIPS｜更多關於社交暴露的資訊**
>
> 　　暴露最困難的地方就是開始執行。有時候，人們進行社交暴露的起點太過簡單，他們因此只有些許進步，因為他們正在做自己無論如何都可能會做的事情。另一個極端則是人們從過於挑戰的任務開始，所以迅速被焦慮所擊敗，因而感到沮喪，他們也很快會放棄這項練習。為了確保你一開始就獲得最大的成功機會，你可以諮詢你的治療師或你的伴侶、親密的朋友或瞭解你的社交焦慮的家庭成員，以獲得他們對你第一次現實暴露任務的意見。重要的是，任務要具有挑戰性，但不能太困難。你不會希望還沒開始就挫敗自己。我們根據安東尼奧在工作中表現出的社交焦慮，提供了一個社交暴露計畫的範例。

安東尼奧的社交暴露計畫（參照工作單 10.23）

敘述會引發社交焦慮的情境：與同事一起喝咖啡休息。

A. 行動計畫（我在情境中的角色與功能）： 一週至少三次在上午 10：30 時和同事們一起休息。我會安靜地坐著、喝我的咖啡，然後聽他們一來一往的閒聊。我計畫至少對他們提出的其中一個話題發表一句評論。如果某人詢問我一個問題或意見，我將簡短回答。每個人都會發現我很不會閒聊，但我不會試圖隱藏它。

B. 需改正的負面社交評價想法／信念： 人們會想知道我為什麼開始和他們一起喝咖啡。他們會認為我非常不友善。他們會注意到當我和別人說話時我會臉紅。他們會認為我是一個非常奇怪的人。

C. 採用健康、現實的想法： 安靜是沒關係的；如果我不想說的話，我什麼都不必說。他們需要時間來習慣我的個性。從某些方面來說，我就像一個

新員工，每個人都需要時間來適應彼此。他們會看到我很焦慮，但他們也會看到我正在努力提改善自己，讓自己變得更友善。

D. 需消除的無益安全和控制行為： 我需要堅持整整十五分鐘，並且當我開始感到焦慮時不能逃走。我會抵抗查看手機的衝動，因為我只會被螢幕吸引，這是一種逃避情境的方式。

E. 實行健康的調適策略： 我需要練習主動聆聽的技巧並注意人們所說的話。我還需要努力和人有眼神接觸，並且在與他人交談時不要低頭。如果我覺得某件事不好笑，我可以露出一抹微笑，而不是忽略那些話，除非它在某種程度上違反了我的道德準則。

寫出暴露計畫的細節後，安東尼奧從下一週開始至少每週參與三次的休息時間。他使用暴露練習表（工作單 7.11）去總結他的暴露經驗。從這裡他注意到自己的焦慮隨著時間顯著減少。到第三週結束時，安東尼奧在休息時間只會感到輕微焦慮，而他不敢相信僅僅幾週前這對他來說還是非常困難的一種社交場合。

認知介入：改正不切實際的期待

不切實際的期待或表現標準對於克服社交情境中的焦慮尤其有害。閱讀以下清單，勾選出你對於暴露練習所抱持的任何期待。你可以在清單中加入其他你特有但可能會破壞暴露任務成功的期望。

☐ 完成書中所有的練習後，我應該已經準備充分，所以當我暴露在社交情境時，我將不會感覺焦慮。

☐ 我應該能夠抑制焦慮，並在他人周圍感受到控制感。

- ☐ 在整個暴露任務的過程中，我必須充分與他人互動。
- ☐ 為了使一項暴露任務成功，我需要保持積極樂觀的態度並自我感覺良好。
- ☐ 我必須感覺自己有效與他人互動，或者該練習非常成功，才代表從一個社交暴露任務中獲益。
- ☐ 我必須從他人身上感受到一些贊同或接受的徵兆，才表示從一項社交暴露任務中獲益。
- ☐ 我必須感覺自己在一個社交場合中是被他人喜愛與接受的。

　　如果你認可上面的多句陳述，你可能對自己抱持著不切實際的標準。這會削弱你的決心，並導致你在此介入策略發揮作用之前就放棄它。你可能想知道對暴露而言最有幫助的態度是什麼。重要的是明白在暴露於社交情境的期間，你將必定感到焦慮，你或許不會給別人留下如你所願的印象，而且有些人可能會察覺到你的緊張。此外，你可能會感覺自己笨拙、與他人不同，而且沒有特別被一個社交場合所接受。毫無疑問地，你會感覺不自在，同時覺察到自己在社交表現上的缺點。但是關於暴露練習，重點是要記得你正在面對你的社交恐懼，而你可以藉由練習、練習、再練習去戰勝它們。

　　每次進行暴露任務之前，在心裡對你的期望做一次檢核。你可能會很驚訝這些不切實際的期望是多麼容易無聲無息地重回你的心中。如果你發現自己希望能以不切實際的方式去從事暴露練習，透過對現實進行檢查去改正它，提醒自己更實際且穩固於現實之上的替代性觀點（如：你將會感到焦慮等等）。

認知介入：有幫助的心智策略

從社交焦慮認知行為治療模式（圖 10.1）中，可以看見我們在社交場合裡的思考方式對於我們的焦慮程度具重大影響。如果你認為自己很丟臉，別人用最負面的方式在評價你，加上內心專注於自己的焦慮感受，那麼將使你的社交暴露更容易成為引發焦慮的媒介。你可以使用多種認知策略去翻轉這種有毒的思考模式，同時改善你的社交暴露經驗。

1. 保持一個外在焦點

為了打破過度專注於你的內在情緒狀態和感受的習慣，刻意且有意識地注意他人。留心其他人正在說什麼。為了確保你有追蹤到對話，你可能必須對自己重複人們所說的話。

2. 尋找正向的社會線索

為了抵銷你對於威脅或不贊同跡象的敏感度，刻意搜尋來自他人的正向線索。專注於看起來對你感興趣、臉上掛著正面表情以及注意你對話的人身上。我們兩人都是大學教授，而且對學生、專業人員與一般大眾上過數百堂課。身為一位演講者，我們很快地學會將注意力放在一或二位對你的課程有興趣的學生身上，然後盡可能忽略正在睡覺、傳簡訊或看起來對你的談話感到無聊的學生。這是專業公眾演說家必備的首要生存訣竅！

3. 最小化思考錯誤

當我們暴露在害怕的社交場合時，許多第六章討論過的思考錯誤都將佔據主導地位。讀心術（假設我們知道其他人正在想什麼）、妄下結論、隧道視野和全有全無思考都是常見的錯誤。學習辨識這些錯誤，同時提醒自己你檢視此情況的方式可能是帶著偏誤和過分負面的，這將是一個需要練習的重要治療策略。要謹記在心的最重要事實為沒有任何人可以確定他人對我們的想法，或可以控制他人評價我們的方式。我們沒有選擇，只能接受在社交場合中有太多的未知與我們無法控制的事情。試圖猜測人們的想法正是培養先入為主的偏見和思考錯誤的沃土。

4. 改正誇大的威脅評價

在社交場合中，焦慮的人傾向認為他人的拒絕、不贊同或負面評斷的可能性和嚴重度較現實情況來得大上許多。認識自己會誇大負面評價的傾向並且學習重新評估情況，如此一來它們將會更接近現實，這將會是減輕你焦慮程度的必要條件。

保存利社會認知技巧的練習記錄是當你在社交情境中感到焦慮時，重新訓練如何思考的一個好方法。藉由反覆這樣做，你逐漸能從負面的社交評估思維轉變為有助於平息焦慮心理的更健康策略。此外，自我監控你的利社會認知技巧透過強調你正在進行克服社交焦慮的正確事情去提供一種更積極的方案。

> **介入練習：練習利社會的認知技巧**
>
> 　　在引發焦慮的社交情境中很難改變你的認知方式，因為焦慮的思考方式相當自動化。當從事社交暴露時，你將需要訓練自己用不同的方式去思考。一種方法是記錄你在暴露練習的過程中使用的利社會認知技巧（prosocial cognitive skills）的經驗。工作單10.24列出五種利社會的認知技巧，在每次暴露練習後，簡短描述你如何運用每項技巧。第二欄根據安東尼奧在家族聚會中感受到的焦慮提供一個範例。我們希望你在不同的社交暴露後持續使用這張表單。
>
> 　　另一個方法是一次練習一種認知技巧。舉例來說：辨識一種特定的焦慮想法，如：「我正在引起別人對我的注意」，並且只練習改正它，而不是想要改正你在一個社交場合中的每個焦慮想法。接下來，決定你將使用哪種認知策略去抵銷這個焦慮想法，然後練習使用對抗該焦慮想法的策略。一旦你在該想法上取得進步，就可以轉向另一個焦慮想法並嘗試使用另一種認知策略。

行為介入：採取有益的策略去行動

　　你已經學習了在暴露期間可以幫助你更好地應對焦慮的認知策略。現在，我們希望介紹你一些可以加入工具包中的行為技術（behavioral techniques）。你將注意到我們的行為策略聚焦在建立一群反應技能項目上，讓你在引發焦慮的情境中能夠表現得更好。一些策略解釋了如何以正面的社交技巧訓練你自己，而其他策略則專注於克服社交焦慮。當你閱讀這些策略時，請挑選二或三種你認為在面對困難的社交情況時尤其有用的方法。

1. 角色扮演

當治療社交焦慮時，認知行為治療師會進行大量的角色扮演（role-playing）。治療師與個案會角色扮演日常生活中經歷到的各種社交情境。過程當中可以練習新的互動方式，然後排練個案擔心可能會發生的最糟情節，例如：處理來自他人的憤怒或批評反應，或是處理可能的尷尬。此外，角色扮演是引出自動焦慮想法的絕佳方法，這樣就可以當場進行矯正。

如果你沒有接受治療，你可以與伴侶、一位家庭成員或親密友人進行角色扮演。事實上，如果有二到三個人可以與你一起角色扮演，那麼將可以在練習過程中加入一些變化與新奇的經驗。電腦，平板或智慧手機的視訊功能甚至提供了更多練習社交技能的機會。你可以從使用手機錄下自己演練社交互動開始。接著，你可以使用 Facetime 或視訊與一位朋友演練同樣的技巧。有時候，人們發現在面對面使用社交技巧與人互動之前，先用虛擬的方式進行練習較不會引發焦慮。

以安東尼奧為例，他想要與一名女性熟人約會，但是即使只是想就足以讓他膽戰心驚。他與治療師一起討論如何與她進行對話。他們花費了相當可觀的時間，反覆角色扮演如何起始一段隨意的談話，練習安東尼奧的溝通技巧，以及即使處在中度焦慮的狀態下，仍能與他人互動的策略。

2. 行為排練

這與角色扮演非常相似。挑選二或三種你希望改善的社交行為，像是維持眼神接觸、改善你的姿勢、更大聲說話、表達你的意見、回答問題或有禮貌地打斷別人，這樣你才不會被排除在對話之外。練習這些行為，並給自己機會在實際的社交情況下表現它們，然後再繼續練習你想要改善的另一

種行為。也可以在反覆的角色扮演和非焦慮的社交情境中試驗這些新行為,如此一來,它們會更加自動化,即使在你感到嚴重焦慮的情況下亦然。

行為排練(Behavioral rehearsal)是「透過經驗學習一種新技巧」的另一個說法。舉例來說,如果你想學習彈奏一種樂器,你會反覆練習演奏該樂器的一些核心基本技能。最終,你將這些技能整合到我們稱之為彈奏樂器的一種協調、整體動作之中。具體社交技巧的行為排練也是一樣。你練習並精進這些技巧,這樣它們會與其他社交技巧結合和整合在一起,你最後在社交表現上就能獲得大大地改善。經由這種方式,你可以邁向實現你列在工作單 10.13 中的社交改變目標。

3. 消除安全行為

當感覺社交焦慮時,抑制是我們的自然反應。看向地板、說話含糊、姿勢僵硬、喝飲料、深呼吸、不斷檢視自己的筆記、反覆清喉嚨、戴深色墨鏡都是一些抑制行為(inhibitory behavior)的例子。抑制(或安全尋求)行為會給予我們正在管理焦慮的錯覺,但是通常這些行為會使我們的社交互動更加抑制且笨拙,反而吸引更多他人對你的注意力。擺脫這些不健康的調適策略是克服社交焦慮的重要組成部分。

以安東尼奧為例,當他極度焦慮時,他會進行「放鬆式」呼吸,但是這種呼吸會被認為是深深的嘆息,反而打擾到其他人。如果你難以區辨自己的安全行為,讓一位朋友在社交情境中觀察你,並且留意任何你可能會自發進行但卻會打斷你社交互動流暢性的行為。當然,如果你正在接受治療,你的認知行為治療師將與你一同努力去減少你的安全尋求行為。

> ### 介入練習：強化利社會行為
>
> 你將需要在角色扮演和行為排練中練習一些特定的利社會行為。使用行為再訓練方針（工作單 10.25）去描述你希望練習的技巧。這張工作單之後在你練習角色扮演時，它會成為你依循的方針。

增進你的口語溝通，變得更有自信，能更好地處理怒氣、衝突或他人的批評，這些都可以幫助緩解社交焦慮。再次強調，角色扮演和行為排練對於辨識你社交表現中的弱點和練習新的社交技巧是不可或缺的。不要試圖一次改變太多行為。最重要的是請善待自己。不要短時間內期待太多。行為改變需要大量的時間和練習。你試圖打破的習慣可能已經跟隨你一輩子了。不要期望在幾週內就能打破一個終身習慣。對自己的目標要符合現實，當你成功改變並面對自己駭人的社交恐懼時不要吝惜給予自己讚賞。

克服社交焦慮最有效的方式為在一次社交互動前先進行角色扮演，然後反覆讓自己暴露於真實的社交情境中。最終，你暴露在真實引發焦慮的社交經驗將徹底改變你的焦慮並且增進你在他人周圍時的自信。

> **💡 TIPS｜如何最大化角色扮演和社交技巧練習的效果**
>
> 　　從你的暴露層級（工作單 7.8）中選擇一個引發中度焦慮的社交情境開始。請一位朋友或伴侶與你一起角色扮演這個情境。確保你一週內進行多次角色扮演。詢問你的角色扮演夥伴在角色扮演時，你是否出現任何明顯的安全行為。矯正你任何關於角色扮演的表現的負面想法，並且練習一或兩種具體的社交技巧。發展一份字卡以處理這種社交情境。經過多次角色扮演的練習後，參與實際的社交活動並將結果記錄於你的社交焦慮日誌（工作單 10.14）中。
>
> 　　記住，角色扮演是演戲的另一個名稱。我們大部分人都並非是天生的演員，所以你可能發現假裝成某人非常困難。有時候當人們在角色扮演時，他們不是扮演自己的角色，而是評論該角色（意即他們談論自己應該說的話，而不是在角色扮演中實際說出「自己的台詞」）。如果這是你的情況，試著先寫出一份劇本——套要說的台詞，就像一位演員的劇本一樣。現在試著藉由說出它們去演出這些台詞，就好像你真的處在自己害怕的社交情境中。最終你應該會變得更加自發，而且當你練習角色扮演社交情境時將不再需要閱讀台詞。

認知行為治療的事件後處理

　　反思過去的社交經驗會對你目前的社交焦慮程度產生重大影響，因此修正你記憶這些經驗的方式很重要。在經歷一次社交情境後，你是否傾向連續幾天不斷地回想它呢？在評估那段落，你已經做了一些評估自己事件後想法的練習。花些時間回顧你在事件後分析單（工作單 10.18）上所認同的

陳述。它們與事件後處理的三個面向：再評估社交經驗、對過去困難經驗的記憶，還是反思過去哪一個最相關呢？利用你認同的事件後分析陳述作為你將在此部分使用的治療指引。

事件後處理的認知行為治療策略目標，是更積極主動地把焦點從反思過去的社交經驗轉移到當下。社交焦慮患者很少能從事件後處理中學習到什麼，因為焦點往往集中在自我批評和災難結果。事件後處理也是一種自我安慰的嘗試，即社交互動其實沒有那麼糟糕，但這個論點無法說服患者本身。因此，事件後處理的治療包含使用你在第六章學過的認知策略，並將其應用於事件後的思考。以下是含有多個步驟的單一介入方法，可以抵銷事件後處理的負面影響。

步驟一：辨識

在工作單 10.26 寫下一或兩種當你想到你的社交焦慮時，腦海浮現的過往創傷社交經驗。這些經驗應該包含你最糟糕的社交焦慮經驗，它們可能是最近發生，也可以是多年前的事件，甚至發生於你的兒童期或青少年期。這些社交事件為「曾發生在你身上最糟糕的事情」而且通常涉及一些加劇的尷尬、羞辱或羞愧感的經驗。

接著寫出二或三種你列在社交焦慮檔案（工作單 10.19）中的「社交事件的負面回憶」。這些可能不是你的最糟經驗，但是你事件發生的數天或數週後仍舊想著它。

針對自己最具「創傷性」的社交經驗，安東尼奧寫的是他在九年級課堂上的演講。他說那是他人生中最糟的一天。他是如此害怕，以至於無法控制地顫抖並且開始結巴。他注意到一些同學在竊笑，而老師在他演說到一半時就請他停止和回座。當他想到自己社交焦慮的問題時，他幾乎重溫

了那次的駭人經驗。針對他最近的社交事件，安東尼奧寫下多個工作上的經驗，諸如與同事共進午餐，然後接著開始擔心自己是否說了某些不該說的話；或是必須向主管做簡報，而憂慮是否給予主管自己能力不夠或準備不足的印象。

一旦你辨識出自己在事情結束後仍舊思索不已的社交事件後，以一種更結構化的方式去處理這些過去的記憶是重要的。讓我們從你最近的社交經驗開始。目標是找出自己是否誇大了經驗的負向層面，並且將你對此經驗的回憶去災難化（decatastrophize），如此一來你的思考可以更切實際和平衡。再次強調，我們將使用第六章中的證據蒐集、後果和替代性思考策略去矯正最近社交事件的記憶。要求自己關注三個問題：

1. 其他人真的把我評價的如我記憶中那麼糟嗎？
2. 我的焦慮與社交表現真的如我所記憶的那麼差嗎？
3. 我是否誇大了此經驗的重要性與長期影響（意即我是否誇大了負面後果或結果）？

步驟二：評估你的回憶

社交焦慮的核心是害怕別人在社交互動中對你做出負面評價。當你在事件後階段回想這些經驗時，你的記憶是否存在負面偏誤呢？可能你選擇性地記得負面線索，且無法記住更多正面資訊，而那些資訊不符合你以為「我讓自己出醜」的假設。又或者你可能誤解了一些來自他人的社交線索。人們很容易誤解臉部表情或單一評論，尤其是當你進入一個社交情境並期望給他人留下好印象的時候。當試圖釐清他人意見時，有三件事必須謹記在心。

1. 讚美是短暫的

我們對一個人的印象會時刻改變。所以沒有辦法贏得他人「永久」或保證的正面評價。根據人們的情緒狀態、情境和其他因素，人們的評價將會隨之變化。

2. 人是善變的

你真的認為在一個社交場合中，所有人都對你抱持正面評價是可能的嗎？如果你說：「不，當然不是」，那麼必須多少人對你抱持正面印象，才能讓你覺得自己夠好呢？難道是簡單的多數決，像是 51%？大部分的社交焦慮患者對於人們的評價都具有不切實際的信念。即使在一個社交事件中，你留給 90% 的人們合理的正面印象，但那一或兩個對你持負面印象的人將勝過所有的正面評價。你是否過度專注在那一或兩個人身上呢？在那次的社交場合中是否有更多人對你保持著稍微正面或至少是中性（即良性）的印象呢？

3. 真實評價被隱藏起來

我們很少會告訴人們自己對他們的真實想法。我們可能會微笑、點頭和不斷注視某人，這樣他們會認為我們對他們感興趣。但同時我們心中可能在想：「真是無聊透頂！我希望她停止說話」，或是「他怎麼能夠如此愚蠢？」重點是我們可能永遠無法知道人們對我們的真實想法。我們不會到處揭露自己對人們的真實感覺。如果我們這麼做，生活會充滿混亂和高壓。所以我們會保留自己對他人的想法。這就代表最終你永遠無法知道人們對你

的真實看法。別人對我們的真實想法總是存著大片空白,而我們只能猜測,用自己先入為主的假設將空白填滿。社交焦慮的問題在於我們總是假設其他人對我們抱持著負面想法。

介入練習:回憶評估

這個練習的目標是重新評估你過去的社交活動,以重新建構你記憶這些經驗的方式。關注導致你進行消極事件後處理的特定社交經驗很重要。利用事件後負面評估表(工作單10.27)來處理多種社交經驗。這張工作單你將會需要多印幾份。

TIPS | 避免尋求安心

為了確定人們在社交場合中對你最有可能的看法,你可以詢問在場朋友的觀察結果,但你需要小心,這不能成為一種尋求安心的習慣性形式。

安東尼奧時常不斷回想自己在部門會議上說過的話。上次會議是一週前,從那時起他就一直在心裡思考自己在回答幾個問題時是否聽起來有疏漏。為了停止他的事件後反思,安東尼奧可以進行回憶評估。安東尼奧的範例顯示出他可能會發現的事實。

安東尼奧檢視自己的事件後評估的證據之後,他的結論是大部分人都應該認為他是有能力的,只是安靜害羞且並非一名優秀的演講者。這是以一種更符合現實、更平衡的方式去思考他過去的社交表現。他能夠從「我

會如何讓自己出糗」的想法轉換到「我可以如何提升未來我在部門會議上的表現。」當我們的想法更能聚焦在問題上時，我們反思過去的傾向就會減少。

安東尼奧的事件後負面評估（參照工作單 10.27）

A. 回憶負面社交經驗： 上週在部門會議上，我必須回答關於新的同步程序的幾個問題。我是如此焦慮，以至於我幾乎記不住自己說了什麼。我確信會議上的每個人都在猜想我究竟是怎麼了。

回憶評估

他人負面評價的證據	他人漠不關心／中性評價的證據	他人正向看法／評論的證據
1. 蘇珊看起來對我的答案感到疑惑。	1. 有幾個人根本沒有注意會議內容。整個會議期間，他們都在發簡訊。	1. 我注意到當我回顧我的工作進度時，雪倫在記筆記。
2. 傑洛問完一個問題後又接著另一個問題。顯然我沒有回答到他的第一個問題。	2. 只有兩個人問了我幾個問題。其他人就是接受了我的說明。我無法判斷他們是否在意我說了什麼。	2. 會議後，泰瑞莎告訴我她對於我正在做的事情很感興趣，並且希望我能協助她處理一個軟體問題。
3. 主持會議的經理在我回答問題時打斷了我一次。		3. 會議後，我們的經理甚至指派給我一個更困難的軟體專案。

我對於他人看法的結論為何： 毫無疑問地，每個人都知道我很焦慮，但顯然會議中的一些人沒有在注意我；而一些人有注意聽我的回答。他們會詢問問題和記筆記。我的經理明顯認為我有足夠能力，因為她賦予我一項更困難的任務。參與會議的十二人中，可能有兩個對我的回答相當不滿。這些人總是對我不好，所以他們或許不喜歡或不尊重我。

步驟三：後果去災難化

事件後處理的一個顯著主題就是反覆思考你採取行動後的後果。你已經對發生的事情的記憶做了一些努力，但你可以透過使用第八章中解釋的去災難化策略來更進一步。在此情況下，你需要集中精力把你認為在過去的社交互動中因「表現不佳」所造成的直接和長期後果去災難化。

首先，寫下你在事件後階段一直在思考的災難。毫無疑問地，最困擾你的災難結果多少都涉及了在社交情境中感到某種程度的羞愧或尷尬。這將是你在社交事件結束後數天仍不斷反覆思考的災難性情景。

介入練習：尷尬的真實代價

一旦你識別出自己認為的「災難性尷尬」，就是決定你是否要誇大它的重要性的時候了。你有沒有可能過度思考了尷尬對自己和他人造成的直接和長期影響呢？如果你正在反思過去的社交互動，你可能會堅信你令人尷尬的行為已經使別人對你的印象造成無法彌補的傷害。但這是真的嗎？花點時間對尷尬的經驗所造成的影響進行深入且更實際的思考。用尷尬代價表（工作單10.28）來記錄你對自己尷尬表現實際後果的評估。

你能否對這次尷尬經驗的後果做出更現實的評估呢？如果你正在努力把對尷尬的「災難性」記憶轉變為用更符合「現實」的想法去看待自己的表現，那麼請重新思考「TIPS：質疑你的尷尬」中所列出的試探性問題，這些問題旨在幫助你重新評估你認為在社交事件中令人尷尬的表現的重要程度。

TIPS ｜質疑你的尷尬

尷尬發生的那一刻會讓人感到痛苦難受。但是那一瞬間的強烈痛苦會造成誤導。它導致我們的思考出現了一種偏見，以至於我們假設尷尬必定會帶來毀滅性的後果。但尷尬的影響通常很快會消失。當你重新評估過去的尷尬經驗時，請問問自己以下問題。我們在這裡假設那次的社交場合上，許多人都注意到你並且認為你在某些方面不恰當、不稱職或有疏失。

- ✓ 這次的負面看法如何改變了我的生活？
- ✓ 我的同事、朋友或家人現在對待我的方式有不同嗎？
- ✓ 他們對我的負面看法是永久的嗎？
- ✓ 我是不是在想，無論未來幾年我表現得多麼優秀，這次的尷尬事件都會蓋過一切？
- ✓ 我是否認為人們的負面評價每天都會改變？
- ✓ 時間對尷尬的影響是什麼呢？除了當下感到尷尬的人之外，大多數人都會忘記這件事。
- ✓ 那次的社交事件對於實現我的人生目標和抱負有多重要呢？從人生目的和意義這種更廣泛的角度來看，我們日常大多數的社交互動都是相當瑣碎和平凡的。
- ✓ 目睹我的尷尬之後，有些人可能會有不同的反應嗎？舉例來說，當看見某人感到尷尬丟臉時，有些人可能會感到同情和理解，因為他們知道那是什麼感覺。有沒有可能除了少數人對你做出嚴厲的批判外，其他人是用不同的角度來看待這件事呢？

花時間質疑和評估你對尷尬的解釋，是再校正某次社交事件的重要性並看清其本質的好方法：它只是我們日常生活中的眾多人際互動之一。

步驟四：產生一個替代性觀點

現在你已經評估了過去的社交情況，並確定你已經思考過關於該情況的最糟可能，現在是時候對社交互動提出一個更現實的解釋了。什麼是回顧你過去社交經驗的最好且最現實的方式呢？專注於：

- 發展對社交經驗的新觀點。
- 從社交互動中學習，以便將來當你遇到類似的社交事件時可以採取不同的行動和思考方式。

當產生替代性觀點時，重要的是關注事實，根據證據去瞭解發生了什麼事，而不是專注在你的感覺上。對於一個情況，你可能感覺焦慮或尷尬，但當發展你的新觀點時，請忠於實際發生的事情。檢視你在步驟二（評估你的回憶），和步驟三（後果去災難化）中完成的練習，重新評估他人對你的反應，以及你在社交互動中的行為。你是否誇大了社交經驗對你生活的重要性和影響呢？根據這些觀察，產生對於過去社交經驗的替代性解釋。

> **介入練習：創建新的事件後觀點**
>
> 使用工作單 10.29 將你在本節中關於事件後處理所完成的任務進行統整。首先簡短描述你在事件後期間曾反思過的社交經驗。接著填寫工作單的其餘部分。多影印幾份，這樣你就可以在多次社交事件後使用此工作單。

> **💡 TIPS｜失控的反思**
>
> 有時候我們會認為某次社交經驗讓自己非常尷尬（丟臉），以至於我們幾乎整天不斷反思究竟發生了什麼事。請讓它在你執行日常任務時自然地起伏。記下你正在回憶的社交事件，然後晚上在家中安排三十到四十五分鐘的特別擔憂時段。拿出你當天的記錄，並使用擔憂暴露表（工作單 8.22）去進行分析。一旦與反思相關的情緒消退，就繼續評估尷尬經驗的後果並產生另一種觀點。

為了避免事件後處理成為滋養你社交焦慮的養分，你必須能夠把過去去災難化並正確地看待它。對你所認為的社交失敗和尷尬形成新的理解是此過程的關鍵部分。一旦發展出替代性觀點，你就可以練習用替代性和更平衡的解釋，去取代有關過去事件的焦慮記憶，這將消除焦慮並重拾你面對未來社交活動的自信。它是減少事件後反思的有效方式。如果你想知道你的替代性解釋能否有效減輕社交焦慮，請參考安東尼奧的例子。

安東尼奧對過去社交表現的現實再評估（參照工作單 10.29）

1. **事件後階段所思考的過去社交經驗的回憶：**我不斷想著上週和主管開會的情形，並且擔心我的表現及他對我的意見。

2. **「災難性」尷尬／社交失敗：**我很難清楚地表達自己的想法；我知道他注意到我臉紅、雙手顫抖，無法清楚地表達自己的想法。他或許納悶我出了什麼狀況，為什麼我如此緊張。他問了好幾個問題，這就表示我沒有講到重點。我感到非常丟臉與尷尬；他可能在懷疑我的能力是否足以勝任這份工作。

3. **對你的社交表現產生替代性、更符合現實的理解：**他可能意識到我很緊張，但他已經知道我個性害羞且焦慮。他仍然安排工作給我，並經常詢問我的建議。從他的問題性質來看，有充分證據顯示他瞭解我所說的內容。因為在會議上，他對我的行為沒有改變，而且他仍舊安排工作給我並詢問我的意見，所以顯然他沒有認為我能力不夠。他可以認為我很有能力，甚至有天賦，也可能認為我是個好人，但同時理解我有焦慮的問題。他或許比我更能接受我的焦慮。

4. **你從此社交經驗中學到什麼：**

    a. 我可以預期在社交情境中會感到焦慮；我應該接受焦慮，與它合作而不是試圖向他人隱瞞或壓抑它。

    b. 當我說話時必須放慢速度；當我焦慮時，我會試著加快速度，因為我想要快一點結束這件事；但這只會使情況變得更糟糕，而且讓人們更難理解我所說的話。

    c. 下一次，我可以事先詢問經理會議的主旨；如此一來，我可以寫下幾個重點，讓我在會議期間有個參考。

恭喜！你已經成功看完了針對社交焦慮的認知行為治療介入。現在是回顧你在本章所做過的練習的時候了。你是否發現社交焦慮的三個組成部分中，有一個比其他更相關呢？若是如此，你可能需要在預期、社交互動或事件後處理階段多花些時間。現在也是時候再拿出社交改變目標（工作單 10.13），考慮你進行過用來減少社交焦慮的練習。如果你也從復原取向認知行為治療的觀點去看待這些介入，那麼你的社交焦慮將會復原得更好。你能否看出你在本章節完成的練習也可以豐富你的社交關係，並幫助你實現列於工作單 10.13 的社交改變目標呢？

結論

　　社交焦慮是最常見的焦慮問題之一，通常始於兒童期並持續數十年。它會對生活品質產生負面影響，並導致相當大的個人痛苦。本章我們介紹了社交焦慮的認知行為治療模式，其強調三個組成部分：預期階段、社交互動和事件後處理。我們描述了許多介入策略，這些介入可以改變人們對他人負面評價的極度恐懼，並有助於改變徒勞的社交表現和調適反應，這些反應會加劇患者的脆弱感和避免行為。然而，你不必只安於減少社交焦慮。認知行為治療也可以增強和豐富社交關係，這是個人韌性和情緒福祉的其中一塊基石。

資源

協會

各種專業心理健康協會都設有網站，提供大眾有關焦慮的最新研究和治療方式的有用資訊。其中一些網站還提供了如何在你的所在地區找到經過完整訓練的認知或認知行為治療師的資訊。

美國

- 美國焦慮與憂鬱症協會（Anxiety and Depression Association of America）
  網站：*www.adaa.org*
- 行為與認知治療協會（Association for Behavioral and Cognitive Therapies, ABCT）
  網站：*www.abct.org*
- 認知與行為治療學會（Academy of Cognitive and Behavioral Therapies, ACBT）
  網站：*www.academyofct.org*
- 貝克研究所（Beck Institute）
  網站：*www.beckinstitute.org*

加拿大

- 加拿大認知與行為治療協會（Canadian Association of Cognitive and Behavioural Therapies, CACBT）
  網站：*www.cacbt.ca*
- 加拿大心理學會（Canadian Psychological Association）
  網站：*www.cpa.ca*

英國

- 英國行為與認知心理治療學會（British Association for Behavioural and Cognitive Psychotherapies）
  網站：*www.babcp.com*
- 英國心理學會（British Psychological Society）
  網站：*www.bps.org.uk*

澳洲

- 澳洲認知與行為治療協會（Australian Association for Cognitive and Behaviour Therapy Ltd.）
  網站：*www.aacbt.org*

歐洲與全球

- 歐洲行為與認知治療協會（European Association for Behavioural and Cognitive Therapies, EABCT）
  網站：*www.eabct.eu*

- 世界認知與行為治療聯盟（World Confederation of Cognitive and Behavioural Therapies, WCCBT）

  網站：www.wccbt.org

紐西蘭

- 奧特亞羅瓦紐西蘭認知行為治療協會（Aotearoa New Zealand Association for Cognitive Behavioural Therapies, AnzaCBT）

  網站：www.cbt.org.nz

網路資源

- 加拿大焦慮症協會（Anxiety Canada）

  網站：www.anxietycanada.com

- 美國焦慮與憂鬱症協會（Anxiety and Depression Association of America）

  網站：www.adaa.org

- 國際強迫症基金會（International OCD Foundation）

  網站：www.iocdf.org

- 美國精神疾病聯盟（National Alliance on Mental Illness）

  網站：www.nami.org

- 國立創傷後壓力症候群防治中心（National Center for PTSD）

  網站：www.ptsd.va.gov

- 國家健康與照顧卓越研究院（National Institute for Health and Care Excellence）

  網站：www.nice.org.uk

- 國家心理健康研究所焦慮症（NIMH Anxiety Disorders）

  網站：*www.nimh.nih.gov/health/topics/anxiety-disorders*
- 社交焦慮協會（Social Anxiety Association）

  網站：*www.socialphobia.org*

推薦閱讀

以下是為焦慮及其疾病所提供的各種有關認知類型治療的自助書籍。這些資源強調用來減少焦慮的認知和行為策略各不相同。其中一些包括減少焦慮的替代策略，如冥想、正念訓練（mindfulness training）和接納與承諾療法（acceptance/commitment approaches）。我們還增加了憂鬱症的資源。

焦慮症（一般的）

- Bourne, E. J.（2020）. *The anxiety and phobia workbook*（7th ed.）. Oakland, CA: New Harbinger.

- Bourne, E. J., &Garano, L.（2016）. *Coping with anxiety: 10 simple ways to relieve anxiety, fearand worry*（2nd ed., rev.）. Oakland, CA: New Harbinger.

- Butler, G., & Hope, T.（2007）. *Managing your mind: The mental fitness guide.* Oxford, UK:Oxford University Press.

- Clark, D. A.（2018）. *The anxious thoughts workbook: Skills to overcome the unwanted intrusivethoughts that drive anxiety, obsessions and depression.* Oakland, CA: New Harbinger.

- Clark, D. A.（2020）. *The negative thoughts workbook: CBT skills to overcome repetitive worry,shame, and rumination that drive anxiety and depression.* Oakland, CA: New Harbinger.

- Clark, D. A.（2022）. *The anxious thoughts workbook for teens: CBT skills to quiet the unwantednegative thoughts that cause anxiety and worry.* Oakland, CA: New

Harbinger.

- Forsyth, J. P., & Eifert, G. H.（2016）. *The mindfulness and acceptance workbook for anxiety: Aguide to breaking free from anxiety, phobias and worry using acceptance and commitmenttherapy.* Oakland, CA: New Harbinger.

- Greenberger, D., &Padesky, C. A.（2015）. *Mind over mood: Change how you feel by changingthe way you think*（2nd ed.）. New York: Guilford Press.

- Hofmann, S. G.（2020）. *The anxiety skills workbook: Simple CBT and mindfulness strategies forovercoming anxiety, fear, and worry.* Oakland, CA: New Harbinger.

- Knaus, W. J.（2014）. *The cognitive behavioral workbook for anxiety: A step-by-step program*（2nd ed.）. Oakland, CA: New Harbinger.

- Leahy, R. L.（2009）. *Free anxiety: Unravel your fears before they unravel you.* Carlsbad, CA:Hays House.

- Leahy, R. L.（2020）. *Don't believe everything you feel: A CBT workbook to identify your emotionalschemas and find freedom from anxiety and depression.* Oakland, CA: New Harbinger.

- McKay, M., Davis, M., & Fanning, P.（2021）. *Thoughts and feelings: Taking control of yourmood and your life*（5th ed.）. Oakland, CA: New Harbinger.

- Norton, P. J., & Antony, M. M.（2021）. *The anti-anxietyprogram: A workbook of proven strategiesto overcome worry, panic, and phobias*（2nd ed.）. New York: Guilford Press.

- Schab, L. M.（2021）. *The anxiety workbook for teens: Activities to help you deal with anxietyand worry*（2nd ed.）. Oakland, CA: New Harbinger.

- Tirch, D. D.（2012）. *Overcoming anxiety: Using compassion-focusedtherapy to calm worry, panic, and fear*. Oakland, CA: New Harbinger.

- Watt, M. C., & Stewart, S. H.（2009）. *Overcoming fear of fear: How to reduce anxiety sensitivity.* Oakland, CA: New Harbinger.
- Winston, S. M., & Seif, M. N.（2017）. *Overcoming unwanted intrusive thoughts: A CBT-basedguide to getting over frightening, obsessive, or disturbing thoughts.* Oakland, CA: NewHarbinger.
- Winston, S. M., & Seif, M. N.（2022）. *Overcoming anticipatory anxiety: A CBT guide for movingpast chronic indecisiveness, avoidance, and catastrophic thinking.* Oakland, CA: NewHarbinger.

恐慌症

- Antony, M. M., & McCabe, R. E.（2004）. *10 simple solutions to panic: How to overcome panicattacks, calm physical symptoms, and reclaim your life.* Oakland, CA: New Harbinger.
- Barlow, D. H., & Craske, M. G.（2007）. *Mastery of your anxiety and panic*（4th ed.）. New York: Oxford University Press.
- McKay, M., & Zuercher-White, E.（1999）. *Overcoming panic disorder and agoraphobia—clientmanual.* Oakland, CA: New Harbinger.

社交焦慮症

- Antony, M. M., & Swinson, R. P.（2017）. *The shyness and social anxiety workbook: Proven, step-by-step techniques for overcoming your fear*（3rd ed.）. Oakland, CA: New Harbinger.
- Bulter, G.（2021）. *Overcoming social anxiety and shyness: A self-help guide using*

- *cognitivebehavioural techniques*（2nd ed.）. London: Constable & Robinson.
- Hope, D. A., Heimberg, R. G., & Turk, C. L.（2010）. *Managing social anxiety workbook: Acognitive-behavioraltherapy approach*（2nd ed.）. Oxford, UK: Oxford University Press.
- Stein, M. B., & Walker, J. R.（2002）*Triumph over shyness: Conquering shyness and social anxiety.* New York: McGraw-Hill.

廣泛性焦慮疾患和憂慮

- Leahy, R. L.（2005）. *The worry cure: Seven steps to stop worry from stopping you.* New York:Harmony Books.
- Meares, K., & Freeston, M.（2008）. *Overcoming worry: A self-help guide using cognitive behaviouraltechniques.* London: Constable & Robinson.
- Orsillo, S. M., & Roemer, L.（2016）. *Worry less, live more: The mindful way through anxietyworkbook.* New York: Guilford Press.
- Robichaud, M., & Buhr, K.（2018）. *The worry workbook: CBT skills to overcome worry andanxiety by facing the fear of uncertainty.* Oakland, CA: New Harbinger.
- Robichaud, M., & Dugas, M. J.（2015）. *The generalized anxiety disorder workbook: A comprehensiveCBT guide for coping with uncertainty, worry, and fear.* Oakland, CA: NewHarbinger.
- Rygh, J. L., & Sanderson, W. C.（2004）. *Treating generalized anxiety disorder: Evidence-basedstrategies, tools, and techniques.* New York: Guilford Press.
- Seif, M. N., & Winston, S. M.（2019）. *Needing to know for sure: A CBT-based guide to overcomingcompulsive checking and reassurance seeking.* Oakland, CA: New Harbinger.

憂鬱症

- Addis, M. E., & Martell, C. R.（2004）. *Overcoming depression one step at a time: The newbehavioral activation approach to getting your life back.* Oakland, CA: New Harbinger.
- Bieling, P. J., & Antony, M. M.（2003）. *Ending the depression cycle.* Oakland, CA: New Harbinger.
- Leahy, R. L.（2010）. *Beat the blues before they beat you: How to overcome depression.* Carlsbad,CA: Hays House.
- Teasdale, J., Williams, M., & Segal, Z.（2014）. *The mindful way workbook: An 8-week programto free yourself from depression and emotional distress.* New York: Guilford Press.
- Wright, J. H., & McCray, L. W.（2012）. *Breaking free from depression: Pathways to wellness.* New York: Guilford Press.

參考文獻

1. Baxter, A. J., Scott, K. M., & Whiteford, H. A.（2013）. Global prevalence of anxiety disorders:A systematic review and meta-regression.*Psychological Medicine*, 43, 897–910.

2. Kessler, R. C., Berglund, P., Demler, O., Robertson, M. S., & Walters, E. E.（2005）. Lifetimeprevalence and age-of-onset distributions of DSM-IV disorders in the National ComorbiditySurvey Replication. *Archives of General Psychiatry*, 62, 593–602.

3. Everydayhealth.com.（2020）. 13 celebrities with anxiety disorders. Retrieved January 7,2020, from *www.everydayhealth.com/anxiety-pictures/celebrities-with-anxiety-disorders.aspx.*

4. Clark, D. A., & Beck, A. T.（2010）. *Cognitive therapy of anxiety disorders: Science andpractice.* New York: Guilford Press.

5. Hofmann, S. G., Asnaani, A., Vonk, I. J. J., Sawyer, A. T., & Fang, A.（2012）. The efficacy ofcognitive-behavioraltherapy: A review of meta-analyses.*Cognitive Therapy and Research*,36, 427–440.

6. Zhang, A., Borhneimer, L. A., Weaver, A., Franklin, C., Hai, A. H., Guz, S., & Shen, L.（2019）. Cognitive behavioral therapy for primary care depression and anxiety: A secondarymeta-analyticreview using robust variance estimation in meta-regression.*Journal of BehavioralMedicine*, 42, 1117–1141.

7. Butler, A. C., Chapman, J. F., Forman, E. M., & Beck, A. T.（2006）. The empirical status of cognitive-behavioraltherapy: A review of meta-analyses. *Clinical Psychology Review*, 26, 17–31.

8. Epp, A. M., Dobson, K. S., &Cottraux, J.（2009）. Applications of individual cognitive-behavioraltherapy to specific disorders. In G. O. Gabbard（Ed.）, *Textbook of psychotherapeutictreatments*（pp. 239–262）. Washington, DC: American Psychiatric Publishing.

9. Hollon, S. D., Stewart, M. O., & Strunk, D.（2006）. Enduring effects for cognitive behaviortherapy in the treatment of depression and anxiety. *Annual Review of Psychology*, 57, 285–315.

10. American Psychiatric Association.（1998）. Practice guidelines for the treatment of patientswith panic disorder. *American Journal of Psychiatry*, 155（Suppl.）, 1–34.

11. National Institute for Health and Clinical Excellence（NICE）Guidelines.（2019, July 30）. *Generalised anxiety disorder and panic disorder in adults: Management.* Retrieved June 13, 2020, from www.guidelines.co.uk/mental-health/nice-anxiety-guideline/212067.article.

12. Beck, A. T., Grant, P., Inverso, E., Brinen, A. P., &Perivoliotis, D.（2020）. *Recovery-oriented cognitive therapy for serious mental health conditions*. New York: Guilford Press.

13. Beck, A. T.（1996）. Beyond belief: A theory of modes, personality, and psychopathology. InP. M. Salkovskis（Ed.）, *Frontiers of cognitive therapy*（pp. 1–25）. New York: Guilford Press.

14. Beck, J. S.（2020）. *Cognitive behavior therapy: Basics and beyond*（3rd ed.）. New York: GuilfordPress.

15. Robinson, P., Oades, L. G., & Caputi, P.（2015）. Conceptualising and measuring mental fitness:A Delphi study. *International Journal of Wellbeing*, 5, 53–73.

16. Kazantzis, N., Whittington, C., & Dattilio, F.（2010）. Meta-analysisof homework effects incognitive and behavioral therapy: A replication and extention. *Clinical Psychology: Scienceand Practice*, 17, 144–156.

17. Kazantzis, N., Whittington, C., Zelencich, L., Kyrios, M., Norton, P. J., & Hofmann, S. G.（2016）. Quantity and quality of homework compliance: A meta-analysisof relations withoutcome in cognitive behavior therapy. *Behavior Therapy*, 47, 755–772.

18. Watt, M. C., & Stewart, S. H.（2008）. *Overcoming the fear of fear: How to reduce anxietysensitivity*. Oakland, CA: New Harbinger.

19. Reiss, S., & McNally, R. J.（1985）. Expectancy model of fear. In S. Reiss & R. R. Bootzin（Eds.）, *Theoretical issues in behavior therapy*（pp. 107–121）. Orlando, FL: Academic Press.

20. Taylor, S.（1995）. Anxiety sensitivity: Theoretical perspectives and recent findings. *BehaviourResearch and Therapy*, 33, 243–258.

21. Taylor, S., Zvolensky, M. J., Cox, B. J., Deacon, B., Heimberg, R. G., Ledley, D. R., et al.（2007）. Robust dimensions of anxiety sensitivity: Development and initial validation of theAnxiety Sensitivity Index-3. *Psychological Assessment*, 19, 176–188.

22. Jardin, C., Paulus, D. J., Garey L., Kauffman, B., Bakhshaie, J., Manning, K., et al.（2018）.Towards a greater understanding of anxiety sensitivity across groups: The construct validityof the Anxiety Sensitivity Index-3. Psychiatry Research,

268, 72–81.

23. Stonerock, G. L., Hoffman, B. M., Smith, P. J., & Blumenthal, J. A.（2015）. Exercise astreatment for anxiety: Systematic review and analysis. *Annals of Behavioral Medicine*, 49, 542–556.

24. Broman-Fulks, J. J., Abraham, C. M., Thomas, K., Canu, W. H., & Nieman, D. C.（2018）.Anxiety sensitivity mediates the relationship between exercise frequency and anxiety anddepression symptomatology. *Stress and Health*, 34, 500–508.

25. Sabourin, B. C., Stewart, S. H., Watt, M. C., &Krigolson, O. E.（2015）. Running as interoceptiveexposure for decreasing anxiety sensitivity: Replication and extension. *CognitiveBehaviour Therapy*, 44, 264–274.

26. Mathews, A., & MacLeod, C.（2005）. Cognitive vulnerability to emotional disorders. *AnnualReview of Clinical Psychology*, 1, 167–195.

27. Beck, A. T., & Haigh, E. A. P.（2014）. Advances in cognitive theory and therapy: The genericcognitive model. *Annual Review of Clinical Psychology*, 10, 1–24.

28. Dugas, M. J., Buhr, K., & Ladouceur, R.（2004）. The role of intolerance of uncertainty inetiology and maintenance. In R. G. Heimberg, C. L. Turk, & D. S. Mennin（Eds.）, *Generalizedanxiety disorder: Advances in research and practice*（pp. 143–163）. New York: GuilfordPress.

29. Lohr, J. M., Olatunji, B. O., & Sawchuk, C. N.（2007）. A functional analysis of danger andsafety signals in anxiety disorders. *Clinical Psychology Review*, 27, 114–126.

30. Salkovskis, P. M.（1996）. Avoidance behavior is motivated by threat belief: A

possible resolutionof the cognitive-behaviordebate. In P. M. Salkovskis（Ed.）, *Trends in cognitive andbehavioral therapies*（pp. 25–41）. Chichester, UK: Wiley.

31. Abramowitz, J. S., Deacon, B. J., & Whiteside, S. P. H.（2019）. *Exposure therapy for anxiety:Principles and practice*（2nd ed.）. New York: Guilford Press.

32. Craske, M. G., Treanor, M., Conway, C., Zborinek, T., &Vervliet, B.（2014）. Maximizingexposure therapy: An inhibitory learning approach. *Behaviour Research and Therapy, 58*,10–23.

33. Pittig, A., Treanor, M., LeBeau, R. T., & Craske, M. G.（2018）. The role of associative fearand avoidance learning in anxiety disorders: Gaps and directions for future research. *Neuroscienceand Biobehavioral Reviews*, 88, 117–140.

34. Hofmann, S. G.（2020）. *The anxiety skills workbook: Simple CBT and mindfulness strategiesfor overcoming anxiety, fear, and worry*. Oakland, CA: New Harbinger.

35. Norton, P. J., & Antony, M. M.（2021）. *The anti-anxietyprogram: A workbook of provenstrategies to overcome worry, panic, and phobias*（2nd ed.）. New York: Guilford Press.

36. Montero-Marin, J., Garcia-Campayo,J., Perez-Yus, M., Zabaleta-del-Olmo, E., & Cuijpers,P.（2019）. Meditation techniques versus relaxation therapies when treating anxiety: A meta-analyticreview. *Psychological Medicine*, 49, 2118–2133.

37. Forsyth, J. P., & Eifert, G. H.（2016）. *The mindfulness and acceptance workbook: A guide tobreaking free from anxiety, phobias and worry using acceptance and commitment therapy*（2nd ed.）. Oakland, CA: New Harbinger.

38. Robichaud, M., & Dugas, M. J.（2015）. *The generalized anxiety disorder workbook: Acomprehensive CBT guide for coping with uncertainty, worry, and fear.*

Oakland, CA: New Harbinger.

39. Robichaud, M., & Dugas, M. J.（2006）. A cognitive-behavioral treatment targeting intolerance of uncertainty. In G. C. L. Davey & A. Wells（Eds.）, *Worry and its psychological disorders: Theory, assessment, and treatment*（pp. 289–304）. Chichester, UK: Wiley.

40. Antony, M. M., & Swinson, R. P.（2009）. *When perfect isn't good enough: Strategies for coping with perfectionism*（2nd ed.）. Oakland, CA: New Harbinger.

41. Shafran, R., Egan, S., & Wade, T.（2018）. Overcoming perfectionism: A self-help guide using cognitive behavioural techniques（2nd ed.）. London: Robinson Press.

42. Leahy, R. L.（2009）. *Anxiety free: Unravel your fears before they unravel you.* Carlsbad, CA: Hay House.

43. Wegner, D. M.（1994）. The ironic processes of mental control. *Psychological Review, 101,* 34–52.

44. Wells, A.（2009）. *Metacognitive therapy for anxiety and depression.* New York: Guilford Press.

45. McKay, M., Davis, M., & Fanning, P.（2021）. *Thoughts and feelings: Taking control of your mood and your life*（5th ed.）. Oakland, CA: New Harbinger.

46. Borkovec, T. D., Hazlett-Stevens, & Diaz, M. L.（1999）. The role of positive beliefs about worry in generalized anxiety disorder and its treatment. *Clinical Psychology and Psychotherapy, 6,* 126–138.

47. Borkovec, T. D., Alcaine, O. M., & Behar, E.（2004）. Avoidance theory of worry and generalized anxiety disorder. In R. G. Heimberg, C. L. Turk, & D. S. Mennin（Eds.）, *Generalized anxiety disorder: Advances in research and practice*（pp.

77–108). New York: Guilford Press.

48. Hoyer, J., Beesdo, K., Gloster, A. T., Runge, J., Hofler, M., & Becker, E. S.（2009）. Worryexposure versus applied relaxation in the treatment of generalized anxiety disorder. *Psychotherapyand Psychosomatic*, 78, 106–115.

49. Robichaud, M., & Buhr, K.（2018）. *The worry workbook: CBT skills to overcome worryand anxiety by facing the fear of uncertainty.* Oakland, CA: New Harbinger.

50. Seif, M. N., & Winston, S. M.（2019）. *Needing to know for sure: A CBT-based guide toovercoming compulsive checking and reassurance seeking.* Oakland, CA: New Harbinger.

51. Hayes, S. G.（with Smith, S.）.（2005）. *Get out of your mind and into your life: The newacceptance and commitment therapy.* Oakland, CA: New Harbinger.

52. Brown, T. A., & Deagle, E. A.（1992）. Structured interview assessment of nonclinical panic.*Behavior Therapy*, 23, 75–85.

53. Norton, G. R., Dorward, J., & Cox, B. J.（1986）. Factors associated with panic attacks innonclinical subjects. *Behavior Therapy*, 17, 239–252.

54. Beck, A. T., & Emery, G.（with Greenberg, R. L.）.（1985）. *Anxiety disorders and phobias: Acognitive perspective.* New York: Basic Books.

55. Clark, D. M.（1986）. A cognitive approach to panic. *Behaviour Research and Therapy*, 24,461–470.

56. National Institute of Mental Health.（2017）. *Mental health information: Social anxiety disorder.*Retrieved March 21, 2021, from www.nih.gov.

57. Riskind, J. H., & Rector, N. A.（2018）. *Looming vulnerability: Theory, research and practicein anxiety.* New York: Springer.

58. Clark, D. M.（2001）. A cognitive perspective on social phobia. In W. R. Crozier & L. E. Alden（Eds.）, *International handbook of social anxiety: Concepts, research and interventions relatingto the self and shyness*（pp. 405–430）. New York: Wiley.

59. Henderson, L., & Zimbardo, P.（1999）. Shyness. In H. S. Friedman（Ed.）, *Encyclopedia ofmental health*（Vol. 3, pp. 497–509）. San Diego, CA: Academic Press.

60. Fehm, L., Beesdo, K., Jacobi, F., & Fiedler, A.（2008）. Social anxiety disorder above andbelow the diagnostic threshold: Prevalence, comorbidity and impairment in the general population.*Social Psychiatry and Psychiatric Epidemiology*, 43, 257–265.

HD 157
每個人都想學的焦慮課
用認知行為療法擺脫社交恐懼、黑暗心理、憂慮壓力，學習善待自己
The Anxiety and Worry Workbook

作　　者	大衛・A・克拉克（David A. Clark）、亞倫・T・貝克（Aaron T. Beck）
譯　　者	陳莉淋
主　　編	吳珮旻
編　　輯	鄭淇丰
封面設計	林政嘉
內頁排版	賴姵均
企　　劃	陳玟璇
版　　權	劉昱昕

發 行 人	朱凱蕾
出　　版	英屬維京群島商高寶國際有限公司台灣分公司 Global Group Holdings, Ltd.
地　　址	台北市內湖區洲子街88號3樓
網　　址	gobooks.com.tw
電　　話	（02）27992788
電　　郵	readers@gobooks.com.tw（讀者服務部）
傳　　真	出版部（02）27990909　行銷部（02）27993088
郵政劃撥	19394552
戶　　名	英屬維京群島商高寶國際有限公司台灣分公司
發　　行	英屬維京群島商高寶國際有限公司台灣分公司
法律顧問	永然聯合法律事務所
二版日期	2025年07月

Copyright © 2023 The Guilford Press
A Division of Guilford Publications, Inc.
Published by arrangement with The Guilford Press

國家圖書館出版品預行編目（CIP）資料

每個人都想學的焦慮課：用認知行為療法擺脫社交恐懼、黑暗心理、憂慮壓力,學習善待自己 / 大衛.A.克拉克(David A. Clark), 亞倫.T.貝克(Aaron T. Beck)著；陳莉淋譯. -- 二版. -- 臺北市：英屬維京群島商高寶國際有限公司臺灣分公司, 2025.07
　　面；　公分. --（HD 157）

譯自：The anxiety and worry workbook.

ISBN 978-626-402-304-7(平裝)

1.CST: 焦慮　2.CST: 認知治療法

176.527　　　　　　　　　　114008602

凡本著作任何圖片、文字及其他內容，
未經本公司同意授權者，
均不得擅自重製、仿製或以其他方法加以侵害，
如一經查獲，必定追究到底，絕不寬貸。
版權所有　翻印必究

GOBOOKS
& SITAK
GROUP©

目錄

工作單 1.1..................3
工作單 1.2..................4
工作單 1.3..................5
工作單 2.1..................7
工作單 2.2..................8
工作單 3.1..................10
工作單 3.2..................14
工作單 3.3..................16
工作單 3.4..................17
工作單 3.5..................18
工作單 4.1..................20
工作單 4.2..................21
工作單 4.3..................22
工作單 4.4..................24
工作單 4.5..................25
工作單 4.6..................26
工作單 5.1..................28
工作單 5.2..................28
工作單 5.3..................29
工作單 5.4..................30
工作單 5.5..................31
工作單 5.6..................32
工作單 5.7..................33
工作單 5.8..................34
工作單 5.9..................35
工作單 5.10.................35
工作單 5.11.................36
工作單 6.1..................37
工作單 6.2..................38
工作單 6.3..................39
工作單 6.4..................40
工作單 6.5..................41
工作單 6.6..................42

工作單 6.7..................43
工作單 7.1..................44
工作單 7.2..................45
工作單 7.3..................46
工作單 7.4..................48
工作單 7.5..................49
工作單 7.6..................50
工作單 7.7..................51
工作單 7.8..................52
工作單 7.9..................53
工作單 7.10.................54
工作單 7.11.................56
工作單 7.12.................57
工作單 7.13.................58
工作單 8.1..................59
工作單 8.2..................60
工作單 8.3..................61
工作單 8.4..................62
工作單 8.5..................65
工作單 8.6..................66
工作單 8.7..................66
工作單 8.8..................67
工作單 8.9..................68
工作單 8.10.................69
工作單 8.11.................70
工作單 8.12.................71
工作單 8.13.................72
工作單 8.14.................72
工作單 8.15.................72
工作單 8.16.................73
工作單 8.17.................73
工作單 8.18.................73
工作單 8.19.................74

目錄

工作單 8.20	74
工作單 8.21	74
工作單 8.22	75
工作單 8.23	76
工作單 8.24	77
工作單 8.25	78
工作單 9.1	78
工作單 9.2	78
工作單 9.3	79
工作單 9.4	79
工作單 9.5	79
工作單 9.6	80
工作單 9.7	82
工作單 9.8	83
工作單 9.9	84
工作單 9.10	86
工作單 9.11	87
工作單 10.1	87
工作單 10.2	87
工作單 10.3	88
工作單 10.4	88
工作單 10.5	88
工作單 10.6	89
工作單 10.7	89
工作單 10.8	89
工作單 10.9	90
工作單 10.10	90
工作單 10.11	91
工作單 10.12	92
工作單 10.13	93
工作單 10.14	94
工作單 10.15	95
工作單 10.16	96
工作單 10.17	96
工作單 10.18	97
工作單 10.19	98
工作單 10.20	100
工作單 10.21	101
工作單 10.22	101
工作單 10.23	102
工作單 10.24	103
工作單 10.25	104
工作單 10.26	104
工作單 10.27	105
工作單 10.28	106
工作單 10.29	107

工作單 1.1

我的輕度焦慮經驗

說明：回憶三或四種輕度焦慮（焦慮情緒儀的分數介於 0 ～ 50）的經驗。在第一欄，寫出誘發焦慮的情況；在第二欄，描述焦慮的感覺（生理感受、情緒、想法）；在第三欄，簡短描述你如何反應該焦慮，還有為什麼感到一點焦慮或擔憂可能是有益的。這種焦慮／擔憂是否幫助你解決了困難的問題呢？第一行提供了一個範例，說明如何完成這張工作單。

情況（誘發）	輕度焦慮感覺如何	此焦慮帶來什麼幫助
範例： 我有一輛舊車，我在開車上班的路上，聽見引擎發出爆震聲。	我感到胃裡一陣絞痛、緊張。我晚上很難入睡，我一直在思考昂貴的汽車修理費用以及如何支付該費用。	在收到經銷商的回覆之前，我先對自己的財務狀況進行了檢查，並找出修理舊車的花費上限，然後我預約了經銷商。除了開車之外，我還想了一些方法來滿足我的交通需求。

來自《每個人都想學的焦慮課》第二版，由大衛．A．克拉克和亞倫．T．貝克合著。
The Guilford Press 版權所有 2023。

工作單 1.2

我的嚴重焦慮經驗

說明：回憶三或四種強烈且持久的焦慮，且當下感覺無法忍受（焦慮測量儀介於 80～100 之間）。在第一欄，寫出誘發焦慮的情況，可以是一種情況、一種生理感覺，或是不喜歡的想法；在第二欄，描述焦慮的感覺（身體感受、情緒、想法）；在第三欄，簡短描述你如何反應該焦慮，還有它導致的任何後果或問題。第一行提供了一個範例，說明如何完成這張工作單。

情況（誘發）	嚴重焦慮感覺如何	我如何反應／後果
範例： 我感覺反胃、疲倦和整個人都不對勁。	我感覺虛弱、顫抖、頭暈；我的呼吸變得急促和淺薄；我的心跳速率上升。 我無法解釋為什麼感覺如此糟糕；我不禁懷疑自己是否應該打電話跟醫生求救；我想起我認識且患有癌症的人，並猜想自己是否罹患了胃癌。	我打電話給我媽媽，向她尋求我沒有罹患重病的保證。 我沒有去上班也沒有離開家，因為我感覺不舒服。 這次焦慮是如此嚴重；我無法繼續忍受，所以我服用了我的藥。 我躺下並試圖休息，看看自己能否平靜下來。

來自《每個人都想學的焦慮課》第二版，由大衛·A·克拉克和亞倫·T·貝克合著。
The Guilford Press 版權所有 2023。

工作單 1.3

我的焦慮減輕目標

說明：日常生活涉及下面列出的幾個主要問題。回顧工作單 1.2 的內容，並思考焦慮如何對每個生活問題造成負面影響。接下來，想像一下，如果你的焦慮是輕微的（可以忍受的）而不是嚴重的（無法忍受的），你在每個生活領域可以取得更成功或更有效的具體方式。在右側欄位中，列出如果你不那麼焦慮，你在該領域可以表現更好的具體方法。這些將成為你的焦慮減輕目標；也就是你希望透過提高對焦慮的忍受度和管理來實現什麼目標。我們為每個生活問題提供了一個例子。

生活領域	具體的焦慮減輕目標
工作 （輕微、可容忍的焦慮如何使我們在工作上更成功？）	例子：在每週的部門會議中，我會更常表達自己的意見。 1.＿＿＿＿＿＿＿＿＿＿＿＿ 2.＿＿＿＿＿＿＿＿＿＿＿＿ 3.＿＿＿＿＿＿＿＿＿＿＿＿
家庭／伴侶 （如果我的焦慮更輕微、更能忍受的話，我會如何成為一名更好的父母、配偶、手足或兒子／女兒呢？）	例子：我會和家人一同旅行並參與家庭聚會，而不是利用我的焦慮當作藉口，一個人待在家裡。 1.＿＿＿＿＿＿＿＿＿＿＿＿ 2.＿＿＿＿＿＿＿＿＿＿＿＿ 3.＿＿＿＿＿＿＿＿＿＿＿＿
友情 （更輕微的焦慮會如何影響我的社交生活呢？）	例子：我會和朋友多出去，而不是找藉口拒絕他們。 1.＿＿＿＿＿＿＿＿＿＿＿＿ 2.＿＿＿＿＿＿＿＿＿＿＿＿ 3.＿＿＿＿＿＿＿＿＿＿＿＿

（續）

工作單 1.3（續）

生活領域	具體的焦慮減輕目標
健康／身體健康 （更能忍受焦慮對我的健康會造成怎樣的改善呢？）	例子：當我感受到非預期的疼痛時，我會採取理性的觀望態度，而不是立刻上網查詢症狀或是預約醫師門診。 1. _____ 2. _____ 3. _____
休閒／娛樂 （較輕微的焦慮會如何使我的生活更有趣呢？）	例子：我會嘗試更多嗜好、運動、藝術或其他有趣的活動，而不是等待直到自己感覺喜歡才去從事。 1. _____ 2. _____ 3. _____
社區／公民身分 （可以忍受的焦慮會如何提升我的社區參與度？）	例子：我會閱讀更多關於重要政治／社會議題的報導，並且尋求更多參與社區政治活動的方式。 1. _____ 2. _____ 3. _____

來自《每個人都想學的焦慮課》第二版，由大衛・A・克拉克和亞倫・T・貝克合著。
The Guilford Press 版權所有 2023。

工作單 2.1

關於自助練習的信念

說明：請閱讀每條陳述並圈選最符合你對於自助練習的信念分數（同意或不同意的程度）。

信念陳述	強烈不同意	不同意	同意	強烈同意
1. 從事這些任務會使我更加焦慮。				
2. 沒有必要嘗試；沒什麼能夠幫助我。				
3. 我不應該練習技巧去克服我的焦慮。				
4. 我現在太焦慮無法進行回家作業。				
5. 我的焦慮已經控制得相當不錯；我不想要冒險進行自助練習使它變糟。				
6. 我不相信這些練習運動是有效減少焦慮的方法。				
7. 我是一個拖延者；我總是在激勵自己從事額外工作上遇到困難。				
8. 我沒有變得更好，所以為什麼還要進行這些練習？				
9. 我太累或太緊張，無法從事自助練習運動。				
10. 這些任務都不重要；我看不出來它們可以怎麼幫助我擊敗焦慮。				
11. 我太忙了，沒有時間從事每日的心理自助運動。				
12. 焦慮是一種醫學疾病；我不應該付出這些努力去擺脫它。				
13. 其他克服焦慮的人不用付出這麼多努力。				
14. 我的焦慮有個根深蒂固的根源需要被發掘；我不知道這些練習能帶來什麼效果。				
15. 萬一我沒有正確進行這些練習，而它們使我的焦慮變得更糟糕呢？				
16. 我討厭寫東西；我從來就不是個會記筆記的人。				
17. 我缺乏動機和紀律從事這類治療。				
18. 這太難了；一定有更簡單的方式可以克服焦慮。				
19. 做一些回家作業好過什麼都不做。				
20. 即使我不進行自助練習，但是接受治療或閱讀關於焦慮的書籍應該就能獲得一定程度的幫助。				

來自《每個人都想學的焦慮課》第二版，由大衛·A·克拉克和亞倫·T·貝克合著。
The Guilford Press 版權所有 2023。

工作單 2.2

有效練習的七個特性

說明：閱讀以下問題並勾選你的答案（是或不是）。我們針對每種有效練習的特性都有提供簡短的解釋。是／不是的欄位具有足夠空間，可供讀者重複標記，因此你可以在閱讀本書的期間反覆利用此工作單。

問題	解釋	是	不是
1. 清楚的邏輯依據 你知道為什麼要從事這項練習運動嗎？	練習運動必須處理嚴重焦慮的一個重要面向，而且必須致力於焦慮減輕的目標。		
2. 成本效益 你知道你執行這項練習將會有什麼收穫嗎？	你應該要清楚投資時間進行這項練習會帶來的成本和收益。		
3. 精確說明 你知道如何執行此練習嗎？	練習運動應該被明確說明，如此一來你才知道該做什麼、何時該做和做多久。		
4. 逐步 你進行練習時有遵循特定步驟嗎？	練習運動需要被系統化地執行，你必須從較低焦慮程度開始，然後逐步處理涉及更嚴重焦慮的情況或任務。		
5. 保留記錄 你有記錄自己的練習過程和結果嗎？	每次你從事一項練習運動時，都應該簡短記錄自己的行為、想法和焦慮程度。		

（續）

工作單 2.2（續）

問題	解釋	是	不是
6. 反覆練習 你是否連續好幾天反覆練習該項運動呢？	反覆和頻繁的從事每項練習，可能的話在進入下個階段前，每天都要練習。認知行為治療會失敗的原因通常是因為沒有花足夠的時間去進行練習運動。		
7. 解決失望與挫折 某項練習運動出現問題了嗎？你可以怎麼做讓這個練習對你有幫助？	如果一項練習運動的結果令你感到挫折，花些時間評估是哪裡出錯了。思考你下次練習時可以如何改善。		

來自《每個人都想學的焦慮課》第二版，由大衛・A・克拉克和亞倫・T・貝克合著。
The Guilford Press 版權所有 2023。

工作單 3.1

焦慮觸發因素檢核表

說明：在代表你與每種情況相關的焦慮程度欄位中畫一個 X。在空白處，寫下沒有列於相關類別中的任何其他引發你焦慮的觸發因素。

項目	不會焦慮	有點焦慮	非常焦慮
工作／學校表現			
開會、上課或約會遲到			
失去工作；被當掉或退學			
落後的想法；無法跟上工作或學校進度			
不成功；無法達到期望或目標			
可能出現負面工作評價或成績不佳			
有未完成的工作			
犯錯			
沒有盡力而為			
其他：＿＿＿＿＿＿＿＿＿＿＿＿＿＿＿＿＿			
其他：＿＿＿＿＿＿＿＿＿＿＿＿＿＿＿＿＿			
社交關係			
參加有許多陌生人的社交活動（如：派對）			
打電話給陌生人			
較晚進入劇院、教堂和團體活動			
堅定自信地表達自己的想法			
表達我的意見，尤其是在團體中			

（續）

工作單 3.1（續）

項目	不會焦慮	有點焦慮	非常焦慮
社交關係（繼續）			
邀請朋友來家裡吃晚餐			
在健身房鍛鍊			
擔心別人認為我很愚蠢、無聊或無趣			
不知道該說什麼的感覺			
覺得與這些人格格不入			
認為給自己留下了壞印像或出糗了			
擔心自己粗魯或不禮貌			
認為自己不被接受			
進行報告			
覺得自己看起來緊張、不舒服			
其他：＿＿＿＿＿＿＿＿＿＿＿＿＿＿＿＿＿＿			
其他：＿＿＿＿＿＿＿＿＿＿＿＿＿＿＿＿＿＿			
財務			
支付帳單困難			
想起自己有負債			
擔心自己沒有足夠的錢			
超支			
儲蓄不足／投資表現不佳			
沒有達成自己的預算			

（續）

工作單 3.1（續）

項目	不會焦慮	有點焦慮	非常焦慮
財務（繼續）			
錢不夠；入不敷出			
需要更好的收入			
其他：＿＿＿＿＿＿＿＿＿＿＿＿＿＿＿			
其他：＿＿＿＿＿＿＿＿＿＿＿＿＿＿＿			
親密／家庭關係			
與伴侶／孩子／父母爭吵			
伴侶／孩子／父母發生意外或受傷			
認為自己對親密伴侶沒有吸引力			
認為親密伴侶不愛自己			
認為親密伴侶對自己沒有全心投入			
認為親密伴侶對自己不忠誠			
目前沒有親密伴侶			
剛展開一段浪漫關係			
缺乏親密感			
其他：＿＿＿＿＿＿＿＿＿＿＿＿＿＿＿			
其他：＿＿＿＿＿＿＿＿＿＿＿＿＿＿＿			
健康			
對慢性疾病的擔憂			
慢性疼痛			
等待醫學檢查的結果			

（續）

工作單 3.1（續）

項目	不會焦慮	有點焦慮	非常焦慮
健康（繼續）			
突然胸痛			
在公共場所得到傳染病			
擔心超重或健康狀況不佳			
去看醫生或去醫院			
感到噁心或胃部不適			
頭痛			
意想不到的疼痛			
感覺疲倦、缺乏活力			
睡不好			
擔心可能發生心臟病、中風或動脈瘤			
擔心健忘、混亂或注意力不集中			
想到死亡和臨終			
其他：_____			
其他：_____			
其他：_____			

來自《每個人都想學的焦慮課》第二版，由大衛・A・克拉克和亞倫・T・貝克合著。
The Guilford Press 版權所有 2023。

工作單 3.2

正常化表單

說明：本工作單包含兩部分

步驟一：在空白處，簡短描述兩次正常且輕微的焦慮經驗。在這些事件中，你會感到輕微緊張或焦慮，而且想到你或你所愛的人會遭遇某些不幸的事情。導致這種焦慮的情況，可能對大多數人都會造成一些焦慮。

1. 輕度焦慮經驗：_____
_____

2. 輕度焦慮經驗：_____
_____

步驟二：以下是一份焦慮的常見特徵清單（無論焦慮程度為何皆適用）。請在步驟一記錄的輕度焦慮經驗期間曾出現的症狀旁打勾。

生理特徵
- ☐ 心跳加快、心悸
- ☐ 呼吸短促、呼吸急促
- ☐ 胸痛或胸悶
- ☐ 窒息感
- ☐ 頭暈
- ☐ 出汗、熱潮紅、發冷
- ☐ 噁心、胃部不適、腹瀉
- ☐ 顫抖
- ☐ 手臂、腿部刺痛或麻木
- ☐ 虛弱、蹣跚、暈眩
- ☐ 肌肉緊繃、僵硬
- ☐ 口乾

認知（思考）特徵
- ☐ 害怕失去控制、無法調適
- ☐ 害怕身體受傷或死亡
- ☐ 害怕發瘋
- ☐ 害怕別人的負面評價
- ☐ 令人恐懼的想法、影像或記憶
- ☐ 不真實或解離的看法
- ☐ 注意力不集中、混亂、分心
- ☐ 注意力窄化，對威脅過度警覺
- ☐ 記憶力差
- ☐ 推理困難、失去客觀性

（續）

工作單 3.2（續）

行為特徵
☐ 避免威脅線索或狀況
☐ 逃跑
☐ 追求安全、安心
☐ 煩躁、激動、踱步
☐ 過度換氣
☐ 僵住、停止移動
☐ 說話困難

主觀特徵
☐ 感到緊張
☐ 感到害怕
☐ 急躁、神經質、緊張
☐ 不耐煩、沮喪

來自《每個人都想學的焦慮課》第二版，由大衛・A・克拉克和亞倫・T・貝克合著。
The Guilford Press 版權所有 2023。

工作單 3.3

我的輕度焦慮日誌

說明：正在填寫此份工作單時，請廣泛思考你的輕度焦慮觸發因素。任何外在情況、想法、影像、記憶或生理感覺都可以引發輕度的焦慮。在經歷輕度焦慮時，很可能只有出現少數的生理警醒症狀，認知和行為欄才是最重要的部分。針對認知欄位，請想想你如何思考，為什麼你會認為情況並沒有那麼糟糕，你能夠應對它，最終一切都會船到橋頭自然直。針對行為欄位，請簡短描述你如何把引發焦慮的情況轉變成一種挑戰，保持專注在問題解決上，以及不讓焦慮摧毀你的努力。

日期和時間	情況／觸發因素	生理感覺 （當你有點焦慮時）	認知 （你在想什麼？）	調適 （你如何應對你的輕度焦慮？）
1.				
2.				

來自《每個人都想學的焦慮課》第二版，由大衛・A・克拉克和亞倫・T・貝克合著。The Guilford Press 版權所有 2023。

— 16 —

工作單 3.4

當我的焦慮是有幫助的

說明:選擇三或四個對你而言重要的生活領域。想想一個導致你感到有些緊張、焦慮、擔憂或壓力的經驗,但這些情緒狀態其實幫助你成功地處理了當下遭遇的情況。描述第一欄的情況後,在第二欄寫下跟沒有焦慮的狀態相比,一些焦慮或擔憂如何幫助你表現得更好。

挑戰/困難情況、問題或擔心	輕度焦慮或擔憂如何幫助我處理情況、問題或擔心
工作	
家庭/親密關係	
友情/社交領域	
健康/體能	
休閒/娛樂	
社區/公民權	
靈性/宗教信仰	

來自《每個人都想學的焦慮課》第二版,由大衛・A・克拉克和亞倫・T・貝克合著。
The Guilford Press 版權所有 2023。

工作單 3.5

我的適應性焦慮檔案

說明：回顧你工作單 3.4 的答案，然後選擇二到三個困難的生命經驗，但是你當時把焦慮和擔憂控制得非常好，因此能夠克服困難情境。接著，回答與每個情況有關的四個問題。簡短解釋你在各個情況下讓你得以保持低度焦慮和擔憂的想法與行為。

A. 挑戰、困難情況：＿＿＿＿＿＿＿＿＿＿＿＿＿＿＿＿＿＿＿＿＿＿＿＿＿＿＿＿＿＿＿＿＿＿

　　1. 我告訴自己什麼，讓我感覺情況沒有那麼嚴重：＿＿＿＿＿＿＿＿＿＿＿＿＿＿＿＿＿

　　2. 關於我處理這種情況的能力，我是怎麼告訴自己的：＿＿＿＿＿＿＿＿＿＿＿＿＿＿

　　3. 關於我忍受或處理這種情況所引發的焦慮的能力，我是怎麼跟自己說的：＿＿＿＿

　　4. 我如何應對這個情況以減輕焦慮：＿＿＿＿＿＿＿＿＿＿＿＿＿＿＿＿＿＿＿＿＿＿

B. 挑戰、困難情況：＿＿＿＿＿＿＿＿＿＿＿＿＿＿＿＿＿＿＿＿＿＿＿＿＿＿＿＿＿＿＿＿＿＿

　　1. 我告訴自己什麼，讓我感覺情況沒有那麼嚴重：＿＿＿＿＿＿＿＿＿＿＿＿＿＿＿＿＿

　　2. 關於我處理這種情況的能力，我是怎麼告訴自己的：＿＿＿＿＿＿＿＿＿＿＿＿＿＿

　　3. 關於我忍受或處理這種情況所引發的焦慮的能力，我是怎麼跟自己說的：＿＿＿＿

（續）

工作單 3.5（續）

4. 我如何應對這個情況以減輕焦慮：_____
_____

C. 挑戰、困難情況：_____
_____

1. 我告訴自己什麼，讓我感覺情況沒有那麼嚴重：_____
_____

2. 關於我處理這種情況的能力，我是怎麼告訴自己的：_____
_____

3. 關於我忍受或處理這種情況所引發的焦慮的能力，我是怎麼跟自己說的：_____
_____

4. 我如何應對這個情況以減輕焦慮：_____
_____

來自《每個人都想學的焦慮課》第二版，由大衛・A・克拉克和亞倫・T・貝克合著。
The Guilford Press 版權所有 2023。

工作單 4.1

我的焦慮觸發因素評估表

說明：本工作單的第一欄列出了三種類型的焦慮觸發因素。針對每種類型，列出與你的焦慮經驗相關且最常見的觸發因素。在下一欄中，評估接觸到你列出的每個觸發因素時至少感到一些焦慮的機率或可能性（0～100%）。在第三欄中，以 0（無焦慮）到 10（極度、類似恐慌的焦慮）評分，表示由該觸發因素引起的焦慮或擔憂的平均嚴重程度。

焦慮觸發因素	引發焦慮的可能性（0～100%）	焦慮／恐懼／擔憂的嚴重度（0～10）
外在情況		
1.		
2.		
3.		
4.		
5.		
不想要的想法、影像或回憶		
1.		
2.		
3.		
生理疼痛和其他身體感覺		
1.		
2.		
3.		

來自《每個人都想學的焦慮課》第二版，由大衛・A・克拉克和亞倫・T・貝克合著。The Guilford Press 版權所有 2023。

工作單 4.2

我的焦慮思維表

焦慮觸發因素	什麼是具威脅性的、令人不安的或不舒服的？
外在情況	
1.	
2.	
3.	
4.	
5.	
不想要的想法、影像或回憶	
1.	
2.	
3.	
生理疼痛和其他身體感覺	
1.	
2.	
3.	

來自《每個人都想學的焦慮課》第二版，由大衛・A・克拉克和亞倫・T・貝克合著。
The Guilford Press 版權所有 2023。

工作單 4.3

無效調適檢核表

說明：使用四分的評分系統，圈出你認為自己感到高度焦慮時使用每種調適反應的頻率。

調適反應	從未	偶爾	時常	總是
當首次感到焦慮時，離開該情況	0	1	2	3
避免焦慮觸發因素	0	1	2	3
尋求自己一切都安好的保證	0	1	2	3
變得安靜，自我退縮	0	1	2	3
服用抗焦慮藥物	0	1	2	3
打電話／尋求協助	0	1	2	3
透過專注於呼吸、放鬆和冥想來獲得平靜	0	1	2	3
用活動、音樂等事物來讓自己分心	0	1	2	3
躺下並嘗試休息	0	1	2	3
透過抓住物體來穩定自己	0	1	2	3
飲酒、使用大麻或其他市售藥品	0	1	2	3
拖延	0	1	2	3
過度小心；放慢速度	0	1	2	3
預期焦慮情況可能發生時，過度準備	0	1	2	3
過度思考、分析我的感覺	0	1	2	3
試著跟自己講道理	0	1	2	3
擔憂	0	1	2	3
更快地說話或行動以度過焦慮經歷	0	1	2	3
尋求醫療／專業協助	0	1	2	3
尋找一個讓我感到安全、不那麼焦慮的家人或朋友	0	1	2	3
生氣，甚至具有攻擊性；更努力對抗焦慮感	0	1	2	3
情緒化，用流淚發洩我的感受	0	1	2	3

（續）

工作單 4.3（續）

調適反應	從未	偶爾	時常	總是
反覆檢查一些事情，以向自己保證一切都會沒事的	0	1	2	3
參與令人愉悅的活動（像是使用社群媒體、吃、觀看電影或電視節目）	0	1	2	3
祈禱或其他宗教活動	0	1	2	3
睡覺	0	1	2	3

來自《每個人都想學的焦慮課》第二版，由大衛・A・克拉克和亞倫・T・貝克合著。
The Guilford Press 版權所有 2023。

工作單 4.4

我的問題性焦慮的核心特色

說明：回憶你最近感到嚴重焦慮的經驗。針對以下每個問題寫下簡短答案，詳細說明你的經驗。

1. 相較於他人，你在常見情況下是否會經歷更嚴重的焦慮感？如果是，請提供一些例子：
   _____
   _____

2. 當你感到焦慮時，持續的時間比你認識的大多數人更長嗎？如果是，你感到嚴重焦慮的持續時間平均是多久呢？_____
   _____

3. 焦慮是否會妨礙你參與某些活動呢？如果是，請陳述你因為焦慮而無法做什麼：_____
   _____

4. 你的焦慮時常是突然發生，像是一次恐慌發作那樣嗎？如果是，那週內你多常會突然感到一陣焦慮呢？_____
   _____

5. 你是否發現，跟你剛開始出現焦慮問題時相比，現在有更多的事情會讓你感到焦慮呢？圈選： 是 或 否

6. 當你感到高度焦慮時，你會自動想到最糟糕的可能結果嗎？如果是，當你焦慮時，你的腦海中會浮現出什麼典型的災難（最糟糕的結果）？_____
   _____

7. 當感到焦慮時，你是否經常試圖盡快擺脫該情況或完全避免呢？如果是，請描述一個你試圖避免的常見情況、物體或人物，因為它會令你感到焦慮：_____
   _____

8. 圈選出最能描述你大部分時間的感受的陳述。
   a. 我感到內心平靜、放鬆和舒適。
   b. 我感到內心緊張、不安和不舒服。

來自《每個人都想學的焦慮課》第二版，由大衛·A·克拉克和亞倫·T·貝克合著。
The Guilford Press 版權所有 2023。

工作單 4.5

我的症狀自我監控表

說明：從最左邊那欄開始填寫到最右邊，完成此表格。使用每個問題作為提示來幫助你寫下你的焦慮經驗。簡短回答即可，專注於你焦慮的主要特徵。

觸發因素 (你在哪裡？誰出現了？焦慮開始前發生了什麼事？)	生理症狀 (你曾經歷過哪種生理感覺？)	焦慮想法 (焦慮當下你在想什麼？你有沒有想過焦慮？你有沒有想過某些壞事會發生在你或所愛之人身上呢？)	行為症狀 (你如何處理焦慮？你做了什麼事情去阻止自己感到焦慮？你使用哪種調適策略以感覺安全和自在？)
1.			
2.			
3.			

來自《每個人都想學的焦慮課》第二版，由大衛·A·克拉克和亞倫·T·貝克合著。The Guilford Press 版權所有 2023。

> 工作單 4.6

我的焦慮症狀檔案

說明：

- 翻到你已完成的工作單 4.1，並在下面的表格中列出讓你感到焦慮的外在情況、不想要的侵入性想法和身體感覺。
- 翻到你已完成的工作單 4.2，其中記錄了感到焦慮時出現在腦海中的焦慮想法、災難化想法和擔憂。在下面檔案中的第二部分中列出焦慮思維的例子。
- 請回顧工作單 4.3，並在下面的第三部分列出當你感到高度焦慮時傾向做出的各種反應。除了你在工作單 4.3 中圈出的無效策略外，也請列出你在工作單 4.5 中記下的所有反應。

焦慮觸發因素
（情況、想法、感覺、經驗）

1. _____
2. _____
3. _____
4. _____
5. _____

⬇

（續）

工作單 4.6（續）

焦慮思維（認知症狀）
（憂慮想法、擔憂、最糟糕的可能結果）

1. _____
   _____
2. _____
   _____
3. _____
   _____
4. _____
   _____
5. _____

⬇

調適反應（行為症狀）
（情況、想法、感覺、期待）

1. _____
   _____
2. _____
   _____
3. _____
   _____
4. _____
   _____
5. _____

工作單 5.1

我的焦慮與瑪莉莎的焦慮有何相似之處：

1. _____
2. _____
3. _____

我的焦慮與瑪蒂娜的焦慮有何相似之處：

1. _____
2. _____
3. _____

工作單 5.2

我第一個焦慮症狀：
_____
_____

| 0 | 1 | 2 | 3 | 4 | 5 | 6 | 7 | 8 | 9 | 10 |

從來沒有　　　　　　　　時常　　　　　　　　　總是

工作單 5.3

我的症狀敏感度量表

說明:圈選最能描述出每種症狀對你的困擾程度值(0～3分)。

焦慮症狀	完全不會	輕微困擾	中度困擾	非常困擾
胸口不適、緊繃或疼痛	0	1	2	3
心跳突然加速、心悸	0	1	2	3
身體顫抖、手發抖	0	1	2	3
感到窒息、呼吸短淺或感覺自己無法得到足夠空氣,氣喘吁吁	0	1	2	3
感覺不真實、似曾相似,或是感覺與自己的身體分離	0	1	2	3
頭暈、暈眩	0	1	2	3
心煩意亂、胃部不適、噁心或痙攣	0	1	2	3
感覺要暈倒、虛弱或站不穩	0	1	2	3
肌肉緊繃、感到僵硬或疼痛	0	1	2	3
視線模糊、感覺好像站在霧裡	0	1	2	3
感覺熱、發冷或出汗	0	1	2	3
感到焦躁、緊張、煩躁或心慌	0	1	2	3
臉紅、感覺臉頰發熱或熱潮紅	0	1	2	3
無預期的疼痛、酸痛、肌肉痙攣或其他生理症狀	0	1	2	3

來自《每個人都想學的焦慮課》第二版,由大衛・A・克拉克和亞倫・T・貝克合著。
The Guilford Press 版權所有 2023。

工作單 5.4

發現情境的重要性

說明：在以下左側的空白處，寫下一些引發生理不適症狀的情況，那些情況會使你焦慮，因為你認為自己當下不應該會出現那種感覺。這些就是高焦慮敏感度的情況。在每個情況的右側空白處，想一種不同的情況，在那種情況下，你不會對該症狀感到焦慮，因為它在那個情況下是合適的（如：我預期自己在這個情況下會出現這種生理感覺）。這些就是低焦慮敏感度的情況。

具高焦慮敏感度潛力的情況	具低焦慮敏感度潛力的情況
1. 你正坐在椅子上，你突然站起並感到頭暈，好像快要昏倒了一樣。	1. 你在溜冰場滑了一圈又一圈。經過不間斷的二十分鐘後，你感到頭暈，好像快要昏倒了一樣。
2. 你坐著參與無聊的會議。突然你感覺熱潮紅，你的臉變紅並開始流汗。	2. 你在一個不通風的擁擠房間中，然後你開始覺得熱並開始流汗。
3.	3.
4.	4.
5.	5.

來自《每個人都想學的焦慮課》第二版，由大衛・A・克拉克和亞倫・T・貝克合著。
The Guilford Press 版權所有 2023。

工作單 5.5

症狀與後果配對

說明:圈選所有當你焦慮時所經歷的症狀。然後把你認為與每個症狀相關的一、兩個後果用箭號相連。如果你非常擔心可能會出現某個負面後果,請畫粗箭頭;如果你只是輕微擔心,請畫細箭頭。請注意,任何症狀都可能產生不只一種令人恐懼的後果,而且任何後果都可能與不只一種症狀有關。

焦慮症狀	知覺到的後果
感覺胸口不適、緊繃或疼痛	焦慮感會在一整天內逐漸升高並持續
心跳速率突然增加、心悸	恐慌發作的風險提高
身體顫抖、手發抖	因為焦慮而無法工作或具生產力
感覺窒息、呼吸短促,或是感覺你好像無法獲得足夠的空氣	嚴重醫學疾病的症狀,如心臟病、腦動脈瘤、嚴重氣喘發作等等
感覺不真實、有既視感或感覺與自己的身體分離	感到害羞或尷尬的風險增加
感覺頭暈	導致被他人反對、拒絕或批評
心煩意亂、反胃、胃部不適、噁心或痙攣	經歷到無法控制擔憂或失去心智控制
感覺虛弱、疲倦或站不穩	引發對他人的暴怒或強烈煩躁
肌肉緊繃、感覺僵硬或疼痛	出現自己、家人或生命中其他重要他人即將受到傷害的危險徵兆
視線模糊、感覺自己好像身處在霧中	生理不適的症狀增加,像是肌肉/胃部疼痛、緊張性頭痛、噁心
感覺熱、發冷或流汗	日常生活中的秩序、常規或可預測性受到干擾
感到焦躁、緊張、煩躁或心慌	對死亡或臨終的想法高度恐懼
臉紅、感覺臉頰發熱或熱潮紅	慢性疼痛的情況變多
出現無預期的疼痛、酸痛、肌肉痙攣或其他生理症狀	睡眠中斷導致全天疲勞加劇
感到困惑、分心,無法專心	感到不知所措和壓力很大
感到挫折、惱怒或不耐煩	

來自《每個人都想學的焦慮課》第二版,由大衛・A・克拉克和亞倫・T・貝克合著。
The Guilford Press 版權所有 2023。

工作單 5.6

我的焦慮敏感度信念

說明：以下十句信念陳述代表與焦慮相關的生理感受的負面後果。圈出每句陳述在多大程度上表明了你對該生理感覺的想法。

陳述	很少	有一點	一些	很多	非常多
1. 我害怕心跳很快，因為我傾向認為可能出了什麼大問題。	0	1	2	3	4
2. 當我的胃感到噁心或不舒服時，我開始擔心自己會生病。	0	1	2	3	4
3. 當我感到突然胸悶或胸痛時，我最初的恐懼想法為這是不是心臟病發作的徵兆或症狀。	0	1	2	3	4
4. 當我感覺自己無法適當呼吸時，我傾向認為這很嚴重，而且可能導致窒息。	0	1	2	3	4
5. 當我感覺喉嚨緊緊的時候，我真的會懷疑自己可能噎死。	0	1	2	3	4
6. 盡可能保持自己冷靜和放鬆很重要。	0	1	2	3	4
7. 我試著控制自己的焦慮，這樣其他人看來我並不緊張。	0	1	2	3	4
8. 我不喜歡生理上被警醒或興奮的感覺。	0	1	2	3	4
9. 我擔心生理警醒或壓力可能會失控並導致恐慌發作。	0	1	2	3	4
10. 我非常關注自己的生理感受以及是否開始感到焦慮。	0	1	2	3	4

注意：這些陳述表示一個人是否具有高焦慮敏感度的傾向。焦慮敏感度的準確評估必須由合格的心理健康專業人員使用標準化的焦慮敏感度評量施行。[21]

來自《每個人都想學的焦慮課》第二版，由大衛・A・克拉克和亞倫・T・貝克合著。
The Guilford Press 版權所有 2023。

工作單 5.7

非威脅性的症狀日記

說明：注意當自己在不焦慮的情況下所出現的生理感覺。請遵從以下步驟來完成這張工作單。

- 步驟 1：在第一欄（我經歷的症狀），記錄你感受到的具體症狀。
- 步驟 2：然後簡短描述引發此症狀的情況。
- 步驟 3：接著說明你如何解釋會出現該症狀的原因。你認為該症狀會為你帶來什麼影響或後果？
- 步驟 4：最後一欄記錄完整經驗的結果。該症狀有自行消失嗎？你有做某些事去處理該症狀嗎？它對你的情緒狀態或你的行為有什麼影響？

我經歷的症狀	引發症狀的情況	你對症狀的解釋（理解）	結果
瑪蒂娜的例子：胃部感覺不舒服，有點想吐	剛在辦公室吃完一些外帶的墨西哥食物，因為我忙於工作。	這全是因為食物；速食總會令我的胃不舒服；我不明白自己為什麼一直吃這些東西。	服用制酸劑，最後我的胃部不適緩解了。
感覺非常緊張、不安、無法集中注意力	同樣在工作；非常忙碌；很多干擾和要求	我因為工作感到壓力和不知所措；我喝了比平常更多的咖啡以保持清醒；我可能是對體內過多的咖啡因加上所有的壓力做出了反應。	我短暫休息了一下，然後走到外面使自己的腦袋清醒；我決定忽略電子郵件並專注在最急迫的任務上。這種情況大概持續了一小時左右，但最終我的症狀消失了。

來自《每個人都想學的焦慮課》第二版，由大衛・A・克拉克和亞倫・T・貝克合著。
The Guilford Press 版權所有 2023。

工作單 5.8

超然觀察日記

說明：在接下來的一週裡，寫下你練習超然觀察，專注於你最害怕的症狀出現的時刻。在第一欄，寫下你經歷的情況和感到恐懼或威脅的症狀。接著描述你如何針對此症狀練習超然觀察。在最後一欄，說明花時間集中注意力後，症狀最終發生了什麼變化。

出現令人恐懼、具威脅性或令人困擾的症狀	進行症狀超然觀察的品質	症狀結果
現蒂娜的範例：坐在家中，想著晚餐派對的邀請。我感到胃裡翻攪，好像我快吐了一樣。	我能夠完全把注意力集中在胃部感覺上。我想像這就像是在爐子上煮一鍋燉菜。我把我的注意力集中在它上面，觀察此感覺的起起伏伏。	最終，此感覺平息了。我厭倦一直想著我的胃，發現自己竟漫不經心地滑手機。在任何因參與晚上派對而產生的焦慮也消失了。
1.		
2.		
3.		

來自《每個人都想學的焦慮課》第二版，由大衛・A・克拉克和亞倫・T・貝克合著。The Guilford Press 版權所有 2023。

— 34 —

工作單 5.9

我的恐懼症狀的替代性解釋：_____

_____

_____

工作單 5.10

每週運動日誌

說明：使用每週運動日誌，持續追蹤你每日的運動。在第二欄中簡短敘述運動內容；在第三欄中記錄持續時間。評估你在運動中投入了多少體力，從 0 = 不費力，相當輕鬆；到 10 = 運動到完全精疲力盡。最後一欄請評論你運動時所經歷到的生理症狀／感覺。

星期幾	運動內容	持續時間	費力程度 (0～10)	運動期間經歷的生理症狀／感覺
星期一				
星期二				
星期三				
星期四				
星期五				
星期六				
星期日				

來自《每個人都想學的焦慮課》第二版，由大衛・A・克拉克和亞倫・T・貝克合著。
The Guilford Press 版權所有 2023。

工作單 5.11

我的症狀激發記錄

說明：這張工作單有三個部分。陳述最困擾你的焦慮生理症狀（請回顧工作單 5.3），然後解釋這些症狀讓你感到害怕的原因。接下來記錄你症狀激發練習的每日頻率，並評估自己在這些過程中對症狀的整體耐受度。最後，總結你從激發練習中學到如何忍受焦慮症狀。

1. 在此空白處，寫下最困擾你並使你害怕的焦慮症狀：＿＿＿＿＿＿＿＿＿＿＿＿＿＿＿＿
＿＿
＿＿

2. 簡短描述此症狀哪裡讓你感到困擾或恐懼：＿＿＿＿＿＿＿＿＿＿＿＿＿＿＿＿＿＿＿
＿＿

星期幾	你練習症狀激發的次數	症狀耐受度評分（0～10 分 *）
星期幾		
星期幾		
星期幾		
星期幾		
星期幾		
星期幾		
星期幾		

*0 ＝症狀耐受度差，進行激發練習時很快就放棄；5 ＝症狀耐受度中等，完成激發練習，但在進行時感到相當焦慮；10 ＝症狀耐受度極佳，帶著最小的焦慮完成激發練習。

3. 關於你忍受焦慮生理症狀的能力，你學到了什麼？＿＿＿＿＿＿＿＿＿＿＿＿＿＿＿＿
＿＿

來自《每個人都想學的焦慮課》第二版，由大衛‧A‧克拉克和亞倫‧T‧貝克合著。
The Guilford Press 版權所有 2023。

工作單 6.1

我的日常焦慮記錄

說明:每天使用這張工作單記錄至少一次經歷的焦慮超過你認為適當程度的情況。在第一欄記錄焦慮經驗時,請思考你身在何處、正在做什麼,還有是否發生了令你不安或不幸的事情。在第三欄寫下你當時正在想什麼,也就是對於目前的焦慮情況,你最擔心的是什麼。

星期幾	簡短描述一天當中的中度到嚴重焦慮經驗	你為什麼感到焦慮 (你當時擔心什麼)
週日 (傑莫的記錄)	1. 拖了幾個小時,我終於上網研讀LSAT的學習資料,但卻感到一陣強烈的焦慮。 2. _____ 3. _____	要讀的東西實在太多了;我永遠記不住所有資訊。
週一	1. 當一名同事問我的父親我現在在做什麼時,他似乎感到丟臉。我可以感覺到我的臉泛紅,而且我想要逃跑。 2. _____ 3. _____	我對於自己仍然住在家裡並依賴父母感到羞恥。我必須離開家和變得更獨立。
週二	1. 看到法學院朋友的臉書貼文,然後感到恐慌。 2. _____ 3. _____	每個人都超越我了;我被遠遠拋在後頭;我永遠無法彌補所有失去的時間。
週三	1. _____ 2. _____	
週四	1. _____ 2. _____	
週五	1. _____ 2. _____	
週六	1. _____ 2. _____	

來自《每個人都想學的焦慮課》第二版,由大衛・A・克拉克和亞倫・T・貝克合著。
The Guilford Press 版權所有 2023。

工作單 6.2

我的焦慮預測

說明：回顧你之前記錄在工作單上的焦慮想法與擔憂。你認為會發生哪些負面結果？這些結果是你對於威脅的預測。在此工作單的第一欄寫下這些預測。（可參考傑莫的焦慮預測。）在第二欄，預估威脅在現實生活中發生的可能性，從 0%（不可能發生）到 100%（肯定會發生）。在第三欄，對預測威脅的嚴重程度進行評分，從 1 分＝輕微厭惡的經歷到 10 分＝絕對的災難，意即可能發生在我身上的最糟情況。當進行這項練習時，請想像你正處於嚴重焦慮的情況，來完成可能性和嚴重度的估計。

我的焦慮預測	可能性預估 （0～100%）	嚴重程度預估 （1～10）
傑莫的預測 我第二次的 LSAT 測驗也會表現不佳。	85%	8／10
我將永遠無法進入法學院，我的餘生都會從事一份卑微的工作。	50%	10／10
1.		
2.		
3.		
4.		
5.		

來自《每個人都想學的焦慮課》第二版，由大衛・A・克拉克和亞倫・T・貝克合著。
The Guilford Press 版權所有 2023。

工作單 6.3

我的無助想法記錄

說明：在第一欄中，簡短描述引發你焦慮的情況。是什麼導致你感到焦慮呢？接著請寫下你曾有過的軟弱或無助想法。在最後一欄中，簡短描述你認為對這個情況的有效反應是什麼。一位有自信的人會怎麼處理那個情況呢？你想要如何應對這種焦慮情況呢？

焦慮擔憂（觸發物）	你很無助的想法	期望的應對方式
1.		
2.		
3.		
4.		
5.		

來自《每個人都想學的焦慮課》第二版，由大衛·A·克拉克和亞倫·T·貝克合著。
The Guilford Press 版權所有 2023。

工作單 6.4

我的焦慮心智圖

說明：遵循這些步驟去產生一份你的焦慮心智圖。

- 步驟 1：首先寫下許多這些經驗中明顯存在的主要問題。
- 步驟 2：接下來，在第二項中寫下這種焦慮的各種觸發因素。
- 步驟 3：第三題要求你簡短描述與焦慮擔憂相關的威脅。確保你的評論包括你認為當你感到焦慮時可能出現的威脅的可能性和嚴重度（請參考工作單 6.2）。
- 步驟 4：利用第四題去描述如果現實生活中發生可怕的威脅時，你將感到如何的無助、脆弱和無法調適。你也可以包含自己是否對處理與這些經驗有關的嚴重焦慮時感到無助（回顧工作單 6.3）。
- 步驟 5：列出你的焦慮思考中的所有認知錯誤（檢視內文 126 頁表 6.2）。
- 步驟 6：回答最後一個問題，反思可能存在的安全資訊，但你在經歷焦慮問題時發現很難想到它們。

1. 簡短描述你主要的焦慮擔憂：＿＿＿＿＿＿＿＿＿＿＿＿＿＿＿＿＿＿＿＿＿＿＿＿＿
＿＿＿＿＿＿＿＿＿＿＿＿＿＿＿＿＿＿＿＿＿＿＿＿＿＿＿＿＿＿＿＿＿＿＿＿＿＿

2. 列出引發焦慮擔憂的情況、生理感覺、想法與記憶：＿＿＿＿＿＿＿＿＿＿＿＿＿
＿＿＿＿＿＿＿＿＿＿＿＿＿＿＿＿＿＿＿＿＿＿＿＿＿＿＿＿＿＿＿＿＿＿＿＿＿＿

3. 描述你如何高估威脅的可能性和嚴重度：＿＿＿＿＿＿＿＿＿＿＿＿＿＿＿＿＿＿
＿＿＿＿＿＿＿＿＿＿＿＿＿＿＿＿＿＿＿＿＿＿＿＿＿＿＿＿＿＿＿＿＿＿＿＿＿＿

4. 描述當你處理這個威脅時，認為自己是多麼無助：＿＿＿＿＿＿＿＿＿＿＿＿＿＿
＿＿＿＿＿＿＿＿＿＿＿＿＿＿＿＿＿＿＿＿＿＿＿＿＿＿＿＿＿＿＿＿＿＿＿＿＿＿

5. 列出存在於你焦慮思考中的錯誤：＿＿＿＿＿＿＿＿＿＿＿＿＿＿＿＿＿＿＿＿＿
＿＿＿＿＿＿＿＿＿＿＿＿＿＿＿＿＿＿＿＿＿＿＿＿＿＿＿＿＿＿＿＿＿＿＿＿＿＿

6. 描述你正忽略或最小化的安全資訊：＿＿＿＿＿＿＿＿＿＿＿＿＿＿＿＿＿＿＿＿
＿＿＿＿＿＿＿＿＿＿＿＿＿＿＿＿＿＿＿＿＿＿＿＿＿＿＿＿＿＿＿＿＿＿＿＿＿＿

來自《每個人都想學的焦慮課》第二版，由大衛・A・克拉克和亞倫・T・貝克合著。
The Guilford Press 版權所有 2023。

工作單 6.5

我的證據蒐集表單

說明：以下是完成此工作單的四個步驟。

- 第一步：在第一行，寫下你的主要焦慮想法，也就是你記錄於焦慮心智圖中的問題三和問題四。
- 第二步：在接下來的一週裡，寫下當時你應該擔心（或害怕）讓你感到嚴重焦慮的事情的證據或原因。問問自己：「此威脅非常可能發生的證據是什麼？會發生最糟可能結果的證據是什麼？我無法應對負面結果的證據（理由）是什麼？」記錄完關於威脅的所有證據後，圈選出你認為最有信服力的一項。
- 第三步：一旦你的焦慮平息，花幾分鐘寫下你為什麼不應該害怕此焦慮擔憂的證據（理由）。問問自己：「有什麼證據顯示威脅並不像我想像的那麼可能發生？有什麼證據顯示結果只會稍微令人不快？有什麼證據顯示我可以調適地比我想像得更好？我是否忽略了安全的證據呢？」試著盡可能找出愈多證據來反對焦慮想法。圈出你發現最令人信服的證據或理由。
- 第四步：一旦你列出支持和反對核心焦慮想法的證據，根據你蒐集的現實證據針對結果的可能性和嚴重度進行評分。切記，這些評分是根據你蒐集的證據，而不是你的感覺。

寫下你正在檢驗的關於威脅或危險的想法：_____
_____

焦慮想法的證據	反駁焦慮想法的證據
1.	1.
2.	2.
3.	3.

只根據蒐集的證據（而不是你的感覺），評估威脅將會發生的可能性，從 0%（不會發生）到 100%（一定會發生）：_____%

只根據蒐集到的證據（而不是你的感覺），評估最可能發生的結果的嚴重度，從 0%（完全不嚴重）到 100%（我能想到最嚴重的程度）：_____%

來自《每個人都想學的焦慮課》第二版，由大衛・A・克拉克和亞倫・T・貝克合著。
The Guilford Press 版權所有 2023。

工作單 6.6

我的成本效益分析

說明：此工作單需完成多項步驟。

- 步驟 1：透過寫下一個具體的焦慮想法或信念開始。你可以使用之前練習中處理過的焦慮想法。
- 步驟 2：接下來，當你不焦慮時，認真思考與焦慮想法有關的直接和間接的優點或效益以及缺點或成本。確保自己得出具體的優缺點。避免籠統或模糊的理由，這在你焦慮時不會有任何幫助。
- 步驟 3：包括假設若焦慮想法為真會造成的短期和長期後果。
- 步驟 4：圈選對你來說最重要的成本和效益。
- 步驟 5：經歷一次問題性焦慮後，請試著立刻回顧這張表單，花幾天時間進行這項練習，以矯正、添加和刪除想法中的各種效益／成本。因為當你在不焦慮的情況下完成這張表單時，可能會忽略了一些理由。

簡短陳述焦慮想法或信念：_____
_____
_____

立即和長期效益	立即和長期成本
1.	1.
2.	2.
3.	3.

注意：圈選對你來說最重要的優點和缺點

摘自大衛・A・克拉克和亞倫・T・貝克的《Cognitive Therapy of Anxiety Disorders》（第 229 頁）。The Guilford Press 版權所有 2010。《每個人都想學的焦慮課》第二版（The Guilford Press 版權所有 2023）改編。

工作單 6.7

我的替代性觀點表

說明：記下一種當嚴重焦慮發作時，會自動進入你的腦袋中的焦慮和具威脅性的想法。接著，寫下更現實和更少災難的替代性想法。寫下相互競爭的思考方式後，使用雙欄位表列出相信或懷疑替代性想法的原因。

焦慮思考

寫下一種與你的焦慮問題有關的威脅性想法、預測或解釋。這種焦慮想法是更極端，甚至是災難化的最糟結果預測，當你想到它時就會感到高度焦慮。＿＿＿＿＿＿＿＿＿＿＿＿＿＿＿

＿＿

替代性思考

簡短描述一種與上述結果相關的替代性預測。這將是一種思考可能結果的方式，如果發生的話，這種方式不會那麼極端，更符合現實，也更容易管理。這種替代性想法仍然讓人討厭，但它導致的焦慮較少。＿＿＿＿＿＿＿＿＿＿＿＿＿＿＿＿＿＿＿＿＿＿＿＿＿＿＿

＿＿

相信替代性觀點的證據／理由	懷疑替代性觀點的證據／理由
1.	1.
2.	2.
3.	3.
4.	4.
5.	5.

來自《每個人都想學的焦慮課》第二版，由大衛・A・克拉克和亞倫・T・貝克合著。
The Guilford Press 版權所有 2023。

工作單 7.1

我的勇敢行為

說明：列出幾項過去或目前發生的情況，你在哪些情況下有展現出一些程度的力量和勇氣。在第二欄中，點出你做了什麼，或是你如何處理那種情況，顯示你表現出一定的毅力、力量和決心。第一行提供了一個範例。

令人痛苦、困難或不確定的情況	你如何展現出力量和勇氣 （你如何處理那種情況，顯示你表現出一定的力量、決心和勇氣去克服恐懼或焦慮呢？）
瑪蒂娜的範例： 坐在家中，想著晚餐派對的邀請。我感到胃裡翻攪，好像我快吐了一樣。	最初我時常哭泣，但接著開始閱讀治療選擇和預後的資料。我接受了自己罹患癌症的事實而不是希望它自己消失。我努力培養積極但符合現實的態度，並接受我的未來會更不確定的事實。我需要充分利用每一天，而不是將其視為理所當然。
1.	1.
2.	2.
3.	3.
4.	4.
5.	5.

來自《每個人都想學的焦慮課》第二版，由大衛・A・克拉克和亞倫・T・貝克合著。
The Guilford Press 版權所有 2023。

工作單 7.2

我的自我保護反應

說明：在第一欄中列出多種會引發自己問題性焦慮的情況。在第二欄中，寫下針對每種情況，你如何反應以管理覺察到的威脅和減少自己的焦慮感。

焦慮觸發因素	減少焦慮的反應
傑洛德的範例： 和蘇珊一起去採買日常用品，商店很擁擠；立刻感到焦慮	我緊握購物車，嘗試不要看向群眾；我告訴自己保持冷靜，然後進行緩慢地深呼吸；我試著專注在購物清單上並想著我們正要把什麼物品放入推車中；最後焦慮感大到無法忍受，所以我離開商店並在卡車中等到蘇珊。
1.	1.
2.	2.
3.	3.
4.	4.
5.	5.

來自《每個人都想學的焦慮課》第二版，由大衛・A・克拉克和亞倫・T・貝克合著。
The Guilford Press 版權所有 2023。

> 工作單 7.3

關於焦慮的信念

說明：使用五分制來評分，勾選你對每條焦慮陳述的同意程度。根據你對自己焦慮的看法來回答這些問題，而不是根據你認為應該相信什麼。

信念陳述	完全不同意	有些不同意	有點同意	強烈同意	完全同意
1. 我發現自己很難忍受焦慮的感覺。	0	1	2	3	4
2. 盡可能控制焦慮很重要。	0	1	2	3	4
3. 當我感到突然胸悶或胸痛時，我最初的恐懼想法為這是不是心臟病發作的徵兆或症狀。	0	1	2	3	4
4. 我盡可能讓我的焦慮事件持續時間愈短愈好。	0	1	2	3	4
5. 我擔心持久的焦慮對長期健康的影響。	0	1	2	3	4
6. 焦慮發作相較於任何其他我所經歷過的事情都更令我苦惱。	0	1	2	3	4
7. 我發展出更好控制焦慮想法和感覺的辦法是重要的。	0	1	2	3	4
8. 不要在他人面前表現出焦慮或緊張是重要的。	0	1	2	3	4
9. 焦慮的生理症狀令我害怕。	0	1	2	3	4
10. 我擔心焦慮的生理症狀會與嚴重的醫學疾病有關。	0	1	2	3	4

* 針對信念評分，0 ＝對該解釋完全不相信，100 ＝百分之百確定這是導致生理感受的原因。

（續）

工作單 7.3（續）

信念陳述	完全不同意	有些不同意	有點同意	強烈同意	完全同意
11. 如果我無法更好的控制我的焦慮與擔憂，我會完全精神崩潰。	0	1	2	3	4
12. 當我感到不確定時，我會更脆弱。	0	1	2	3	4
13. 當我有疑慮和不確定時，我無法非常良好的運作。	0	1	2	3	4
14. 對我而言，懷疑和不確定的感覺會令我心煩意亂而且會引發焦慮。	0	1	2	3	4
15. 我試圖盡快處理不確定的事物。	0	1	2	3	4
16. 避免陌生和非預期的人事物很重要，因為它們使我更焦慮。	0	1	2	3	4
17. 盡可能預測未來和對無法預料的情況做好準備很重要。	0	1	2	3	4

來自《每個人都想學的焦慮課》第二版，由大衛・A・克拉克和亞倫・T・貝克合著。
The Guilford Press 版權所有 2023。

工作單 7.4

我的安全尋求反應表

說明：使用三分制的評分系統去表示當你經歷問題性焦慮時，你多常使用以下任一種的安全尋求反應。根據你在感到高度焦慮時是否經常使用某種反應來進行評分。

安全尋求反應	從未使用	有時使用	經常使用
行為反應			
當注意到焦慮症狀出現就離開（逃避）	0	1	2
攜帶抗焦慮藥物	0	1	2
攜帶手機，當焦慮時可以找人幫忙	0	1	2
在焦慮狀態下需要朋友或家人陪伴	0	1	2
隨時準備開水或其他液體	0	1	2
焦慮時聽音樂	0	1	2
焦慮時進行放鬆或控制呼吸	0	1	2
焦慮時，躺下休息	0	1	2
吹口哨、唱歌給自己聽	0	1	2
焦慮時緊張或緊握物品	0	1	2
藉由不看任何引發恐懼的事物使自己分心	0	1	2
尋求別人的保證	0	1	2
認知反應			
思考關於更正向或平靜的東西	0	1	2
嘗試想像自己在一個安全或平和的情境	0	1	2
試圖向自己保證一切都會好起來	0	1	2
試著說服自己並沒有真的感覺焦慮	0	1	2
嘗試專注於手邊的任務，例如工作或開車，避免注意到焦慮	0	1	2
禱告；尋求神的保護	0	1	2
因為感覺焦慮而批評自己	0	1	2

來自《每個人都想學的焦慮課》第二版，由大衛·A·克拉克和亞倫·T·貝克合著。
The Guilford Press 版權所有 2023。

工作單 7.5

發現你的避免檔案

說明：在你經常避免的外在觸發因素旁邊打勾。這張清單是選擇性的，所以有額外標記著「其他」的空間，你可以列出你的焦慮問題的特定外在觸發因素。在第二欄，勾選你試圖不要想到的不喜歡的想法、影響和記憶，因為它們會引發焦慮。最後一欄也是一樣，列出了可能會使你恐懼的具體身體感覺、經驗或症狀。

避免的外在觸發因素	避免的想法、影像和記憶	避免的生理症狀、感覺
☐ 駕駛不熟悉的路線 ☐ 獨自在家 ☐ 待在密閉空間（如電梯、隧道） ☐ 看醫生、牙醫 ☐ 擁擠的人群 ☐ 發表演說 ☐ 與陌生人展開一次對話 ☐ 接電話 ☐ 參與一個會議 ☐ 走在一群人前面 ☐ 商店、商場 ☐ 開放空間 ☐ 餐廳 ☐ 橋梁 ☐ 其他：_____ ☐ 其他：_____ ☐ 其他：_____	☐ 在別人面前讓自己難堪的想法或影像 ☐ 造成傷害、受傷或死亡的想法 ☐ 朋友或所愛的人遭遇壞事或災難事件的想法 ☐ 噁心的圖像，如殘缺不全的屍體 ☐ 過去個人創傷的想法或影像 ☐ 噁心的性想法 ☐ 關於疾病和汙染的想法 ☐ 關於天神懲罰或世界末日的想法 ☐ 性別／性傾向的想法 ☐ 關於死亡的想法 ☐ 想知道自己是否受別人喜歡 ☐ 其他：_____ ☐ 其他：_____ ☐ 其他：_____	☐ 心悸 ☐ 呼吸急促 ☐ 頭暈 ☐ 冒汗 ☐ 反胃或噁心 ☐ 視力模糊 ☐ 感到臉頰發熱 ☐ 臉紅 ☐ 感覺生病 ☐ 嘔吐 ☐ 其他：_____ ☐ 其他：_____ ☐ 其他：_____

來自《每個人都想學的焦慮課》第二版，由大衛‧A‧克拉克和亞倫‧T‧貝克合著。
The Guilford Press 版權所有 2023。

工作單 7.6

行為改變清單

說明：在第一部分中，列出你因為焦慮而避免的最常見情況、想法或生理症狀，如工作單 7.5 所勾選的。接下來，寫下在工作單 7.4 上評分為「2（經常使用）」的安全尋求反應。最後，列出多項工作單 4.3 中，你圈選為「2（時常）」或「3（總是）」的無效調適策略。

A. 要改變的逃避／避免模式

1. _____
2. _____
3. _____
4. _____

B. 要改變的安全尋求行為

1. _____
2. _____
3. _____
4. _____

C. 要改變的無效調適行為

1. _____
2. _____
3. _____
4. _____

來自《每個人都想學的焦慮課》第二版，由大衛・A・克拉克和亞倫・T・貝克合著。
The Guilford Press 版權所有 2023

工作單 7.7

關於暴露的負面信念

說明：以下是十二項人們對執行暴露計畫產生猶豫的常見理由。透過勾選「是」或「否」來指出該項陳述是否適用於你。

理由	是	否
1. 焦慮將會過於強烈，我會無法承受。		
2. 焦慮將會不斷升高，並且持續數小時或數天。		
3. 我最近已經感覺較少焦慮，暴露只會打亂這種相對的平靜。		
4. 我已經嘗試將自己暴露於恐懼情況過，但是它沒有用；我仍然感覺焦慮。		
5. 在我進行暴露練習前，我必須把焦慮減少至可以管理的程度。		
6. 在我開始暴露練習前，我必須學習更好的焦慮管理策略。		
7. 我已經焦慮這麼久了，我看不出來暴露練習對我會有什麼幫助。		
8. 我就是無法理解讓自己變得更焦慮最終將如何使自己感到較不焦慮。		
9. 我的焦慮是由內在想法所觸發，像是某些想法、圖像、記憶或擔憂。我看不出來暴露練習將如何幫助我。		
10. 暴露練習對其他人可能有效，但是我的焦慮是獨一無二的；我看不出來它可能怎麼幫助我。		
11. 我現在太焦慮，無法從事暴露練習。我要等到藥物發揮作用再進行。		
12. 我沒有從事暴露練習的勇氣與意志力。		

《每個人都想學的焦慮課》第二版，由大衛・A・克拉克和亞倫・T・貝克合著。
The Guilford Press 版權所有 2023。

工作單 7.8

我的暴露層級

說明：在第二欄中列出各種情況或其他嚴重焦慮的觸發因素，確定你有寫下足夠的細節，從最不困難的情況或經驗開始，然後進展到最困難的情況。在第一欄中，用十一分制來評估參與這種經驗而不逃避或避免它的難度。在第三欄中，如果你知道的話，寫下與與每個情況相關的核心焦慮想法。

預期的 困難程度 (0-10) *	焦慮觸發因素 （簡短描述引發焦慮／避免的情況、物品、感覺或侵入性想法／影像）	焦慮思考 （這個情況為什麼如此具威脅性和令人不安，使你感到焦慮或想要避免呢？）

最輕微 ↓ 最嚴重

* 困難度評分：0 ＝沒有困難；5 ＝中等困難，相當焦慮並且可能會逃避／避免；
10 ＝極度困難，嚴重焦慮且絕對會避免。

根據大衛‧A‧克拉克與亞倫‧T‧貝克所著的《Cognitive Therapy of Anxiety Disorders》（第229頁）。The Guilford Press 版權所有 2010。《每個人都想學的焦慮課》第二版（The Guilford Press 版權所有 2023）改編。

工作單 7.9

我的調適認知敘述：＿＿＿＿＿＿＿＿＿＿＿＿＿＿＿＿＿＿＿＿＿＿＿＿＿＿＿＿

＿＿＿＿＿＿＿＿＿＿＿＿＿＿＿＿＿＿＿＿＿＿＿＿＿＿＿＿＿＿＿＿＿＿＿＿＿＿

＿＿＿＿＿＿＿＿＿＿＿＿＿＿＿＿＿＿＿＿＿＿＿＿＿＿＿＿＿＿＿＿＿＿＿＿＿＿

＿＿＿＿＿＿＿＿＿＿＿＿＿＿＿＿＿＿＿＿＿＿＿＿＿＿＿＿＿＿＿＿＿＿＿＿＿＿

＿＿＿＿＿＿＿＿＿＿＿＿＿＿＿＿＿＿＿＿＿＿＿＿＿＿＿＿＿＿＿＿＿＿＿＿＿＿

＿＿＿＿＿＿＿＿＿＿＿＿＿＿＿＿＿＿＿＿＿＿＿＿＿＿＿＿＿＿＿＿＿＿＿＿＿＿

＿＿＿＿＿＿＿＿＿＿＿＿＿＿＿＿＿＿＿＿＿＿＿＿＿＿＿＿＿＿＿＿＿＿＿＿＿＿

工作單 7.10

我的復原取向暴露計畫

說明：在 A 部分中，列出藉由減少你的焦慮和擔憂而希望實現的多項目標。在 B 部分中，列出一些忍受焦慮的調適策略，這樣在進行暴露期間，可能有助於管理焦慮。在 C 部分中，列出在暴露期間應加以限制的主要安全尋求和無效的調適反應。

A. 焦慮復原目標

根據工作單 1.3，列出你因為焦慮想做卻不能做的事情。

1. _____

2. _____

3. _____

4. _____

B. 忍受焦慮的健康反應

根據工作單 3.5，列出有助於增進焦慮耐受度的思考和行動方式。

1. _____

2. _____

3. _____

4. _____

（續）

工作單 7.10（續）

C. 安全尋求行為和對沮喪的無效調適

根據工作單 4.3、7.4 和 7.6，列出要避免的反應，因為它們會對焦慮造成負面影響。

1. _____

2. _____

3. _____

4. _____

《每個人都想學的焦慮課》第二版，由大衛・A・克拉克和亞倫・T・貝克合著。
The Guilford Press 版權所有 2023。

工作單 7.11

我的暴露練習表

說明：在第一欄中，記錄你從事暴露任務的日期及時間。在第二欄中，簡短描述進行的暴露任務，以及你進行了多久。使用十一分制去評分，以評估自己第一次開始進行暴露任務和結束暴露練習時忍受焦慮的能力。請參考表單下方的評分標準。

日期和時間	暴露任務	持續時間（分鐘）	起始忍受度 *（0～10）	終點忍受度（0～10）*

* 忍受度評分標準：0＝無法忍受，必須現在離開；5＝中度忍受，感覺嚴重焦慮，但尚可承受；10＝容易忍受，感受到最小焦慮。這是一個正向評分量表，分數愈高代表暴露練習愈成功。

摘自大衛・A・克拉克與亞倫・T・貝克所著的《Cognitive Therapy of Anxiety Disorders》（第 269 頁）。The Guilford Press 版權所有 2010。《每個人都想學的焦慮課》第二版（The Guilford Press 版權所有 2023）改編。

工作單 7.12

我的行為實驗

說明：首先寫下你打算透過暴露任務檢驗的焦慮想法或信念。接著，描述你將如何執行暴露練習。使用以下表格記錄當你進行暴露練習時，發生了什麼事情。在左邊欄位中，列出暴露過程中任何證實或驗證焦慮想法／信念的經驗。在右邊欄位中，列出任何駁斥或反駁焦慮想法／信念的經驗。根據你的暴露經驗，寫下一種比起焦慮想法／信念更平衡、現實和有幫助的替代性思考方式。

1. 與暴露任務有關的焦慮想法／信念：＿＿＿＿＿＿＿＿＿＿＿＿＿＿＿＿＿＿＿＿
＿＿＿＿＿＿＿＿＿＿＿＿＿＿＿＿＿＿＿＿＿＿＿＿＿＿＿＿＿＿＿＿＿＿＿＿＿＿
＿＿＿＿＿＿＿＿＿＿＿＿＿＿＿＿＿＿＿＿＿＿＿＿＿＿＿＿＿＿＿＿＿＿＿＿＿＿

2. 描述暴露任務：＿＿＿＿＿＿＿＿＿＿＿＿＿＿＿＿＿＿＿＿＿＿＿＿＿＿＿＿＿＿
＿＿＿＿＿＿＿＿＿＿＿＿＿＿＿＿＿＿＿＿＿＿＿＿＿＿＿＿＿＿＿＿＿＿＿＿＿＿
＿＿＿＿＿＿＿＿＿＿＿＿＿＿＿＿＿＿＿＿＿＿＿＿＿＿＿＿＿＿＿＿＿＿＿＿＿＿

支持焦慮想法／信念的證據 （暴露過程中發生什麼事，證實了你的焦慮想法／信念呢？）	**反對焦慮想法／信念的證據** （暴露過程中發生什麼事，反駁了你的焦慮想法／信念呢？）
1.	1.
2.	2.
3.	3.

3. 與你的暴露經驗更相符的替代性思考方式是什麼呢？＿＿＿＿＿＿＿＿＿＿＿＿＿＿
＿＿＿＿＿＿＿＿＿＿＿＿＿＿＿＿＿＿＿＿＿＿＿＿＿＿＿＿＿＿＿＿＿＿＿＿＿＿
＿＿＿＿＿＿＿＿＿＿＿＿＿＿＿＿＿＿＿＿＿＿＿＿＿＿＿＿＿＿＿＿＿＿＿＿＿＿

《每個人都想學的焦慮課》第二版，由大衛・A・克拉克和亞倫・T・貝克合著。The Guilford Press 版權所有 2023。

工作單 7.13

我的暴露預期表

說明：首先描述從暴露層級中選定的一項特定暴露任務。接下來，寫下你對於開始從事暴露任務後會發生什麼狀況的預測。第三個問題要求你記錄進行暴露任務期間，實際上發生了什麼事。最後一個問題請寫下你從暴露經驗中學到了什麼。

1. 描述暴露任務：＿＿＿＿＿＿＿＿＿＿＿＿＿＿＿＿＿＿＿＿＿＿＿＿＿＿＿＿＿
＿＿＿＿＿＿＿＿＿＿＿＿＿＿＿＿＿＿＿＿＿＿＿＿＿＿＿＿＿＿＿＿＿＿＿＿＿
＿＿＿＿＿＿＿＿＿＿＿＿＿＿＿＿＿＿＿＿＿＿＿＿＿＿＿＿＿＿＿＿＿＿＿＿＿

2. 如果你進行暴露任務，你擔心發生什麼情況？你預期從事暴露任務時，會發生的糟糕結果或最糟的經驗是什麼呢？＿＿＿＿＿＿＿＿＿＿＿＿＿＿＿＿＿＿＿＿＿＿＿
＿＿＿＿＿＿＿＿＿＿＿＿＿＿＿＿＿＿＿＿＿＿＿＿＿＿＿＿＿＿＿＿＿＿＿＿＿
＿＿＿＿＿＿＿＿＿＿＿＿＿＿＿＿＿＿＿＿＿＿＿＿＿＿＿＿＿＿＿＿＿＿＿＿＿

3. 簡短描述當你進行暴露任務時，發生了什麼事。你感覺如何、你做了什麼，以及其他人如何對待你？＿＿＿＿＿＿＿＿＿＿＿＿＿＿＿＿＿＿＿＿＿＿＿＿＿＿＿＿＿
＿＿＿＿＿＿＿＿＿＿＿＿＿＿＿＿＿＿＿＿＿＿＿＿＿＿＿＿＿＿＿＿＿＿＿＿＿
＿＿＿＿＿＿＿＿＿＿＿＿＿＿＿＿＿＿＿＿＿＿＿＿＿＿＿＿＿＿＿＿＿＿＿＿＿

4. 你從暴露任務中學到什麼呢？它的糟糕程度是否如你所預期呢（回顧問題 2）？這個經驗是否不如你預期的困難呢？如果是，那麼情況是怎樣呢？你是否比你預期的更能忍受焦慮呢？＿＿＿＿＿＿＿＿＿＿＿＿＿＿＿＿＿＿＿＿＿＿＿＿＿＿＿＿＿＿＿＿＿＿
＿＿＿＿＿＿＿＿＿＿＿＿＿＿＿＿＿＿＿＿＿＿＿＿＿＿＿＿＿＿＿＿＿＿＿＿＿
＿＿＿＿＿＿＿＿＿＿＿＿＿＿＿＿＿＿＿＿＿＿＿＿＿＿＿＿＿＿＿＿＿＿＿＿＿

《每個人都想學的焦慮課》第二版，由大衛‧A‧克拉克和亞倫‧T‧貝克合著。
The Guilford Press 版權所有 2023。

工作單 8.1

評估常見的擔憂議題

說明：如果你以有益或有建設性的方式去思考一個議題，那麼請在該議題旁邊寫上「有益」。你時常想到這個議題，但它不會帶給你太多焦慮。在你用有害方式去思考的議題旁邊註明「有害」。這類擔憂是無法控制且會引起相當大的焦慮。如果你很少想到一個特定的議題，那麼該議題旁邊請留白。

_____ 親密（愛）關係

_____ 身體外觀

_____ 家庭關係（孩子、父母、手足）

_____ 老化（年紀增長）

_____ 工作／學校（表現、工作安全感、尋找一份工作、職業問題）

_____ 你的未來

_____ 財務

_____ 旅行（開車、飛行、火車、假期）

_____ 你的生理健康（疾病、生病、受傷、健康、體重）

_____ 寵物健康

_____ 你的心理健康（不希望出現的情緒、行為）

_____ 靈性／宗教（信仰、道德和良知的問題）

_____ 家人、朋友的健康與安全

_____ 次要責任（準時、房子維護／清潔、預約服務）

《每個人都想學的焦慮課》第二版，由大衛・A・克拉克和亞倫・T・貝克合著。
The Guilford Press 版權所有 2023。

工作單 8.2

評估常見的擔憂議題

說明：閱讀每則擔憂情節，並決定那個人的擔憂是有益或有害的。在情節下方的空白處解釋為什麼你認為該擔憂是有害或有益的理由。

金的擔憂

金在一間大型購物商場中的零售店工作多年。大概一個月前，他聽到總部可能會關閉這間分店的傳聞。從那時起，他就無法停止去想這件事。他不斷想到關於失去工作且無業好幾個月。他想像花費極長的時間，試圖去找一份工作，但卻因為經濟疲軟、零售工作稀少而徒勞無功。他想到無業的感覺是多麼糟糕。他不斷詢問同事們是否有任何來自總部的消息，但是完全沒有。他更在意顧客數量的下降，此外，在生意清淡的日子裡，他就更感焦慮。金現在腦子裡想的只有即將失業的事情，以及生活將變得多麼糟糕。

金的擔憂是有益還是有害的呢？為什麼？＿＿＿＿＿＿＿＿＿＿＿＿＿＿＿＿＿＿＿＿

＿＿＿＿＿＿＿＿＿＿＿＿＿＿＿＿＿＿＿＿＿＿＿＿＿＿＿＿＿＿＿＿＿＿＿＿＿＿

＿＿＿＿＿＿＿＿＿＿＿＿＿＿＿＿＿＿＿＿＿＿＿＿＿＿＿＿＿＿＿＿＿＿＿＿＿＿

卡佳的擔憂

卡佳剛開始在一間大型購物商場中的零售店工作。有一天，一名同事告訴她據傳總部可能會關閉該分店。起初，卡佳對於必須再次尋找工作的可能性感到焦慮。她以前也失業過，那確實是她生命中一段艱難的時期。目前的經濟狀況並不好，所以零售工作稀少。然而，她開始想到自己過去找工作時曾經使用過的策略。她記得自己總是可以找到工作，儘管有時候花費的時間超過預期。她決定與其等待商店被關閉，她現在就要開始找工作。誰知道呢？或許她可以找到一份更好的工作，抑或她能先找到一份雞肋工作，直到更好的機會出現；又或者是時候回學校讀書了。卡佳花了大量時間去思考她的未來，以及現在否是做出重大職業轉變的好時機。

卡佳的擔憂是有益還是有害的呢？為什麼？＿＿＿＿＿＿＿＿＿＿＿＿＿＿＿＿＿＿＿

＿＿＿＿＿＿＿＿＿＿＿＿＿＿＿＿＿＿＿＿＿＿＿＿＿＿＿＿＿＿＿＿＿＿＿＿＿＿

＿＿＿＿＿＿＿＿＿＿＿＿＿＿＿＿＿＿＿＿＿＿＿＿＿＿＿＿＿＿＿＿＿＿＿＿＿＿

《每個人都想學的焦慮課》第二版，由大衛・A・克拉克和亞倫・T・貝克合著。
The Guilford Press 版權所有 2023。

工作單 8.3

我存在擔憂的生活領域

說明：寫下每個領域中你目前正擔憂什麼。如果你在一個領域中有超過一項以上的擔憂，請將它們全部列出。如果你在某個特定領域中沒有任何擔憂，請將它留白。在每項擔憂後面，請寫下該擔憂為「有益」還是「有害」。請根據表 8.1 中的標準進行區分。如果你需要更多空間，可以多列印幾份。

擔憂	標記有益或有害
1. 健康（自己本身）	
2. 健康（家人、朋友）	
3. 安全問題（自己本身、孩子、家人）	
4. 工作或學校	
5. 財務	
6. 親密關係	
7. 其他關係（家人、友誼、工作同事）	
8. 小事（例如預約、完成日常瑣事）	
9. 社區、世界事務（例如全球暖化、恐怖攻擊）	
10. 心靈事務	

《每個人都想學的焦慮課》第二版，由大衛·A·克拉克和亞倫·T·貝克合著。
The Guilford Press 版權所有 2023。

工作單 8.4

我的有害擔憂的認知特徵

說明：從之前的工作單中挑選並寫上三種有害擔憂的例子。然後，在下方表格的右欄內寫下簡短的描述，描述左欄中的認知過程如何在一個或多個有害的擔憂例子中表現出來。如果某個過程與有害擔憂並不相關，那請將其留白。

1. 有害擔憂的例子＿＿＿＿＿＿＿＿＿＿＿＿＿＿＿＿＿＿＿＿＿＿＿＿＿＿＿＿＿
2. 有害擔憂的例子＿＿＿＿＿＿＿＿＿＿＿＿＿＿＿＿＿＿＿＿＿＿＿＿＿＿＿＿＿
3. 有害擔憂的例子＿＿＿＿＿＿＿＿＿＿＿＿＿＿＿＿＿＿＿＿＿＿＿＿＿＿＿＿＿

注意：瑪凱拉選擇的有害擔憂包括她丈夫的健康、兒子求職，以及無法及時完成家務。

認知過程	你的認知過程經歷
災難化	1.＿＿＿＿＿＿＿＿＿＿＿＿＿＿＿＿＿＿＿＿＿＿＿＿＿ 2.＿＿＿＿＿＿＿＿＿＿＿＿＿＿＿＿＿＿＿＿＿＿＿＿＿ 3.＿＿＿＿＿＿＿＿＿＿＿＿＿＿＿＿＿＿＿＿＿＿＿＿＿ 瑪凱拉的例子： 當我擔心理查的健康時，我會想到他突然嚴重心臟病發作、死亡，然後我變成寡婦的生活。
焦慮感上升	1.＿＿＿＿＿＿＿＿＿＿＿＿＿＿＿＿＿＿＿＿＿＿＿＿＿ 2.＿＿＿＿＿＿＿＿＿＿＿＿＿＿＿＿＿＿＿＿＿＿＿＿＿ 3.＿＿＿＿＿＿＿＿＿＿＿＿＿＿＿＿＿＿＿＿＿＿＿＿＿ 瑪凱拉的例子： 當想到我兒子正在尋找工作時，我可以感覺到身體愈來愈緊繃、我的胃開始翻攪，然後我感到心神不安。他在找工作上面一直都很困難。

（續）

工作單 8.4（續）

認知過程	你的認知過程經歷
無法忍受不確定性	1. _____ 2. _____ 3. _____ 瑪凱拉的例子： 我試著說服自己理查會平安無事。我討厭生活中的不確定性；討厭不知道何時他的健康可能出錯；他真的是跟死神「借時間」活著。
追求安全感	1. _____ 2. _____ 3. _____ 瑪凱拉的例子： 我不斷告訴自己家裡亂糟糟沒有關係；這不是什麼大問題。所以我外出，看了一場電影、去購物、拜訪朋友，但是我無法不去想家中的一團亂。
失敗的問題解決	1. _____ 2. _____ 3. _____ 瑪凱拉的例子： 我不斷想著要給予兒子什麼求職建議，但我想不到任何令人滿意的意見，因此我持續擔心他永遠無法找到一份工作。

（續）

工作單 8.4（續）

認知過程	你的認知過程經歷
追求完美	1. _____ 2. _____ 3. _____ 瑪凱拉的例子： 除非房子徹底乾淨、沒有任何雜亂，否則我會一直擔心它。但整潔的房子只能維持一小段時間，因為我家裡還住著一個邋遢的丈夫和兒子。不知不覺間，家裡就亂成一團了，我擔心如何才能讓它恢復整齊。
加強心理控制力道	1. _____ 2. _____ 3. _____ 瑪凱拉的例子： 我不斷告訴自己不要擔心。我試著透過分散注意力或告訴自己一切都會沒事來驅散心中的擔憂。但越是這樣做，我就越擔心。
不健康的擔憂信念	1. _____ 2. _____ 3. _____ 瑪凱拉的例子： 如果我擔心理查的健康，我會激勵他堅持飲食和運動；但這種擔心讓我如此焦慮，對我沒有好處。如果我不停止擔憂，最終我可能會「精神崩潰」。

《每個人都想學的焦慮課》第二版，由大衛・A・克拉克和亞倫・T・貝克合著。
The Guilford Press 版權所有 2023。

工作單 8.5

擔憂信念檢核表

說明：在「同意」或「不同意」的欄位中打勾，表明你是否傾向同意各句信念陳述。如果你無法決定，透過思考自己是否大多時候同意或大多時候不同意該句陳述來強迫自己做出選擇。

信念陳述	同意	不同意
1. 我的問題是我的心理控制能力不佳。		
2. 你應該繼續嘗試，直到找到最佳的解決方案。		
3. 我運氣很差。如果將來我遇到不好的事情，很可能是最糟糕的結果。		
4. 我無法忍受犯錯。		
5. 盡可能最小化不確定性是很重要的。		
6. 如果我對未來更有把握，我就會不那麼焦慮。		
7. 當感到受到威脅或焦慮時，獲得緩解很重要。		
8. 完美是不可能的，但無論如何我們都應該努力追求。		
9. 你應該繼續嘗試，直到感覺對了為止。		
10. 我遇到壞事的可能性比遇到好事的可能性大。		
11. 如果你無法找到完美的解決方案，你就不應該做那件事。		
12. 任何事情若做不到你最好的表現都是不可接受的。		
13. 如果你夠努力，你就能停止擔憂。		
14. 一個人應該盡可能地努力感到安全。		
15. 我無法忍受不知道我生活中重要的事情最終會變成什麼樣子。		
16. 永遠準備好面對最糟的結果。		
17. 如果你對某個決定或行動方針感到不安，就不要去做。		
18. 你不應該從事任何令你感到不舒服的事情。		
19. 如果你無法控制擔憂，這表示你正在失去控制。		
20. 仔細考慮所有可能性很重要，尤其是最極端或災難性的結果。		

《每個人都想學的焦慮課》第二版，由大衛·A·克拉克和亞倫·T·貝克合著。
The Guilford Press 版權所有 2023。

工作單 8.6

1. 有害擔憂的問題：_____

災難性想法：_____

2. 有害擔憂的問題：_____

災難性想法：_____

工作單 8.7

白熊實驗

思緒中斷的次數：_____

1. 成功把注意力維持在白熊上面：_____

　　0 ＝完全不成功；1 ＝略成功；2 ＝非常成功

2. 維持注意力在白熊身上所需的心智努力：_____

　　0 ＝不需努力；1 ＝稍加努力；2 ＝相當努力

不想白熊實驗

白熊侵入的次數：_____

1. 成功把注意力維持在白熊上面：_____

　　0 ＝完全不成功；1 ＝略成功；2 ＝非常成功

2. 維持注意力在白熊身上所需的心智努力：_____

　　0 ＝不需努力；1 ＝稍加努力；2 ＝相當努力

工作單 8.8

杞人憂天檢核表

說明：以下是關於擔憂的十句陳述。如果該陳述描述了你的擔憂傾向，請勾選「是」；如果該陳述不適用，則勾選「否」。

陳述	是	否
1. 當我擔憂時，我會陷入該情況最負面的可能性（萬一……？）之中。		
2. 當我擔憂時，我會思考如果這情況真的發生我會感到多麼地不安。		
3. 當我擔憂時，我會一直試圖想出我能做些什麼來防止最糟糕的情況發生。		
4. 當我擔憂時，我會一直試圖說服自己最糟糕的情況不會發生，但我永遠不會感到放心或相信一切都會沒事。		
5. 當我擔憂時，我會針對問題想出各式各樣的回應或解決辦法，但我最終拒絕了所有方案，因為它們似乎不足以應對這種情況。		
6. 當我擔憂時，「不知道」事情未來會如何發展最讓我感到困擾。		
7. 當擔憂發生時，我感到毫無希望並且無法準備好應對生活的困難。		
8. 儘管我盡了最大的努力，但最終我因為無法停止擔憂而感到挫敗和沮喪。		
9. 當我擔憂時，我會一直試圖找出這種情況最可能的結果，但我總是感到不確定。		
10. 我經常會想如果我不能解決這個擔憂，我的生活會變得如何悲慘。		

《每個人都想學的焦慮課》第二版，由大衛・A・克拉克和亞倫・T・貝克合著。
The Guilford Press 版權所有 2023。

工作單 8.9

擔憂日誌

說明：在第一欄中記錄每種擔憂出現的日期。使用第二欄去記錄造成該次擔憂的觸發因素，可能是一種情況、一種環境、一個提醒、某人對你說的一些事情、一種侵入性想法，或是一些綜合的觸發因素。在第三欄中簡短描述當你擔憂時，你會想到什麼。最後，以 0 到 10 替自己在擔憂的同時感到多麼焦慮進行評分。0＝不焦慮；5＝中度焦慮；而 10＝極度焦慮。第一列舉了一名年輕女性卡拉的例子，她經常對自己的工作表現感到焦慮和擔憂

日期	觸發因素 （是什麼啟動了你的擔憂）	擔憂想法 （你想到什麼？你專注於哪些負面的可能性或威脅？列出你的假設性問題）。	焦慮 (0～10)
3／29	卡拉的例子： 今天早上，我提交了一份工作上的專案報告。那天下午我接到經理的電話，說他兩小時後要跟我談一談。他聽起來有些生氣。我的腦中浮現一個侵入性想法——我的報告一定很糟糕。	接下來的兩個小時我一直在思考我的報告到底出了什麼問題。如果他認為需要重寫怎麼辦？我沒有時間重做。如果他認為研究不充分或不同意我的結論怎麼辦？萬一他認為這份報告太糟糕，因此分派給其他人，我的工作表現因此得到負面評價怎麼辦？我知道他不喜歡我，所以這可能是他擺脫我的藉口。我不能失去這份工作。	非常焦慮 8／10

《每個人都想學的焦慮課》第二版，由大衛・A・克拉克和亞倫・T・貝克合著。
The Guilford Press 版權所有 2023。

工作單 8.10

擔憂檔案

說明：參考之前的工作單來提醒自己有助於你完成此工作單的反應。(A) 請填寫最常發生且最令你苦惱的有害擔憂。(B) 列出每種擔憂最常見的外在和內在觸發因素。(C) 針對每種擔憂，敘述你所能想到的最壞情況。(D) 列出三到四種你對於擔憂的信念，包括正面和負面的。(E) 列出三到四種你試圖藉由控制來應對擔憂的方法。

A. 擔憂想法

1. 有害擔憂：＿＿＿＿＿＿＿＿＿＿＿＿＿＿＿＿＿＿＿＿＿＿＿＿＿＿＿＿＿＿＿
2. 有害擔憂：＿＿＿＿＿＿＿＿＿＿＿＿＿＿＿＿＿＿＿＿＿＿＿＿＿＿＿＿＿＿＿
3. 有害擔憂：＿＿＿＿＿＿＿＿＿＿＿＿＿＿＿＿＿＿＿＿＿＿＿＿＿＿＿＿＿＿＿

B. 擔憂的觸發因素

1. 第一個擔憂的觸法因素：＿＿＿＿＿＿＿＿＿＿＿＿＿＿＿＿＿＿＿＿＿＿＿＿
2. 第二個擔憂的觸法因素：＿＿＿＿＿＿＿＿＿＿＿＿＿＿＿＿＿＿＿＿＿＿＿＿
3. 第三個擔憂的觸法因素：＿＿＿＿＿＿＿＿＿＿＿＿＿＿＿＿＿＿＿＿＿＿＿＿

C. 災難的可能性（最糟結果）

1. 與第一個擔憂相關的災難性想法：＿＿＿＿＿＿＿＿＿＿＿＿＿＿＿＿＿＿＿
2. 與第二個擔憂相關的災難性想法：＿＿＿＿＿＿＿＿＿＿＿＿＿＿＿＿＿＿＿
3. 與第三個擔憂相關的災難性想法：＿＿＿＿＿＿＿＿＿＿＿＿＿＿＿＿＿＿＿

D. 擔憂信念（包含正面和負面信念）

＿＿＿＿＿＿＿＿＿＿＿＿＿＿＿＿＿＿＿＿＿＿＿＿＿＿＿＿＿＿＿＿＿＿＿＿＿＿
＿＿＿＿＿＿＿＿＿＿＿＿＿＿＿＿＿＿＿＿＿＿＿＿＿＿＿＿＿＿＿＿＿＿＿＿＿＿

E. 擔憂控制

＿＿＿＿＿＿＿＿＿＿＿＿＿＿＿＿＿＿＿＿＿＿＿＿＿＿＿＿＿＿＿＿＿＿＿＿＿＿
＿＿＿＿＿＿＿＿＿＿＿＿＿＿＿＿＿＿＿＿＿＿＿＿＿＿＿＿＿＿＿＿＿＿＿＿＿＿

《每個人都想學的焦慮課》第二版，由大衛・A・克拉克和亞倫・T・貝克合著。
The Guilford Press 版權所有 2023。

工作單 8.11

擔憂類型檢核表

說明：從列出三種有害擔憂開始。接著，在最能描述你對這些有害擔憂的經驗的陳述旁邊打勾。

1. 有害擔憂：＿＿＿＿＿＿＿＿＿＿＿＿＿＿＿＿＿＿＿＿＿＿＿＿＿＿＿＿

2. 有害擔憂：＿＿＿＿＿＿＿＿＿＿＿＿＿＿＿＿＿＿＿＿＿＿＿＿＿＿＿＿

3. 有害擔憂：＿＿＿＿＿＿＿＿＿＿＿＿＿＿＿＿＿＿＿＿＿＿＿＿＿＿＿＿

基於現實的擔憂	想像性擔憂
□ 主要關注當前的困難	□ 主要關注遙遠的未來可能發生的事情。
□ 主要在意的是應對目前的問題和困難。	□ 主要在意的是減少因為擔心未來而引起的焦慮或痛苦。
□ 擔憂涉及尋找解決辦法。	□ 不太擔心尋找解決方案，因為擔憂只集中在可能性上。
□ 擔憂者對於問題的結果有一定的影響與控制力。	□ 擔憂者對結果的影響力很小，因為他的擔憂是與未來的可能性有關。
□ 這種擔憂更加合理和現實，因為它是以現實生活中的問題為中心。	□ 這種擔憂可能不切實際，甚至可以說是怪異，因為它是源自擔憂者的想像。

《每個人都想學的焦慮課》第二版，由大衛・A・克拉克和亞倫・T・貝克合著。

The Guilford Press 版權所有 2023。

工作單 8.12

控制圓餅圖

說明：在 A 部分，請選擇一個基於現實的有害擔憂並將其寫在下方的空間中。接下來，在 B 部分列出所有可能影響擔憂問題結果的因素，並估計它對擔憂問題結果的影響百分比。記錄所有其他因素的「影響百分比」後，寫下「我現在可以控制的」剩餘百分比。百分比總和必須等於 100。使用圓餅圖繪製每個因素的控制百分比。

A. 我基於現實的擔憂問題：＿＿

B. 列出所有對此問題的結果有影響／控制的因素。估計它們對問題結果的影響百分比。

影響因素	百分比	影響因素	百分比
1.	%	6.	%
2.	%	7.	%
3.	%	8.	%
4.	%	9.	%
5.	%	10. 我現在可以控制的：	%

C. 圓餅圖

《每個人都想學的焦慮課》第二版，由大衛・A・克拉克和亞倫・T・貝克合著。
The Guilford Press 版權所有 2023。

工作單 8.13

我的問題定義：_____

工作單 8.14

腦力激盪清單

1.	6.
2.	7.
3.	8.
4.	9.
5.	10.

工作單 8.15

評估你的選擇

1. 好的可能選擇：_____

2. 好的可能選擇：_____

3. 好的可能選擇：_____

工作單 8.16

我的行動計畫：_____
_____
_____

工作單 8.17

經過修訂的行動計畫：_____
_____
_____

工作單 8.18

1. 可能的負面結果：_____
2. 可能的負面結果：_____
3. 可能的負面結果：_____
4. 可能的負面結果：_____
5. 可能的負面結果：_____

工作單 8.19

我的最糟災難描述：_____
_____
_____

工作單 8.20

我的最糟災難替代結果：_____
_____
_____

工作單 8.21

對於工作單 8.19，我最恐懼什麼：_____
_____
_____

工作單 8.22

擔憂暴露表

說明：每次刻意擔憂暴露的練習時間結束後，簡單描述你在擔心什麼，以及在暴露練習時你感覺多麼焦慮。在焦慮程度欄位中，填寫 0（不焦慮）到 10（極度焦慮）。

日期	暴露練習時間內所想像的內容 （注意：你是否考慮過災難的可能性？你想像過自己最害怕的事嗎？列出你想到的其他可能性。）	焦慮程度 (0～10)
週日		
週一		
週二		
週三		
週四		
週五		
週六		

《每個人都想學的焦慮課》第二版，由大衛・A・克拉克和亞倫・T・貝克合著。
The Guilford Press 版權所有 2023。

工作單 8.23

我的日常不確定性記錄

說明：留意一天當中對於自己採取的行動或做出的決定的結果不確定的時刻。把這些情況記錄在第一欄；在第二欄，解釋為什麼你能夠忍受不知道這段經驗會導致怎樣的結果。使用第三欄去記錄最終實際發生的事情。

不確定的經驗	我如何忍受不知道的感覺	發生了什麼事
瑪凱拉的例子：決定嘗試給一位新的高檔髮型師用頭髮	我告訴自己，如果我不喜歡這個髮型，我可以自己打理，或是去另一家美髮沙龍讓他們打理。如果頭髮太短，它終究會長回來。我厭倦了舊的外觀，所以我需要嘗試新風格。	新髮型還不錯。剪髮剪得很好，我只需要在下次洗頭後自己整理即可
瑪凱拉的例子：在上班路途中，突然想不起來自己是否有把前門鎖上。我已經走得太遠了，無法回頭檢查。	我告訴自己，我出門時從來沒有忘記鎖門，所以門很可能已經鎖住了。今天早上我不能遲到，因為我們有一個重要的客戶會議。如果有人想要闖入，他們會從後院的窗戶進入。	傍晚回家發現前門有上鎖。
1.		
2.		
3.		

《每個人都想學的焦慮課》第二版，由大衛‧A‧克拉克和亞倫‧T‧貝克合著。
The Guilford Press 版權所有 2023。

工作單 8.24

不確定性忍受度適應表

說明：列出幾項你擔心可能結果的擔憂問題。接著，在第一欄中寫下可能的結果。在第二欄中，思考你希望擔心的問題會出現怎樣的結果，以及你如何試圖說服自己期望的結果是最有可能發生的。在第三欄中，提出與你第二欄相反的應對方式。這將涉及你可以採取的一些具體步驟，包括接受或承受不確定性。在最後一欄，記錄擔憂問題的真實結果。

與擔憂相關的不確定性	期望的安全尋求反應以減少不確定性	接受不確定性的相反反應	擔憂問題的結果
路易斯的例子：不斷猜想我的化學期末考成績會如何；我很有可能會不及格。	我想向父母尋求我會通過考試的保證；也想和我的同學測試一下我的知識，看看我能不能回答他們無法回答的問題。	我會堅持我的學習計畫並且不去尋求安慰。此外，我也不會再測試其他學生了。我會不斷提醒自己，我只能盡力而為。考試總是充滿不確定性。	有機化學的期末考非常困難。我最後的成績是B-，我原本希望能得到B+。我沒有不及格，而且我的課程成績還不錯。
卡翠娜的例子：不斷猜想我們的房子能否賣出；萬一我們必須降低售價怎麼辦？	我一直想打給房仲，詢問是否有人對這棟房子感興趣；人們喜歡它或不喜歡它什麼。	不要打電話給房仲或查看不動產登記入冊。過好每一天，就好像我根本沒有打算賣房子一樣。	售出的時間比預期的長很多，但最終還是賣掉了。我們接受了比預期少5%的價格。
1.			
2.			
3.			

《每個人都想學的焦慮課》第二版，由大衛·A·克拉克和亞倫·T·貝克合著。
The Guilford Press 版權所有 2023。

| 工作單 8.25 |

我的超然擔憂腳本：_____
_____
_____

| 工作單 9.1 |

最糟的恐慌發作經驗

情況：_____
_____

生理症狀：_____
_____

核心恐懼：_____
_____

| 工作單 9.2 |

是什麼引發了你的恐慌？

1. _____
2. _____
3. _____
4. _____
5. _____

工作單 9.3

認識你的恐慌症狀

1. _____
2. _____
3. _____

工作單 9.4

我的災難性誤解

_____
_____
_____

工作單 9.5

當恐慌出現時，我常出現的反應

1. _____
2. _____
3. _____

工作單 9.6

我的恐慌避免和安全尋求記錄

說明：在左欄，列出任何你因為可能引起恐慌發作而避免的情況。在右欄，記錄你用來減少對恐慌的恐懼或與焦慮有關的策略，這些策略可幫助你恢復輕鬆或平靜的感覺。

避免情況／觸發因素 （列出你因為害怕恐慌發作而避免的情況、想法、生理感覺。）	安全尋求策略 （列出你用來最小化對恐慌的恐懼的策略，以保持自己的平靜與舒適。）
1.	1.
2.	2.
3.	3.
4.	4.
5.	5.

（續）

工作單 9.6（續）

避免情況（觸發因素） （列出你因為害怕恐慌發作而避免的情況、想法、生理感覺。）	安全尋求策略 （列出你用來最小化對恐慌的恐懼的策略，以保持自己的平靜與舒適。）
6.	6.
7.	7.
8.	8.
9.	9.
10.	10.

《每個人都想學的焦慮課》第二版，由大衛・A・克拉克和亞倫・T・貝克合著。
The Guilford Press 版權所有 2023。

工作單 9.7

恐慌發作的自我診斷檢核表

說明：以下 15 句陳述顯示恐慌發作可能造成問題的方式。請指出每句陳述是否描述你的恐慌經驗。

陳述	是	否
1. 我每週都會有幾次全面的恐慌發作。		
2. 我的恐慌發作通常伴隨表 9.1（第 253 頁）列出的多種生理症狀。		
3. 我已經變得害怕恐慌發作。		
4. 由於害怕恐慌，我傾向迴避一些日常生活的常見情境。		
5. 每當我感到有點焦慮，我就會擔心它升級為一次恐慌發作。		
6. 我發現自己全神貫注於監控身體突如其來的身體感覺和症狀。		
7. 我越來越依賴其他人的陪伴，如此一來我會感到不那麼焦慮。		
8. 每當我出現無預期的身體感受或症狀時，我的最初反應是假設最壞的可能結果。		
9. 當我感到恐慌時，我發現要理性思考非常困難。		
10. 我努力讓自己保持冷靜，這樣我就不會變得過於緊張和焦慮。		
11. 我變得不那麼能容忍焦慮。		
12. 我似乎無法修正對無法解釋的身體感覺的最初災難性誤解。		
13. 我覺得自己變得過於情緒化並擔心失去控制。		
14. 對恐慌的恐懼嚴重干擾了我的工作、學習、休閒和生活品質。		
15. 我的家人和朋友對我正在失去耐心，因為我總是在恐慌中掙扎和避免日常生活情境。		

《每個人都想學的焦慮課》第二版，由大衛・A・克拉克和亞倫・T・貝克合著。
The Guilford Press 版權所有 2023。

工作單 9.8

我的每週恐慌日誌

說明：使用此表格記錄你在過去一週內經歷的全面極有限症狀的恐慌發作。恐慌被定義為突然發生的急性焦慮，伴隨至少一種令人不安的生理或心理症狀。在第三欄「恐慌的恐懼評分」中，0＝不害怕；10＝極度恐懼。你可以將這份日誌多影印幾份，以便持續記錄數星期的恐慌發作。

日期	恐慌觸發因素 (情況、想法、感覺)	恐慌的恐懼評分 (0－10)	生理／ 心理症狀	災難性誤解 (針對生理症狀的焦慮或恐懼解釋)	安全尋求反應 (避免、其他感覺平靜、較不害怕的策略)

出自大衛・A・克拉克與亞倫・T・貝克所著的《Cognitive Therapy of Anxiety Disorders》（第 329 頁）。《每個人都想學的焦慮課》第二版改編。The Guilford Press 版權所有 2010。

— 83 —

工作單 9.9

恐慌檔案

說明：參考你的恐慌日誌（工作單 9.8）完成以下各個部分。

與恐慌相關的主要焦慮觸發因素
（情況、想法、感受、預期）

1. _____
2. _____
3. _____
4. _____

⬇

生理感覺

_____

_____

⬇

對生理感覺的誤解

第一個焦慮想法：_____

_____

災難性結果，你害怕什麼：_____

_____

（續）

工作單 9.9（續）

⬇

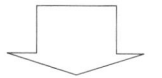

避免和安全尋求

你如何試圖減少對恐慌的恐懼或恐慌發作的風險：_____

_____

_____

_____

工作單 9.10

抗恐慌症狀解釋記錄

說明：使用此表單產生替代性、更良性的解釋，以解釋為什麼你會經歷那些讓你感到恐慌的生理或心理感受。當你經歷意料之外、痛苦的生理或心理感覺時，請評估你認為每個解釋的可信度與真實性：0＝完全不相信該解釋；10＝確信這正是導致該生理感覺的原因。

意料之外的 生理症狀	針對意料之外的生理症狀，列出其他可能的替代性解釋	對替代性解釋的信任程度評分 （0～10）
露西亞的例子： 胸口感覺緊緊的，心跳速率增加、感覺熱潮紅和頭暈	我的症狀是由於感覺匆忙、不耐煩，因為商店很擁擠，我只想離開這裡。我可能動作很快，幾乎是用跑的方式進行採買。 我昨晚沒睡好，所以我感覺疲倦和脾氣暴躁；每個人都打擾到我。當我有這種感覺時，我往往會出現更多壓力和焦慮的症狀。 我確實感到壓力和焦慮，所以這可能導致生理症狀；大多數情況下，我的焦慮只會維持，但不會升級成全面恐慌發作。	7／10 相信症狀是由於過度活動。 3／10 症狀的出現是由於缺乏睡眠。 9／10 症狀是因為壓力和焦慮導致。

出自大衛・A・克拉克與亞倫・T・貝克所著的《Cognitive Therapy of Anxiety Disorders》（第 330 頁）。The Guilford Press 版權所有 2010。《每個人都想學的焦慮課》第二版改編。

工作單 9.11

恐慌重寫

我的恐慌重寫敘述：_____
_____
_____

工作單 10.1

社交焦慮造成的個人代價

_____	_____
_____	_____
_____	_____

工作單 10.2

對自己和他人的社交期待

我的最正面印象：_____
_____
_____

我的最負面印象：_____
_____
_____

工作單 10.3

我的負面社交信念：_____
_____
_____
_____

工作單 10.4

我對負面社交評價的想法：_____
_____
_____
_____

工作單 10.5

當焦慮時，我關注自己的什麼面向：_____
_____
_____
_____

工作單 10.6

當我社交焦慮時,我最關鍵的自我陳述:_____

_____

_____

_____

工作單 10.7

我的隱藏策略:_____

_____

_____

工作單 10.8

我的矯枉過正行為:

_____ _____

_____ _____

_____ _____

工作單 10.9

我最常使用的社會抑制反應：

_____　　_____
_____　　_____
_____　　_____

工作單 10.10

最近事件後處理的經歷：_____

_____

_____

工作單 10.11

社交焦慮檢核表

說明：閱讀每個問題並判斷該項目是否與你目前在社交場合中的表現相關。如果有超過五或六個問題的回答為「是」，那麼社交焦慮對你來說可能是一個重大的問題。

陳述	是	否
1. 在你每天遇到的各種社交場合中，你是否幾乎總是感到焦慮？		
2. 你經常對即將到來的社交活動感到擔憂嗎？		
3. 你是否避免或找藉口擺脫社會義務？		
4. 當你無法避免社交場合時，你是否會試著盡快離開？		
5. 你是否傾向假設人們對你的印象不好，或者他們以負面的方式評斷你（例如：認為你是愚蠢、無能、心理失常的等等）？		
6. 與他人交談時，你是否強烈害怕說出令人尷尬或感到丟臉的話？		
7. 你是否努力不在社交場合中顯露焦慮？		
8. 當你和其他人在一起時，你是否會盡可能地少說話以免引起人們的注意呢？		
9. 在社交場合中，你是否全神貫注於自己的表現，傾向「過度分析」他人對你的看法呢？		
10. 你是否依賴各種調適策略來減少你與他人在一起時的焦慮，如避免眼神接觸、在說話前先排練你要說的內容或深呼吸呢？		
11. 社交焦慮會阻礙你的職業、家庭關係、休閒活動或友誼嗎？		
12. 在進行社交互動之後，你是否經常在腦海中反覆思考你所說過的話或你給其他人的印象呢？		
13. 你似乎難以忘記過去發生的困難或丟臉的社交經驗嗎？		
14. 你經常覺得不知道該對別人說些什麼嗎？		
15. 你認為與其他人在一起時，自己特別顯得無能或笨拙嗎？		
16. 在其他人面前出洋相是你能想像的最糟事情嗎？		
17. 你是否在肯定或陳述自己的意見上面有困難呢？		
18. 最瞭解你的人曾說過你是一個害羞或焦慮的人嗎？		

（續）

工作單 10.11（續）

陳述	是	否
19. 你會感覺每個在社交場合中的人都注視著你嗎？		
20. 你認為在社交場合中自己比大多數人更焦慮嗎？		
21. 你大部分的生活是處於社交焦慮或社會抑制（inhibited）的狀態嗎？		
22. 你是否試圖克服社交焦慮，但成效不彰呢？		

《每個人都想學的焦慮課》第二版，由大衛·A·克拉克和亞倫·T·貝克合著。
The Guilford Press 版權所有 2023。

工作單 10.12

社交價值觀和理想清單

☐ 能幹的　　　　　　☐ 充滿能量與活力的　　☐ 自信的

☐ 博學的　　　　　　☐ 自動自發的　　　　　☐ 真誠、誠實的

☐ 友善的　　　　　　☐ 掌控一切的　　　　　☐ 支持的

☐ 風趣、獨特　　　　☐ 肯定的　　　　　　　☐ 其他：_____

☐ 寬容的　　　　　　☐ 冷靜的　　　　　　　☐ 其他：_____

☐ 富同情心和同理心的　☐ 愉快的　　　　　　　☐ 其他：_____

☐ 機智、幽默

工作單 10.13

我的社交改變目標

說明：在左欄，列出幾個對你來說重要且會引起你中度至嚴重社交焦慮的社交情境。使用右欄解釋你在每種情境中希望有怎樣的感受、行動和思考，且這些目標會與你在之前練習中的理想相符。第一行是取自安東尼奧故事的一個範例。

社交情境	你希望有怎樣的表現
安東尼奧的範例：與我的經理開會檢視我的工作	在這種情況下，我希望自己能夠展現出有能力、有知識、有信心並且冷靜的態度。這些是在此情況下最重要的社交價值觀。這意味著我需要專注於我所做的工作而不是我的感受。我需要積極聆聽經理的問題和意見。如果我沒有答案，我會把問題寫下來，之後再回覆他。我必須記住，我比任何人都更瞭解這份文件。

《每個人都想學的焦慮課》第二版，由大衛‧A‧克拉克和亞倫‧T‧貝克合著。
The Guilford Press 版權所有 2023。

工作單 10.14

我的社交焦慮日誌

說明：使用以下表單記錄每天導致你一定程度的社交焦慮的情境。最左欄記錄社交事件。後三欄寫下在暴露於該社交情境前，你在想些什麼；參與社交互動時，你的想法為何；以及在社交事件之後，你如何評價自己以及這次的社交經驗。

社交焦慮觸發因素 (情況、想法、記憶)	預期階段的焦慮想法	暴露期間的焦慮想法	事件後處理的焦慮想法

《每個人都想學的焦慮課》第二版，由大衛・A・克拉克和亞倫・T・貝克合著。The Guilford Press 版權所有 2023。

工作單 10.15

預期性社交焦慮表單

說明：記錄你預期在未來幾天或幾週內即將發生，且會引發焦慮的社交情境。以十一分制去評估你想到此未來事件時的焦慮程度：0 ＝不焦慮；10 ＝強烈、恐慌程度的焦慮。使用第三欄去描述你如何思考這個即將發生的事件。寫下任何你記得的、可能導致目前預期性焦慮的過去事件。

預期的社交情境	焦慮程度 (0～10)	預期的威脅	回想過去經驗

《每個人都想學的焦慮課》第二版，由大衛・A・克拉克和亞倫・T・貝克合著。
The Guilford Press 版權所有 2023。

工作單 10.16

最頻繁出現的社交焦慮想法：

_____   _____

_____   _____

_____   _____

工作單 10.17

A. 社交焦慮的安全尋求行為（我如何隱藏我的焦慮，表現出控制力或減少焦慮感）

1. _____   4. _____

2. _____   5. _____

3. _____   6. _____

B. 努力印象管理（我如何試圖留下一個好印象）

1. _____   4. _____

2. _____   5. _____

3. _____   6. _____

C. 行為抑制（我表現得如何拘謹或笨拙；我可能使自己丟臉）

1. _____   4. _____

2. _____   5. _____

3. _____   6. _____

D. 逃避或避免

1. _____   4. _____

2. _____   5. _____

3. _____   6. _____

工作單 10.18

事件後分析單

說明：以下列出了與事件後思考各個方面有關的十一項陳述。如果該陳述描述出你在事件後處理階段，傾向如何思考一個過去的社交經驗，那麼請勾選「是」；如果該陳述不符合，請勾選「否」。

事件後處理陳述	是	否
A. 再評估一次社交經驗		
1. 我變得更堅信人們會給我負面評斷。		
2. 我想著自己的行為或說出的話會留給別人負面印象。		
3. 我變得堅信我使自己尷尬或丟臉。		
4. 我愈是思考某次的社交事件，愈是確信那次是個可怕的經驗；而且結果實在是太糟糕了。		
5. 我不斷想著自己在這次的社交互動中是如何的失敗。		
6. 我愈思考這個經驗，我愈堅信這種焦慮是無法忍受的；我無法再一次面對相似的經驗。		
B. 對過去困難社交事件的記憶		
7. 我想到過去令人尷尬的社交經驗。		
8. 我想到在過去的社交經驗中，人們對我的焦慮有怎樣的反應。		
9. 我想到這些令我丟臉的經驗是如何繼續影響我。		
10. 當我回想這些困難的社交事件時，我仍記憶鮮明。		
C. 反思的主題		
11. 當我回想一次困難的社交互動時，我會反覆分析：		
a. 我感覺多麼焦慮。		
b. 我是否表現不適當、粗魯或無禮。		
c. 其他人是否能看出我多麼焦慮。		
d. 我是否展現出無能、無趣或社交笨拙。		
e. 我被他人忽略且感覺到他們的不贊同。		
f. 任何被他人批評的評論。		

《每個人都想學的焦慮課》第二版，由大衛・A・克拉克和亞倫・T・貝克合著。
The Guilford Press 版權所有 2023。

工作單 10.19

我的社交焦慮檔案

說明：根據你之前完成的工作單，尤其是「社交焦慮日誌」的內容完成以下各部分。在 A 部分挑選十種會引發中度到嚴重焦慮的社交情境。你可能在暴露層級（工作單 7.8）中記錄了一些情境。選擇較頻繁發生並在你的日常生活中扮演重要角色的情境。此外，依照從最不讓人焦慮到最讓人焦慮的順序去排列這些情境。預期性社交焦慮表單（工作單 10.15）將提供有關你在預期性階段（B 部分）最典型的焦慮思維的資訊。在行為層面，請想想當預期一次即將發生的社交事件，而你知道將導致你顯著焦慮時，你往往會做什麼來感覺不那麼焦慮。

C 部分要求你列出在社交互動期間，你腦中最典型的焦慮想法和信念。當你參與一個社交活動時，你會想到什麼而讓你的焦慮感大大增加呢？你可以從「安全與避免方案」練習活動中找到大量資訊（第 299 頁），這將幫助你列出你的安全尋求、避免和調適反應。D 部分的事件後處理期間出現的最典型負面想法和記憶則可以從事件後分析單（工作單 10.18）獲得。

A. 與中等到嚴重焦慮有關的社交情境

1. _____   4. _____
2. _____   5. _____
3. _____   6. _____

B. 預期性焦慮階段

　　　　焦慮想法　　　　　　　　　　安全尋求／避免／調適反應

1. _____   1. _____
2. _____   2. _____
3. _____   3. _____
4. _____   4. _____
5. _____   5. _____

（續）

工作單 10.19（續）

C. 社交互動階段

負面評價想法／信念

1. _____
2. _____
3. _____
4. _____
5. _____

安全尋求／避免／調適反應

1. _____
2. _____
3. _____
4. _____
5. _____

C. 事件後處理階段

社交事件的負面回憶

1. _____
2. _____
3. _____
4. _____
5. _____
6. _____
7. _____
8. _____
9. _____
10. _____

《每個人都想學的焦慮課》第二版，由大衛·A·克拉克和亞倫·T·貝克合著。
The Guilford Press 版權所有 2023。

工作單 10.20

社交預期表

說明：針對 A 部分，簡短描述你預期接下來二到四週內會出席的社交事件。接著，在 B 部分寫下你想像的災難性結果；在 C 部分，寫下你想像的最好結果。針對 D 部分，記錄與此事件有關的最實際結果。最後，列出災難性結果不太可能發生，而實際結果較可能發生的理由。

A. 社交事件：你擔心的即將發生的社交事件是什麼？_____
_____

B. 最糟的預期：可能發生在你身上的最糟結果是什麼？你認為可能發生的災難和最尷尬的事情是什麼呢？請描述：_____
_____

C. 最好的預期：你能想像到的最理想結果是什麼？這可能是你能留給他人的最佳印象。請描述：_____
_____

D. 實際期望：在此社交事件中，最可能發生的結果為何？它是否介於最糟和最好的結果之間呢？請描述：_____
_____

最糟結果為什麼不太可能發生的理由或證據	實際結果最可能發生的理由或證據

《每個人都想學的焦慮課》第二版，由大衛・A・克拉克和亞倫・T・貝克合著。
The Guilford Press 版權所有 2023。

工作單 10.21

我對這種情況的現實預期為：_____

_____

_____

將我的現實預期付諸實踐的三種改變：

1. _____
2. _____
3. _____

工作單 10.22

我的社交焦慮字卡：_____

_____

_____

_____

工作單 10.23

我的社交暴露計畫

說明：選擇一種你盡可能避免，又會引起中度焦慮的社交情境。在 A 部分，簡短描述你可以如何表現，這樣即使在感到焦慮的情境中，仍可表現出可接受的行為功能。在 B 部分找出導致你焦慮的關鍵社交評價認知；在 C 部分找出可以減輕焦慮、更健康的替代性思考方式。在 D 部分，列出在無意間會增加焦慮的不健康反應；在 E 部分，列出在你所選的社交情境中，可能可以用來減少焦慮的調適策略。

敘述會引發社交焦慮的情境：_____

_____

A. 社交事件：你擔心的即將發生的社交事件是什麼？_____

_____

_____

B. 需改正的負面社交評價想法／信念：_____

_____

_____

C. 採用健康、現實的想法：_____

_____

_____

D. 消除無益的安全和控制行為：_____

_____

_____

E. 實行健康的調適策略：_____

_____

_____

《每個人都想學的焦慮課》第二版，由大衛‧A‧克拉克和亞倫‧T‧貝克合著。
The Guilford Press 版權所有 2023。

工作單 10.24

利社會認知技巧表

說明：第一欄列出五種可以促進社交表現的認知技巧。第二欄根據安東尼奧的經驗，呈現了一則範例。在第三到第六欄寫下你在多種引發焦慮的社交情境中如何練習每一項認知技巧，而這些場合是你進行暴露練習的目標。

利社會認知技巧	安東尼奧的例子 （一場家族聚會）	社交暴露 1	社交暴露 2	社交暴露 3	社交暴露 4
1. 保持一個外在焦點	我可以聆聽對話，不要只思考我感覺如何。				
2. 觀察感興趣和被他人接受的徵象	我注意到親戚們問我問題，而當我說了一些話後，他們的確有回應。				
3. 思考錯誤的抵銷	當其實我不知道人們是如何看待我的時候，我發現自己使用讀心術和妄下結論。				
4. 災難化的改正	我用「他們認識我，也瞭解我的成就，或許他們認為我很害羞」來反駁「他們認為我是個徹底的失敗者」的想法。				
5. 承認我的焦慮	和不太熟悉的親戚在一起感到緊張是正常的。我注意到他們其中一些人和我說話時看起來也很緊張。我只要做我自己就好。				

《每個人都想學的焦慮課》第二版，由大衛‧A‧克拉克和亞倫‧T‧貝克合著。The Guilford Press 版權所有 2023。

— 103 —

工作單 10.25

我的行為再訓練方針

說明：在第一欄中記錄你從角色扮演的夥伴那裡收到的回饋。使用第二欄寫下簡要且逐步地描述，說明你希望如何在此特定的社交情境中行動。在第三欄中列出需消除的抑制和安全尋求行為。

角色扮演的回饋	練習的利社會技巧	需消除的抑制與安全尋求行為

《每個人都想學的焦慮課》第二版，由大衛・A・克拉克和亞倫・T・貝克合著。
The Guilford Press 版權所有 2023。

工作單 10.26

我最丟臉的社交經驗：

1. _____
2. _____
3. _____

最近的社交經驗：

1. _____
2. _____
3. _____

工作單 10.27

事件後負面評估表

說明：在 A 部分，從記錄一個最近的負面社交事件開始。在第一欄中，列出使你認為有些人對你抱著嚴厲負面看法的所有證據。在第二欄中，列出一些人對你沒有明確看法或顯得漠不關心的證據。在第三欄中，寫下針對你的正面評論、興趣，甚至是讚揚的證據。完成這份分析後，寫下你認為在社交情境中，其他人對你最可能的評價或看法。

A. 社交事件：你擔心的即將發生的社交事件是什麼？＿＿＿＿＿＿＿＿＿＿＿＿＿＿
＿＿＿＿＿＿＿＿＿＿＿＿＿＿＿＿＿＿＿＿＿＿＿＿＿＿＿＿＿＿＿＿＿＿＿＿＿

回憶評估

他人負面評價的證據	他人漠不關心／中性評價的證據	他人正向看法／評論的證據

我對於他人看法的結論為何：＿＿＿＿＿＿＿＿＿＿＿＿＿＿＿＿＿＿＿＿＿＿＿＿
＿＿＿＿＿＿＿＿＿＿＿＿＿＿＿＿＿＿＿＿＿＿＿＿＿＿＿＿＿＿＿＿＿＿＿＿＿

B. 回憶負面社交經驗：＿＿＿＿＿＿＿＿＿＿＿＿＿＿＿＿＿＿＿＿＿＿＿＿＿＿＿
＿＿＿＿＿＿＿＿＿＿＿＿＿＿＿＿＿＿＿＿＿＿＿＿＿＿＿＿＿＿＿＿＿＿＿＿＿

回憶評估

他人負面評價的證據	他人漠不關心／中性評價的證據	他人正向看法／評論的證據

我對於他人看法的結論為何：＿＿＿＿＿＿＿＿＿＿＿＿＿＿＿＿＿＿＿＿＿＿＿＿
＿＿＿＿＿＿＿＿＿＿＿＿＿＿＿＿＿＿＿＿＿＿＿＿＿＿＿＿＿＿＿＿＿＿＿＿＿

《每個人都想學的焦慮課》第二版，由大衛・A・克拉克和亞倫・T・貝克合著。
The Guilford Press 版權所有 2023。

工作單 10.28

尷尬代價表

說明：在下方簡短描述一次重大且令人難忘的尷尬經驗。接下來，列出所有因為此尷尬經驗使你經歷過的長短期後果。使用左欄寫下尷尬造成的立即影響；右欄則記錄尷尬經驗所導致的長期、更持久的改變。完成此分析後，利用提供的空白處去建構一個更符合現實的觀點，以此觀點看待尷尬經驗所代表的個人和長期意義。

描述你在事件後期間所反思的「災難性的尷尬」：_____

_____

_____

立即代價／後果	長期代價／後果
1.	1.
2.	2.
3.	3.
4.	4.
5.	5.

思考後果之後，你的尷尬經驗對自己和他人最可能造成的影響是什麼呢？_____

_____

_____

《每個人都想學的焦慮課》第二版，由大衛・A・克拉克和亞倫・T・貝克合著。
The Guilford Press 版權所有 2023。

工作單 10.29

過去社交經驗的現實再評估

說明：首先簡單描述你過去幾天或幾週內反覆思考的特定社交互動，並且敘述你認為在該情境下，你如何使自己丟臉。使用第三個問題去記錄在該情境下，你的表現如何以一種不同、更符合現實和更平衡的觀點去看待。最後，列出你從此經驗中學到的三或四件事，你可以將其應用於將來令人感到痛苦的事件後回憶。

1. 事件後階段所思考的過去社交經驗的回憶：＿＿＿＿＿＿＿＿＿＿＿＿＿＿＿＿＿
   ＿＿＿＿＿＿＿＿＿＿＿＿＿＿＿＿＿＿＿＿＿＿＿＿＿＿＿＿＿＿＿＿＿＿＿＿

2. 「災難性」尷尬／社交失敗：＿＿＿＿＿＿＿＿＿＿＿＿＿＿＿＿＿＿＿＿＿＿＿
   ＿＿＿＿＿＿＿＿＿＿＿＿＿＿＿＿＿＿＿＿＿＿＿＿＿＿＿＿＿＿＿＿＿＿＿＿
   ＿＿＿＿＿＿＿＿＿＿＿＿＿＿＿＿＿＿＿＿＿＿＿＿＿＿＿＿＿＿＿＿＿＿＿＿

3. 對你的社交表現產生替代性、更符合現實的理解：＿＿＿＿＿＿＿＿＿＿＿＿＿＿
   ＿＿＿＿＿＿＿＿＿＿＿＿＿＿＿＿＿＿＿＿＿＿＿＿＿＿＿＿＿＿＿＿＿＿＿＿
   ＿＿＿＿＿＿＿＿＿＿＿＿＿＿＿＿＿＿＿＿＿＿＿＿＿＿＿＿＿＿＿＿＿＿＿＿

4. 你從此社交經驗中學到什麼：

   a. ＿＿＿＿＿＿＿＿＿＿＿＿＿＿＿＿＿＿＿＿＿＿＿＿＿＿＿＿＿＿＿＿＿＿＿
   ＿＿＿＿＿＿＿＿＿＿＿＿＿＿＿＿＿＿＿＿＿＿＿＿＿＿＿＿＿＿＿＿＿＿＿＿

   b. ＿＿＿＿＿＿＿＿＿＿＿＿＿＿＿＿＿＿＿＿＿＿＿＿＿＿＿＿＿＿＿＿＿＿＿
   ＿＿＿＿＿＿＿＿＿＿＿＿＿＿＿＿＿＿＿＿＿＿＿＿＿＿＿＿＿＿＿＿＿＿＿＿

   c. ＿＿＿＿＿＿＿＿＿＿＿＿＿＿＿＿＿＿＿＿＿＿＿＿＿＿＿＿＿＿＿＿＿＿＿
   ＿＿＿＿＿＿＿＿＿＿＿＿＿＿＿＿＿＿＿＿＿＿＿＿＿＿＿＿＿＿＿＿＿＿＿＿

《每個人都想學的焦慮課》第二版，由大衛・A・克拉克和亞倫・T・貝克合著。
The Guilford Press 版權所有 2023。

工作單索引

以下是書中工作單出現的頁碼對照表，可依照各工作單出現頁碼查詢。

工作單	頁碼	工作單	頁碼
1.1	12、16、28	6.2	120、132
1.2	16、28、74	6.3	124、129
1.3	26、27、173	6.4	129、130、132、259
2.1	22、38、39	6.5	132、134、165、227
2.2	43	6.6	135、136、137、165、227
3.1	51、53、61、118		
3.2	52、53、56	6.7	142、145、165、227
3.3	58、59、61、129	7.1	149、150
3.4	61	7.2	23、152、248
3.5	22、63、64、87、173	7.3	22、154
4.1	74、94、118、128、129	7.4	156、157、161、173、248、270、298
4.2	76、78、118、120、129、132	7.5	159、248、256、298
4.3	79、80、152、157、161、173	7.6	161、162、164、166、167、173、248、256、298
4.4	82		
4.5	83、84、85、86、94、120、129、132	7.7	164
		7.8	166、168、177、178、269、296、319
4.6	22、85、87、89、120、129、148	7.9	169
5.1	93	7.10	172、173、268
5.2	94	7.11	177、311
5.3	95、106、107、243	7.12	180、181、182
5.4	97	7.13	185
5.5	99、100、101	8.1	192、214
5.6	22、102	8.2	195
5.7	103、104	8.3	196、197、199、204、207、212
5.8	105、106		
5.9	106	8.4	199、212
5.10	108	8.5	23、202、203、212
5.11	111、112、266、267	8.6	204
6.1	22、117、118、129	8.7	208

工作單	頁碼	工作單	頁碼
8.8	210	**10.2**	280
8.9	23、211、212、223	**10.3**	283
8.10	23、212、213、225	**10.4**	285
8.11	215、217	**10.5**	287
8.12	23、217、218	**10.6**	287
8.13	220	**10.7**	288
8.14	221	**10.8**	288
8.15	222	**10.9**	289
8.16	222	**10.10**	290
8.17	223	**10.11**	24、291
8.18	226	**10.12**	292
8.19	226	**10.13**	24、292、293、304、317、330
8.20	227		
8.21	229	**10.14**	24、294、296、298、300、301、319
8.22	23、230、328		
8.23	23、234、237	**10.15**	297
8.24	23、235	**10.16**	299
8.25	239	**10.17**	299
9.1	243	**10.18**	300、319
9.2	245	**10.19**	24、301、309、320
9.3	246	**10.20**	304
9.4	247	**10.21**	305
9.5	248	**10.22**	307
9.6	255、256、259、268	**10.23**	24、309、310
9.7	257	**10.24**	24、315
9.8	258、262、270	**10.25**	24、318
9.9	24、259、260、266、268、270	**10.26**	320
		10.27	323、324
9.10	24、262	**10.28**	24、325
9.11	264	**10.29**	24、328、329
10.1	277		